经典理论赢利实战系列

江恩理论赢利实战

黄凤祁 编著

经济管理出版社
ECONOMY & MANAGEMENT PUBLISHING HOUSE

前　言

对于江恩理论，投资者应该都有所了解。在判断股指运行趋势中的循环情况、股指的折返点位的时候，该理论的实战用处是非常大的。从实战的角度考虑，本书以实例的形式分析江恩理论中的核心内容以及投资者的操作策略，帮助投资者获得较高的投资回报。

笔者考虑到理论的实战学习也应该由浅入深，因此本书的首章就提到了江恩的波动法则。波动法则涉及股价的运行规律，是判断股价折返走势的重要手段。实战中，波动理论也最能够帮助投资者抓住比较好的黑马股，从而轻松获得高额回报。

鉴于江恩时间法则在判断股指折返走势中的基础性作用，投资者应该学习好第二章的内容。涉及股指与个股的循环的周期性问题，时间法则能够帮助投资者发现重要的操作时刻，从而真正实现抄底和逃顶的操作。考虑到在趋势延续的过程中，折返的走势出现的概率是相当高的，因此，本书中的第三章特别提到了江恩回调法则。该法则能够在股价将要达到折返点的时候，第一时间帮助投资者发现操作机会。

江恩理论的核心内容是循环周期理论，本书的第四章有所涉及。通过循环周期的学习，投资者将会把握好股价的重要的历史性操作机会，如果结合前面所说的波动法则、时间法则和回调法则的话，投资者会更加明确周期循环中操作的要领。可以说前三章的内容是为投资者学会周期循环法则的基础。只要江恩的波动法则、时间法则和价格回调法则掌握好了，那么对于循环周期理论也就没什么问题了。

本书第五章和第六章的内容中，主要是成功利用江恩循环理论的工具说明。两章内容涉及了四方形用法、角度线的实战用法。相信读者如果能够充分领会前六章的主旨，配合第七章关于江恩选股原则的十二条说明，实战中赢利将不会是什么难事。

目　录

第一章　江恩波动法则

江恩所说的波动法则中，重要的一点就是共振运动。物理学中的共振说明，同时迈着整齐步伐的士兵通过一座完好的桥，会将桥踩踏。如果这种理论运用到股票市场的买卖当中，投资者也能够得到相应的共振价位，并且对即将出现的剧烈波动提高警惕。本章内容主要涉及江恩的波动法则，股价的同频共振作用，以及波动中的股价与江恩分割比率、黄金分割比率的关系。通过本章的学习，投资者不仅能够对江恩的波动法则有深入的理解，还能够在同频震荡的股价中运用黄金分割率和江恩分割比率，把握住潜在的投资机会，从而指导投资者的买卖活动，达到赢利与避险的目标。

第一节　波动法则概述

对于江恩波动法则，江恩并未给出非常明确的法则定义。不同的投资者，对于波动法则的使用有不同的理解。江恩波动法则中，非常重视倍数关系和分数关系。认为倍数关系对应的点位和重要的分数分割点位，能够出现相应的调整。这样，在实战当中，投资者应该十分关注股指出现倍数走势的关口的动向。一旦股指出现调整的走势，那么应该引起注意。倍数关系与分数关系，其实是可以相互转化的。倍数关系与分数关系两者之间存在着转换的基础。

分数关系中，例如股价在主力的操作下，从 10 元的底部飙升至 20 元的顶部。那么从 10 涨到高位 20 元的时候，就是涨幅达到了 100%。那么股价飙升 25% 的时候，就达到了 12.5 元；股价飙升 50% 的时候，就达到了 15 元；股价飙升 75% 的时候，就达到了相应的 17.5 元。这些对应的 25%、50%、75% 都是江恩分割比率重要的位置。判断股价是否会发生共振，这些比率对应的价位都是可以考虑的。

倍数关系中，例如股价在主力操作下，从 10 元飙升至 12 元，把上涨幅度 2 元作为第一阶段的 1 的话，那么股价飙升至 14 元涨 4 元的时候，就是 2 元的倍数关系了。飙升至 16 元上涨了 6 元，同样是 2 元的倍数关系。倍数关系可以无限制地扩大，而分数关系可以无限制地萎缩，重要的是取什么数值定义为 1。

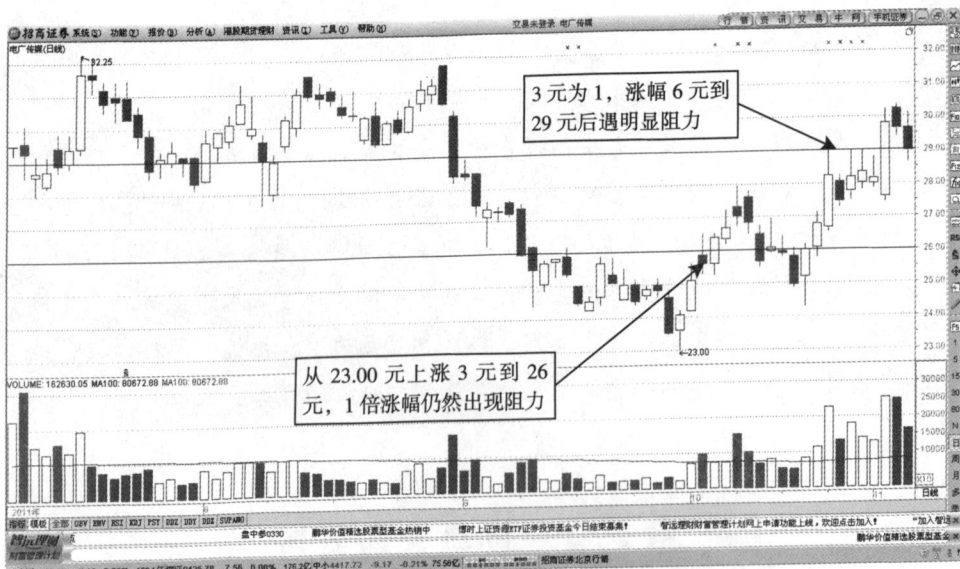

图 1-1 电广传媒——从 3 元为 1 的倍数关系反弹

如图 1-1 所示，电广传媒的日 K 线当中，该股前期缩量回调之后，恰好在正数关口的 23 元附近出现了企稳的迹象。股价反弹的过程中，投资者可以以 3 元作为 1 倍，来判断该股上涨过程中的阻力大小。如果股价上涨幅度达到了 3 元的整数倍关系的时候，投资者就应该注意其中的风险了。股价很可能在这个时候快速回落，把握调整节奏就能够成功获利。

从图中看来，不仅在股价上涨 3 元达到了 26 元的时候出现了首次调整。当股价上涨 2 倍也就是 6 元的时候，股价飙升到了高位的 29 元。这个时候，该股出现诸多的滞涨的小阳线，表明这个位置的阻力是比较强的。从短线来看投资者可以在 29 元减仓。从图中阳线的形态来看，盘中最高价格恰好达到了 29 元的地方，说明前期用来作为江恩 1 倍的 3 元上涨幅度，作用效果还是显而易见的。

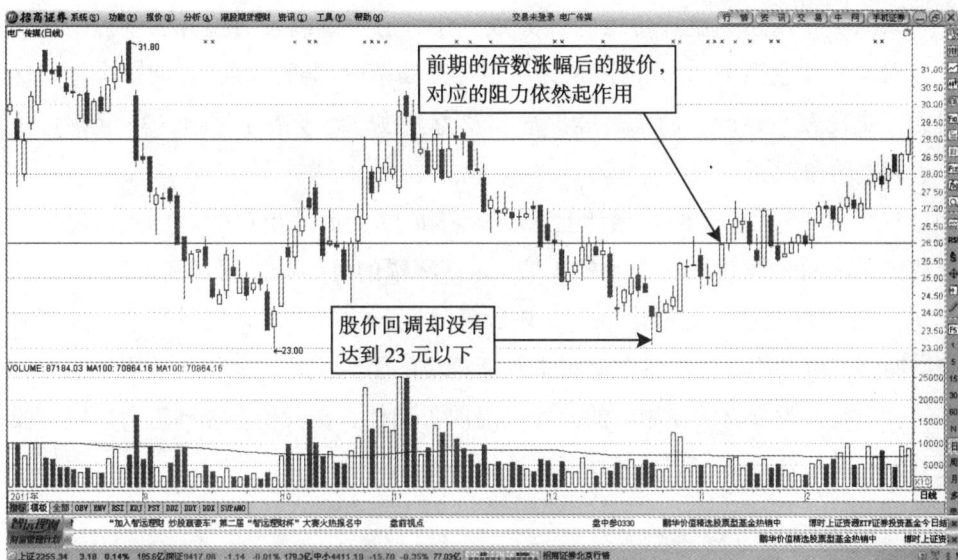

前期的倍数涨幅后的股价，对应的阻力依然起作用

股价回调却没有达到 23 元以下

图1-2 电广传媒——未创新低倍数关系有效

如图 1-2 所示，电广传媒的日 K 线当中，股价虽然成功回调，却没有达到前期低点的 23 元以下，说明前期的 3 元作为 1 倍的阻力判断方法是起作用的。后市股价继续反弹的过程中，26 元的确出现了比较强的阻力，股价开始在这个位置出现了持续时间长达一个月的调整。

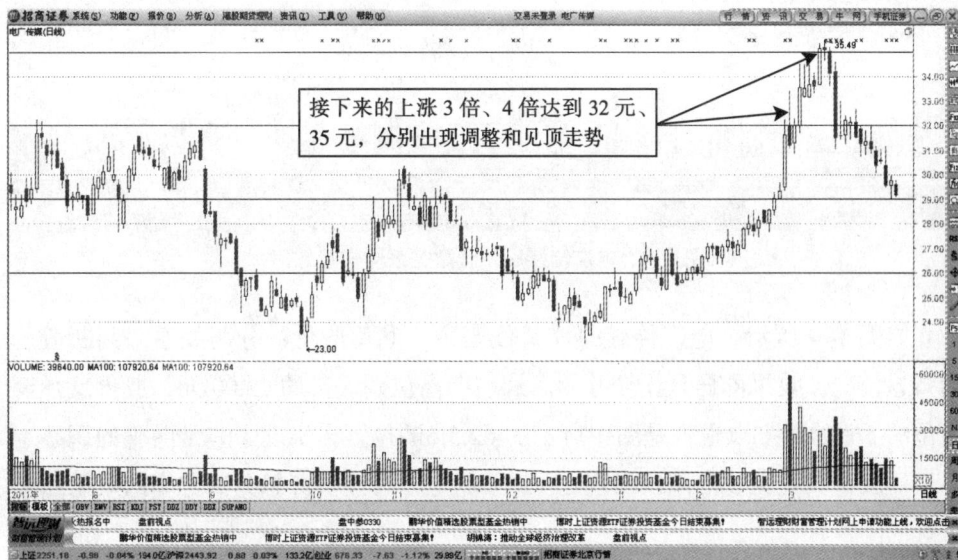

接下来的上涨 3 倍、4 倍达到 32 元、35 元，分别出现调整和见顶走势

图1-3 电广传媒——4 倍 3 元后出现顶部

　　如图 1-3 所示，电广传媒的日 K 线当中，股价继续发力拉升的过程中，该股上涨了 9 元达到了 32 元的高位，一根冲高回落的倒锤子线，表明这个位置的阻力还是比较明显的。而之后股价继续发力上攻，终于成功见顶，35 元附近进入了调整阶段。

　　32 元和 35 元，是股价累计上涨了 9 元和 12 元后才出现的。也就是说，从倍数关系来看，股价出现 3 元的 3 倍、4 倍涨幅的时候分别达到高位的 32 元和 35 元。阻力就在这个时候出现了。该股价从底部的二次反弹的过程中，投资者如果能够持续利用 3 元的倍数涨幅来判断相应的阻力位置，操作的效果还是非常好的。毕竟，股价真的在相应的位置上出现了调整。在股价上涨到阻力位置，投资者分阶段减仓的话，获利并且成功逃顶是不成问题的。

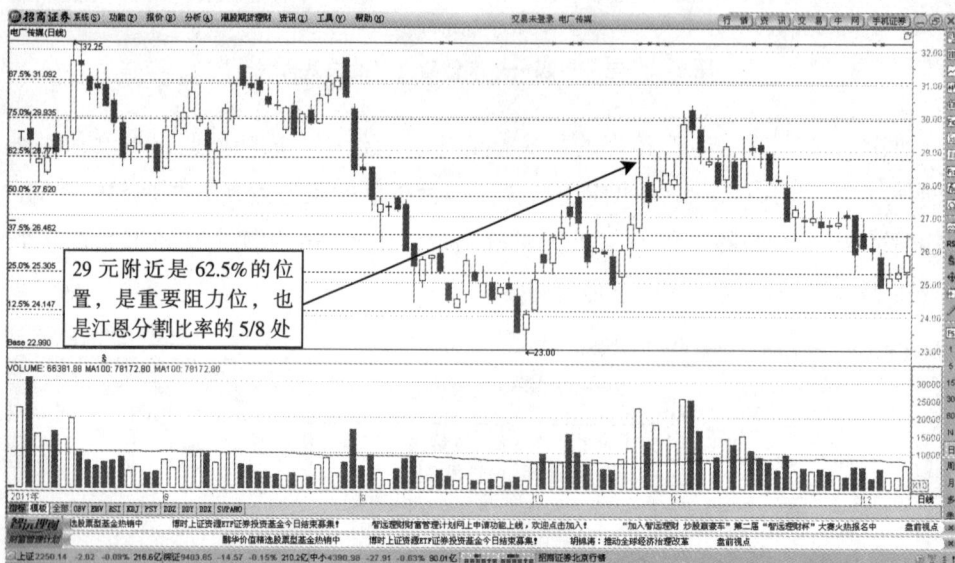

图 1-4　电广传媒——分数关系同样起作用

　　如图 1-4 所示，电广传媒的日 K 线当中，利用股价的分割关系来判断股价的折返情况，效果同样是比较好的。从前期高位到底部的 23.00 元，股价反弹至高位的 5/8 的地方（也就是图中所示的 62.5% 的位置，出现了非常明确的调整走势。而股价真正见顶的阳线出现在了 6/8 的地方，说明江恩分割比率的效果还是很好的。

　　图中 29 元的位置，既是倍数关系的两倍区域，同样是百分比线的 5/8 的地方。因此，两者的运用效果是比较相似的。判断股价反弹过程中的阻力位置，可以从两者当中选其一来提前预测股价的折返位置。

小提示

对于江恩的分数关系判断股价的折返位置，比较重要的一点是要把握好股价的高位和低点，这样才能够得出准确的分割线来。判断股价将要遇到阻力的位置，分数关系可以提前做出预期的判断，并且给予投资者不错的提示。一旦股价发出了反转的信号，到时候投资者采取相应的操作手段，即可以赢利了。江恩的倍数关系的判断上，投资者选择的作为 1 的价位范围，最好与股价首次出现阻力的位置相似。这样，股价的运行幅度达到了这个价位的相应倍数之后，与阻力出现折返的概率就比较大了。

第二节　波动法则与同频震荡

江恩波动法则之所以能够提供比较好的买卖时机，还在于该法则所说的阻力位置上，出现了诸如多重均线、成交量、技术指标等方面的条件同时存在，并且出现了共振现象。这样，股价在对应的价位附近调整，显然就比较正常了。不可否认的是，股价在这个阶段的走向，投资者是可以从均线黏合的角度发现的。而不同的技术指标在这个阶段同时处于黏合状态，也是投资者应该考虑的一个问题。股价在这个阶段的运行趋势，是可以在量能突然转变后出现共振走势的。

不同的技术指标黏合，股价的均线也处于黏合的状态，如果真的能够出现突破，需要指标与均线出现同频同方向的走势，股价才会大幅度脱离阻力位置。如果阻力位置是阻碍股价上涨的话，一旦量能快速放大至相应的水平，并且支撑股价大幅度上攻的话，也将是投资者比较理想的追涨机会。快速杀跌脱离均线黏合区域的股价，也是与股价相关的各种因素出现同频下挫走势的结果。总之，判断股指和个股的运行趋势，重要的一点是发现这样的黏合区域。并且在股价有所突破的阶段快速介入，参与股价的加速运行的走势。这样，才能够获得比较好的投资效果。不管股指的运行方向是什么，采取这样操作的投资者，是可以在多头市场中获利或者空头市场中减少损失的。

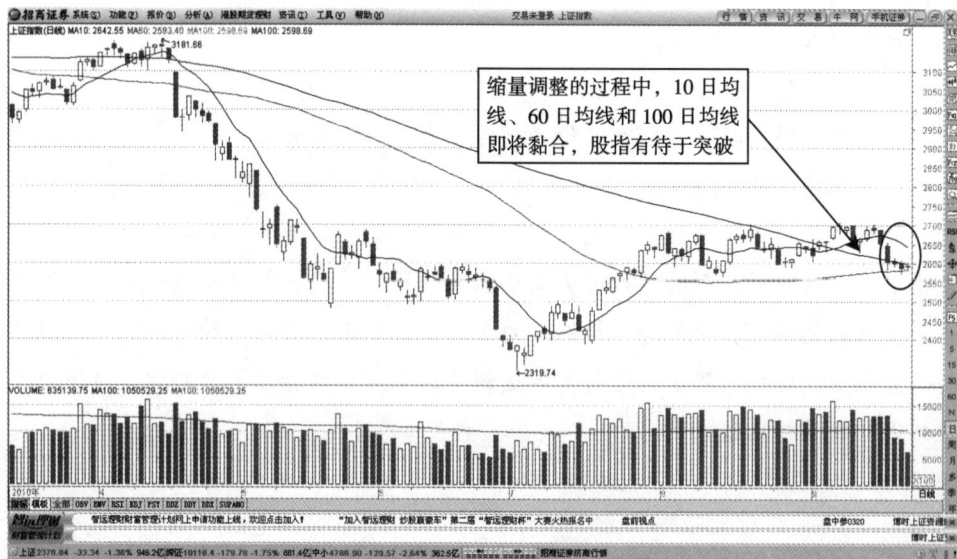

图1-5　上证指数——缩量横盘调整

　　如图1-5所示，上证指数的日K线中，股价从底部的最低点2319.74见底反弹后，短线反弹至前期高位，开始了横向调整的走势。图中股指持续调整的过程中，长期均线与中短期均线都已经调整至几乎黏合的状况。这表明，股指短线调整已经接近尾声。三种不同周期的均线（10日均线、60日均线、100日均线）同时调整到位，一旦量能放大，均线出现向上的同频震荡运动的话，股指短线飙升的力度必然很大。投资者在这个时候可以静待突破行情出现，从而获得不错的利润。股指反弹至此，短线的缩量调整，显然是不足以表明反弹已经结束。多头一旦再次发起反攻，缩量调整的情况，也只能成为庄家洗盘的一个步骤。

　　如图1-6所示，上证指数的日K线中，一根放量的阳线穿越了均线，表明股指出现了继续反弹的迹象。量能虽然不高，却能够维持在100日均线附近，表明多头发力拉升近在咫尺。考虑到图中短、中、长三条均线都已经黏合，股价发力上攻只缺少时间而已。均线从黏合状态中同频发力拉升的过程中，唯有及时加仓的投资者才可以获得相应的回报。考虑到前期股指持续横向调整，上升的阳线如果穿越前期调整的高位，股指短线大幅度飙升的可能性将会是很强的。

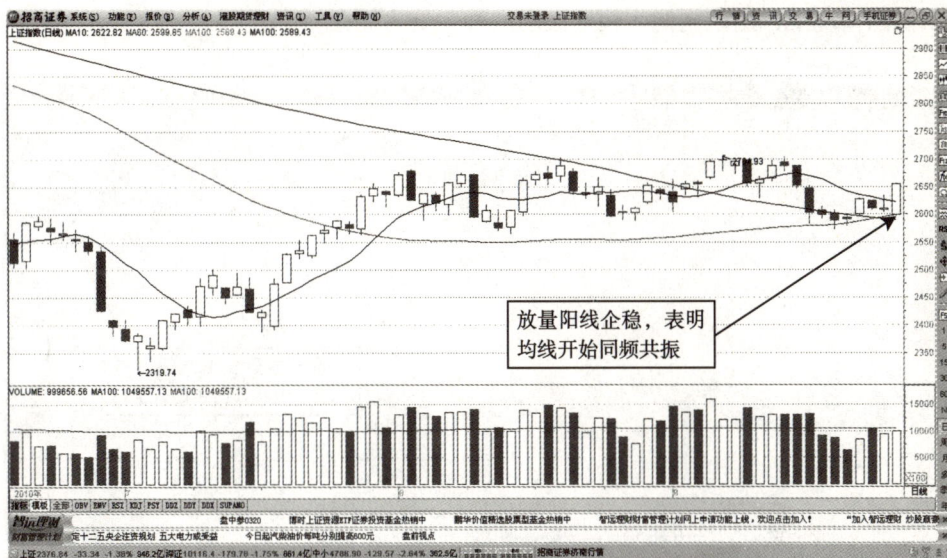

放量阳线企稳，表明
均线开始同频共振

图1-6 上证指数——均线黏合后的同频共振阳线

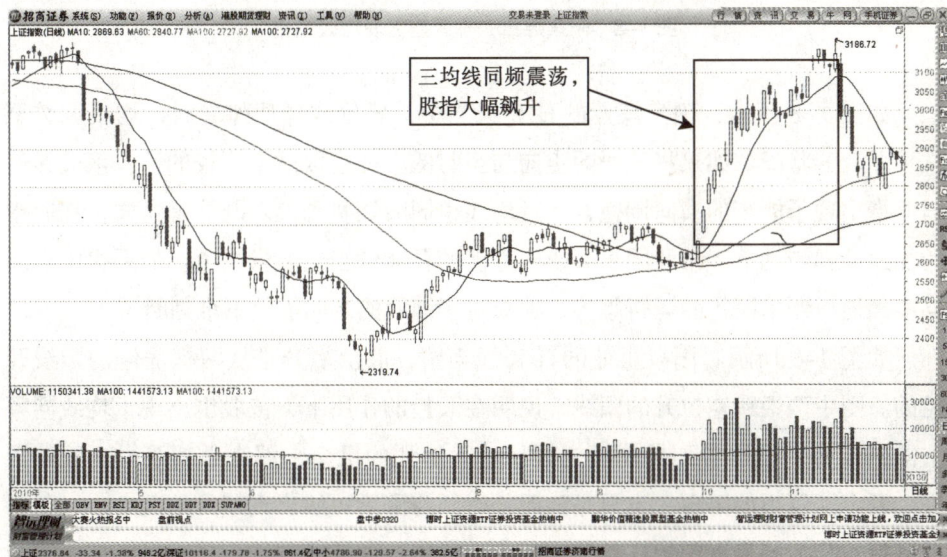

三均线同频震荡，
股指大幅飙升

图1-7 上证指数——同频震荡突破

　　如图1-7所示，上证指数的日K线中，股指快速跳空拉升的过程中，一个半月的时间就从下方的2600点附近飙升至3200以下，大幅度上涨了接近500点。如此看来，同频震荡的情况引起的反弹幅度是惊人的。如果结合江恩的波动法则，选择处于江恩分割率的倍数或者是分数关系的点位，并且是多条均线黏合状态的情况下，出现同向大幅度波动的幅度更为惊人。

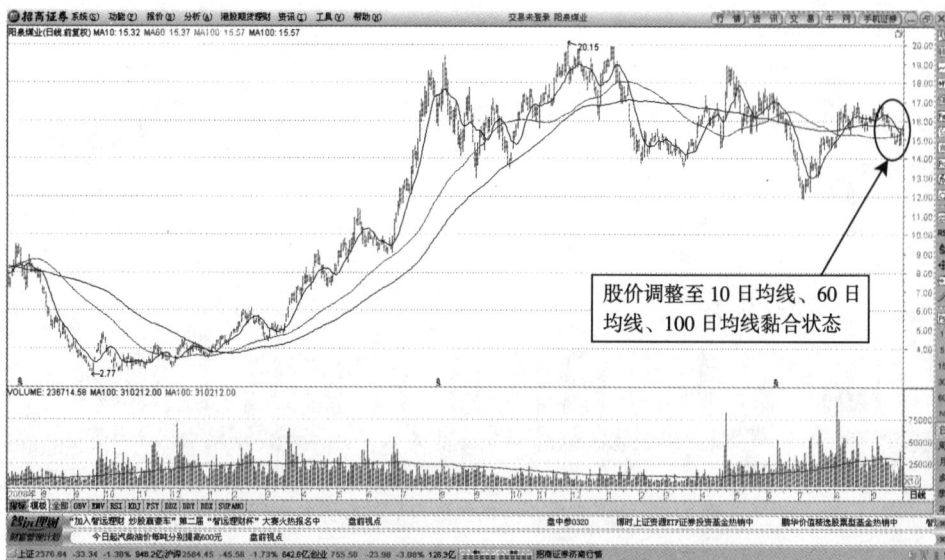

图 1-8　阳泉煤业——调整之后均线黏合

　　如图 1-8 所示，阳泉煤业的日 K 线当中，股价放量反弹之后，均线调整至几乎黏合的状况。如果将该股的走向与当时的上证指数做个比较的话，该股显然与股指出现了同步的横向调整，并且均线也同时调整到位。既然是这样，在股指的加速反弹带动下，该股同步大幅度上涨的可能性当然非常高了。如果投资者能够准确地研判出股指的运行趋势，那么对于该股的走向也就不难判断了。

　　如图 1-9 所示，阳泉煤业的日 K 线当中，股价飙升是从两根涨停的阳线开始的。图中两根跳空拉升的阳线，说明在股指的作用下，该股也出现了均线同频上涨的走势。投资者如果能够把握住这段追涨的机会，那么必然获得高额的回报。两个涨停板的出现，也只是该股长时间滞涨后短线出现飙升的起点。在蓄势已久后，均线同步出现像样拉升的现象，表明这种持续的涨幅是不可能在短线结束的。该股与稳定在各条均线之上的股指一样，会在今后的一个多月当中加速上扬，出现短线牛股的涨幅。

　　如图 1-10 所示，阳泉煤业不仅在均线上表现出黏合状况，就算是从 MACD、KDJ 以及 OBV 指标的变化上，同样能够发现相应的黏合趋势。而股价的发力上攻，是这种指标黏合走势的进一步的延续。放量大涨的情况仅仅是该股成功飙升的开始。投资者应该把握好这段拉升的起点，重仓参与追涨便能够获得实实在在的利润了。

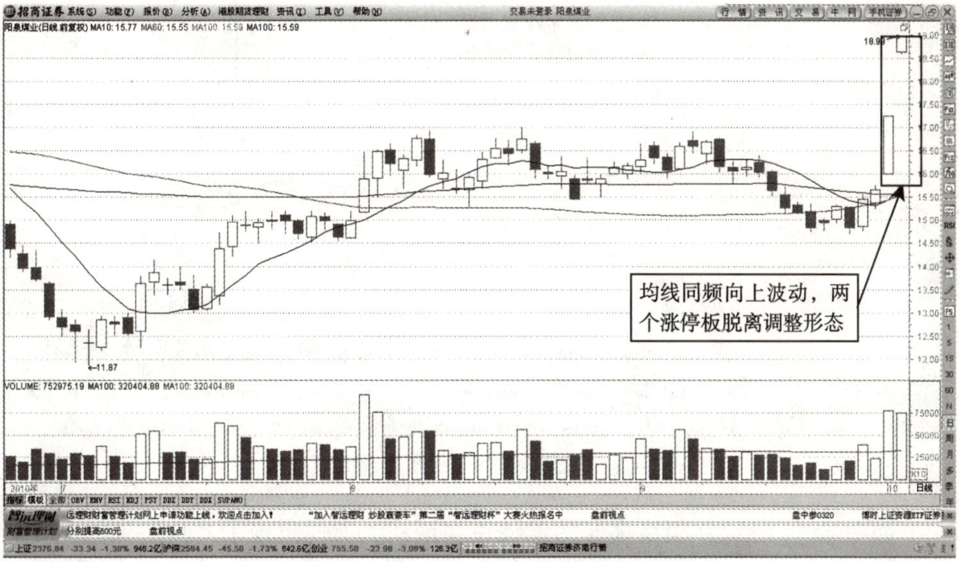

均线同频向上波动，两个涨停板脱离调整形态

图1-9　阳泉煤业——同频共振涨停突破

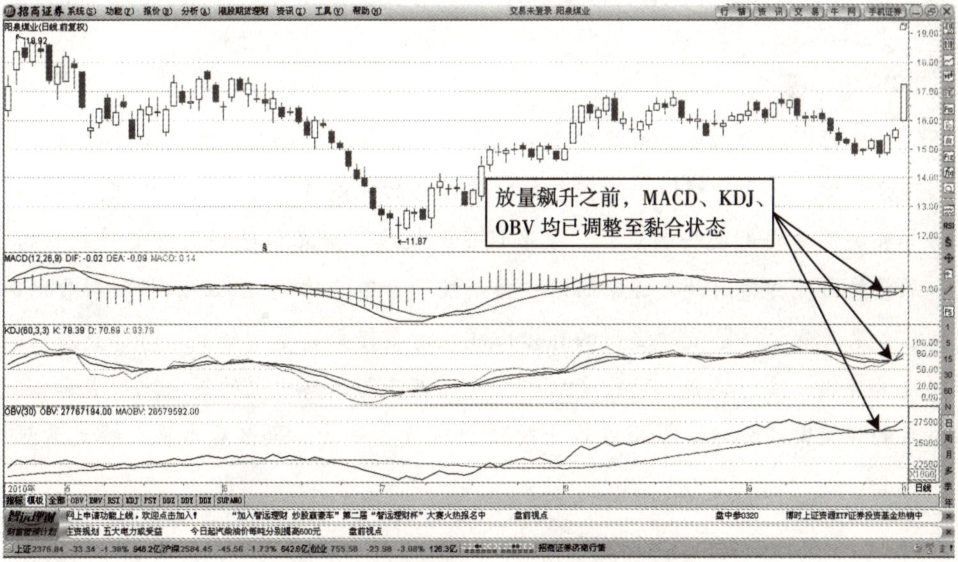

放量飙升之前，MACD、KDJ、OBV 均已调整至黏合状态

图1-10　阳泉煤业——多重指标调整到位

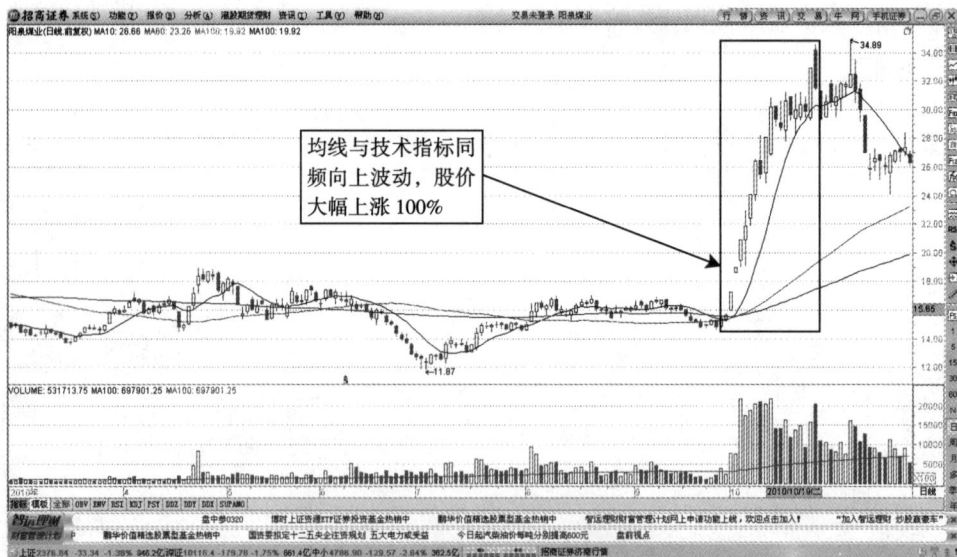

图 1-11 阳泉煤业——股价暴涨完成共振

如图 1-11 所示，阳泉煤业的走势正如预期的那样出现了，从底部的调整阶段的 15 元附近，经过了一个月的持续飙升后，涨幅高达 100% 以上。该股最高价到了 34.99 元的顶部。没有在前期飙升的起点追入该股，浪费了获利的大好时机。

小提示

均线黏合的状态中，量能发生突变现象，是股指和个股走强的重要依据。进入到强势调整状况的股指，运行趋势需要蓄势后才能够决定。采取均线、技术指标等相关因素全部统一的点位，采取调仓的策略，更容易达到把握趋势的目标。如果量能出现突然的放大迹象的话，将是投资者追涨的绝佳机遇。均线黏合的时刻，如果正处于江恩波动法则的百分比线或者是倍数关系的位置，那么更应该引起投资者的关注。毕竟，股指受到阻力的位置，与江恩所说的百分比位置和倍数关系的位置紧密相连。如果在这个阶段出现放量飙升，那么后市将大幅度看涨。

第三节　波动法则与江恩分割比率

　　判断股价的波动过程中的折返位置，运用江恩分割比率无疑是一种简便易行的方法。股指的运行趋势，出现阻力或者折返走势的点位，是可以清晰地反映在江恩分割比率上的。同样的情况是，这种折返的情况也能够反映在个股的运行趋势当中。如果操作得当的话，投资者就能够顺利地把握好相应的买卖机会，从而获得相应的回报。

　　江恩所说的分割比率，可以是比较典型的 2/8、4/8、6/8 的位置，当然也可能是 1/8、3/8、5/8、7/8 的地方。何处会出现阻力，而哪一个分割比率起作用微乎其微，这就要根据具体情况来定夺了。一般情况下，4/8、6/8 的位置是不可轻易忽视的。股价在这两个位置上出现相应的调整的概率很大。投资者都有这个习惯，在股价跌幅达到了前期的一半，或者是涨幅达到了前期一半的时候采取相应的操作策略。那么股价在出现了相对于前期波动幅度的 4/8 的时候出现强大的阻力，就比较容易理解了。

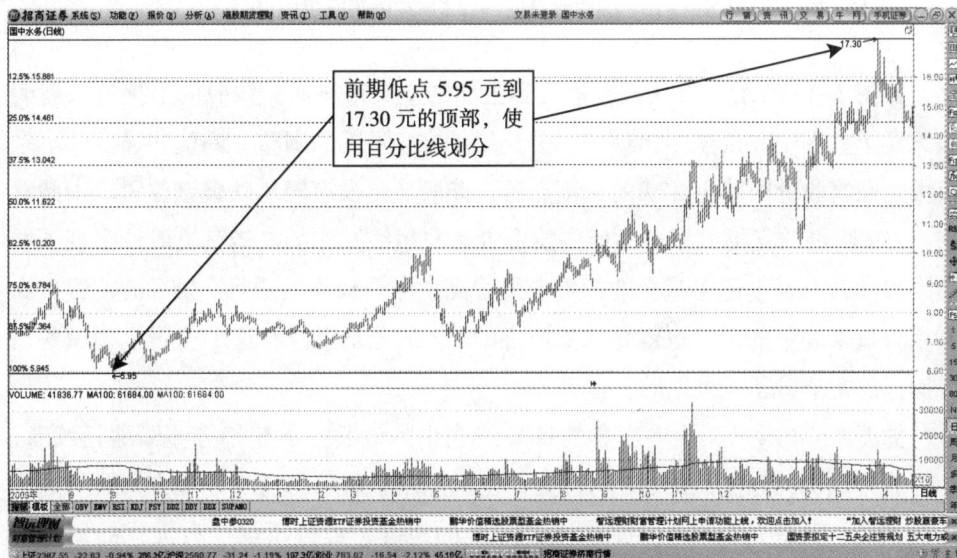

前期低点 5.95 元到 17.30 元的顶部，使用百分比线划分

图 1-12　国中水务——长期牛市面临调整

如图 1-12 所示，国中水务的日 K 线当中，该股的飙升趋势十分明确，股价在图中出现了非常强劲的上涨。主要的空头市场就出现在最高价 17.30 元之后。投资者采取百分比线来划分该股前期的上涨幅度，可以得出预期出现支撑线的点位。从百分比线的高位为起点，前期的最低价格 5.95 元为底部，勾画出相应的分割线。

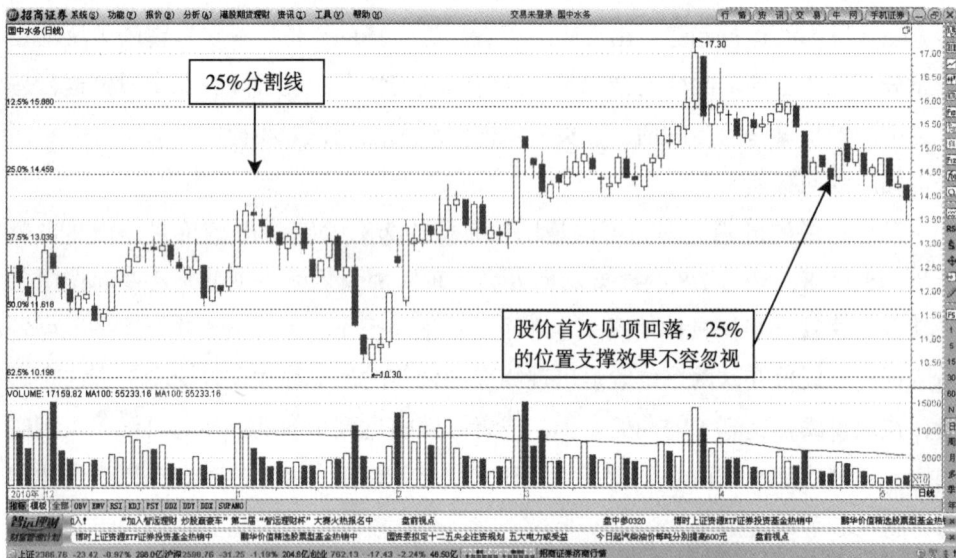

图 1-13 国中水务——12.5％成为第一阻力位

如图 1-13 所示，自从该股进入到主要的空头市场后，该股的下挫迹象就明确无误了。图中股价虽然出现了百分比线 12.5％附近的调整，调整的强度并不是很大。而当股价回落至 25％的分割点后，该股显然没有轻易跌破该位置。由此看来，25％附近的支撑效果还是值得投资者参与短线操作的。毕竟，股价出现了微小的涨幅，有利于还未减仓的投资者短线高位减仓操作的进行。25％的位置，如果用分数来表示的话，也就是江恩所说的 2/8 的分割点。在这个位置上多做些短线操作的文章，还是可以的。

如图 1-14 所示，国中水务的日 K 线当中，该股的下挫趋势不断地延续着，作为非常重要的分割点的 4/8 的位置，也就是图中所示的 50％的地方，股价的确出现了相当强劲的反弹。而在前期的 3/8 的地方，股价不仅没有反弹的情况出现，还在跌破了该分割点后，出现了短线的回调。

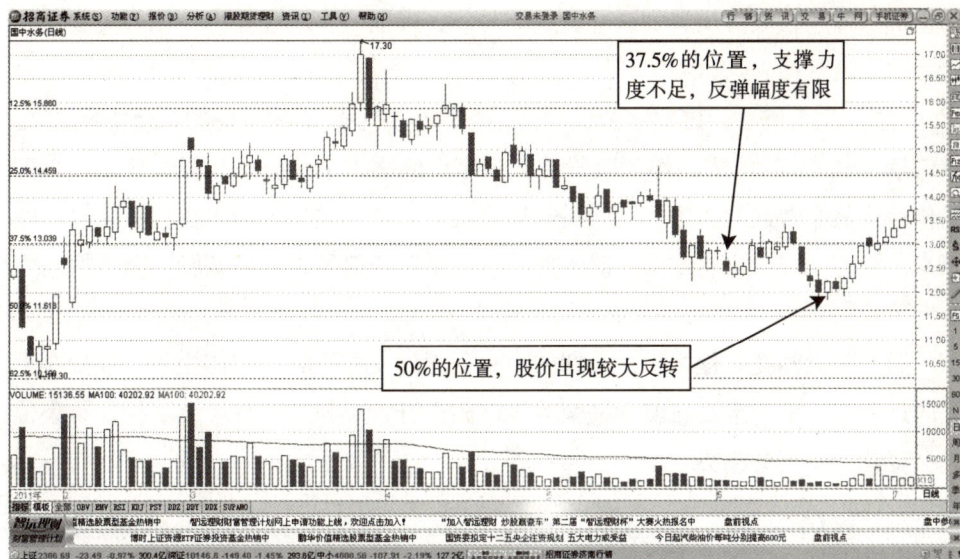

图 1-14 国中水务——真正支撑来自 50%

4/8 的位置既然是不可替代的绝佳反弹机会，那么投资者就应该抓住这一反弹情况，做好短线赢利的准备才行。一旦股价进入到快速折返的走势中，那么赢利的概率是相当高的。图中股价虽然已经出现了不小的反弹，却远远没有达到预想的程度。判断反弹结束的点位，投资者可以在 2/8 或者是 1/8 的地方寻求短线

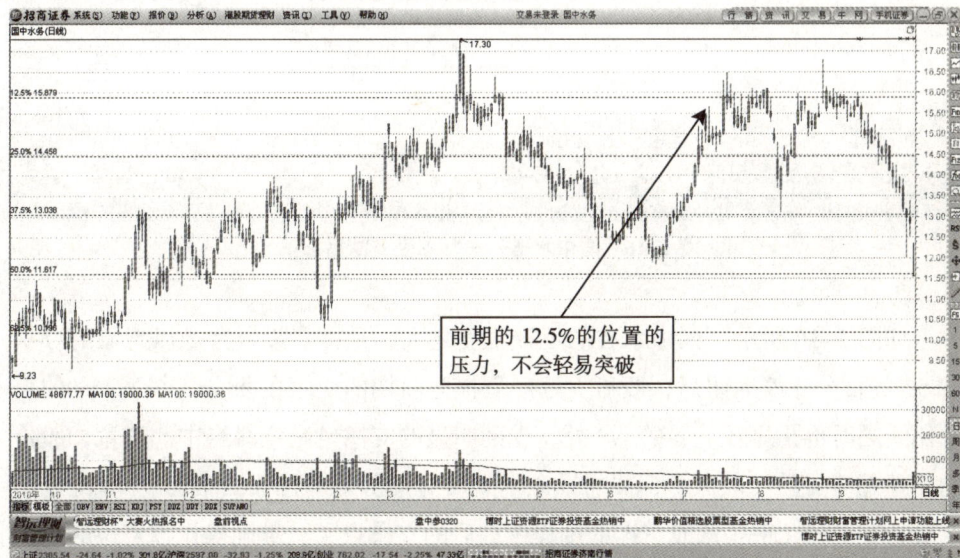

图 1-15 国中水务——折返不可能超过 12.5%

的顶部。并且在股价反弹到这些位置的时候，提前一步减仓操作，以避免股价再次下跌后遭受损失。

如图1-15所示，国中水务的反弹结束的位置显然是在前期的12.5%的地方。这说明，12.5%的位置，作为股价首次稳定后的第一个八分之几折返比率，起到的作用还是非常强的。股价既然没能够成功突破该位置，说明下跌趋势还将延续下来。就在12.5%的地方，股价出现了双峰见顶的信号，之后该股一蹶不振地大幅度下挫。

第二次大幅度下挫之后，前期的50%附近的支撑已经不起作用了。股价在下挫的过程中，不一定要在前期跌幅的50%附近开始反弹，而是继续下挫，跌破位置，延续主要空头趋势。

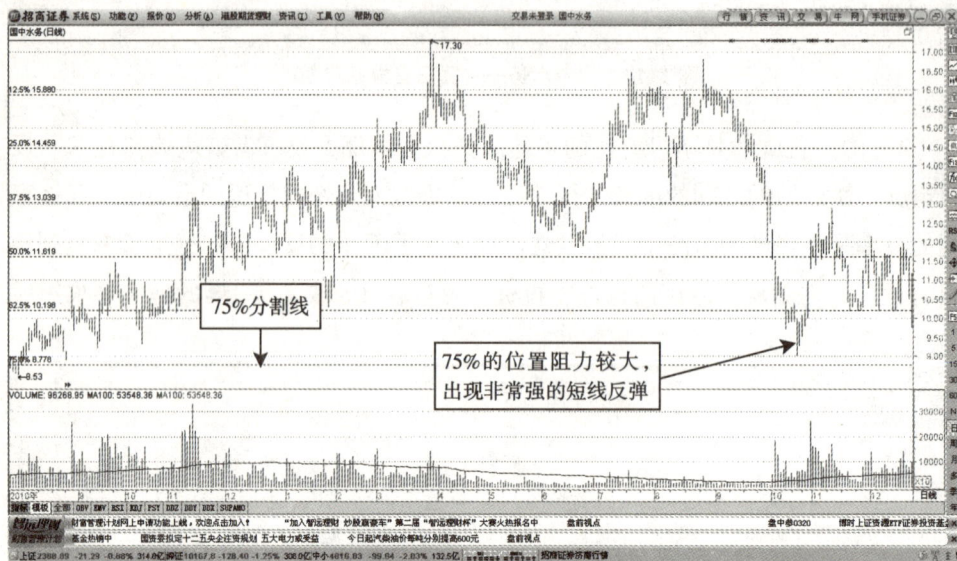

图1-16 国中水务——75%受支撑后震荡

如图1-16所示，国中水务的下挫幅度之大，是很多投资者难以想象的。从12.5%的百分比线遇阻后，股价大幅度下挫至前期的75%的百分比线。75%的百分比线同时也是比较重要的4/8处，受到明显的支撑也是意料当中。毕竟，股价的下挫趋势虽然比较大，但要想跌破前期所有的涨幅却是很困难的。6/8附近的支撑，其实也几乎是该股下挫的过程中最后的支撑点了。准确操作该点位的短线反弹的赢利机会，关系到投资者减少损失的程度以及获利水平。图中显示，股价的反弹持续到 50%附近，也就是说 4/8 的位置的压力线再次起作用。股价开始在 6/8 与 4/8 的两个位置上做往复运动。短线操作的机会还是不少的。

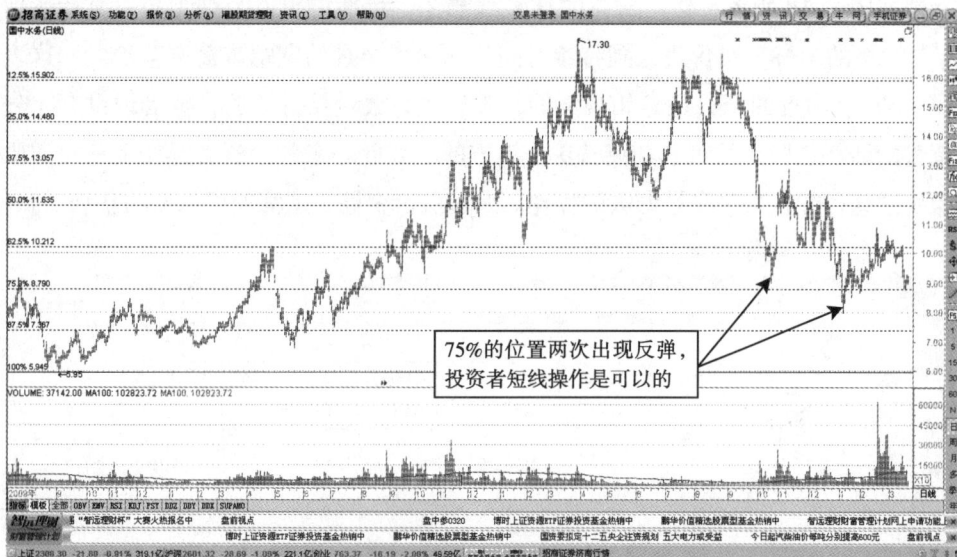

图 1-17　国中水务——75%~62.5%的震荡

如图 1-17 所示，股价经历了前期的持续波动后，再次回落至 75%的百分比线后，反弹同样第二次出现了。只是这个阶段的股价反弹的力度比较小了，在

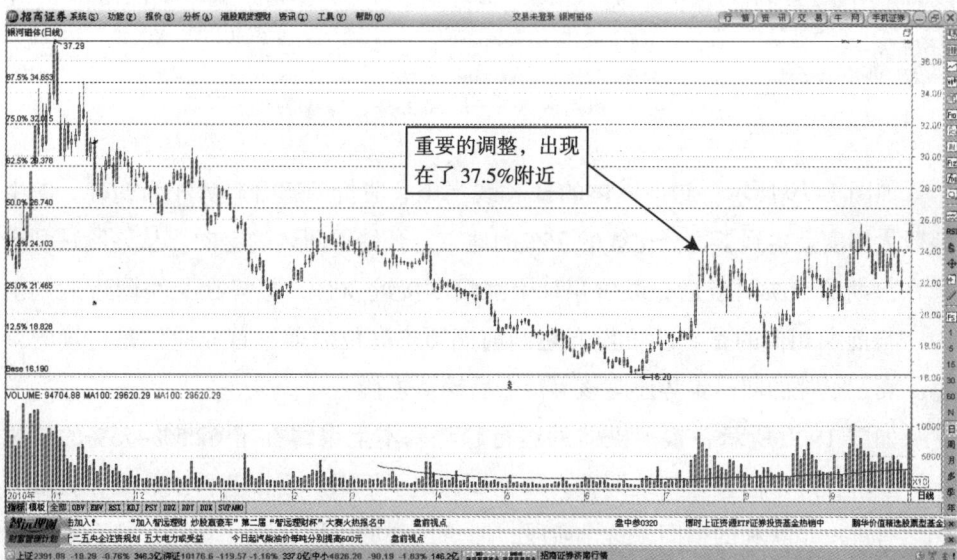

图 1-18　银河磁体——脱离 12.5%、受阻 37.5%

62.5%和75%附近持续震荡，投资者获得短线收益的机会由此开始减少。这也说明，下方的支撑力度非常小了。

如图1-18所示，银河磁体的日K线当中，该股的见底反弹走势一直持续到了37.5%的地方，股价进入到持续时间长达两个半月的宽幅震荡调整阶段。这表明，37.5%附近的压力还是相当强的，没有主力放量拉升该股，或者说没有充分调整的话，该股是很难成功突破这个地方的。如此一来，投资者操作上一定需要短线减仓，并且做些高抛低吸的操作。一旦股价企稳，追涨便可以成功获利了。

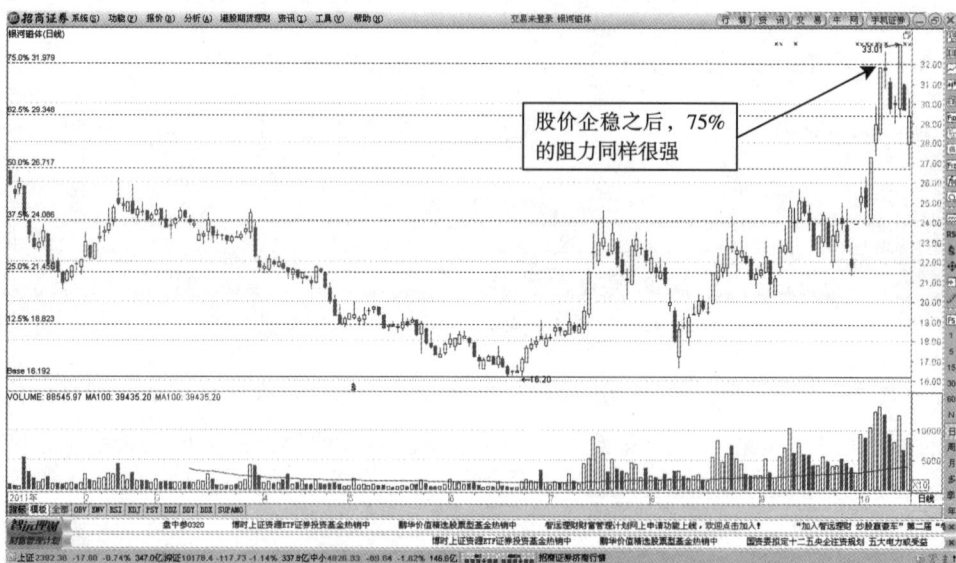

图1-19　银河磁体——脚踩25%、冲高75%

如图1-19所示，银河磁体的日K线当中，股价的飙升趋势相当明确。图中该股大幅度上攻到了百分比线的75%的地方，开始了回调的走向。从该股顺利企稳在前期的50%附近后，股价累计上涨幅度接近30%，最终在75%附近遇到阻力。与前期相似的是，股价没有达到前期历史高位之前，首先应该是持续的调整。真正下挫的回落走势还应该等待今后确认才行。

如图1-20所示，银河磁体的运行趋势基本上束缚在了62.5%~75%的价位上。股价在这个位置上持续调整，并逐步稳定了下来。后市若再次放量，投资者仍然有进一步获利的空间。这个阶段，股价反弹的幅度已经比较高，持仓等待更好的涨幅过程中，投资者应该注意持仓水平。如果没有十足的把握确定股价会突破前期历史高位的话，应首先减仓，以避免高位持股的风险。

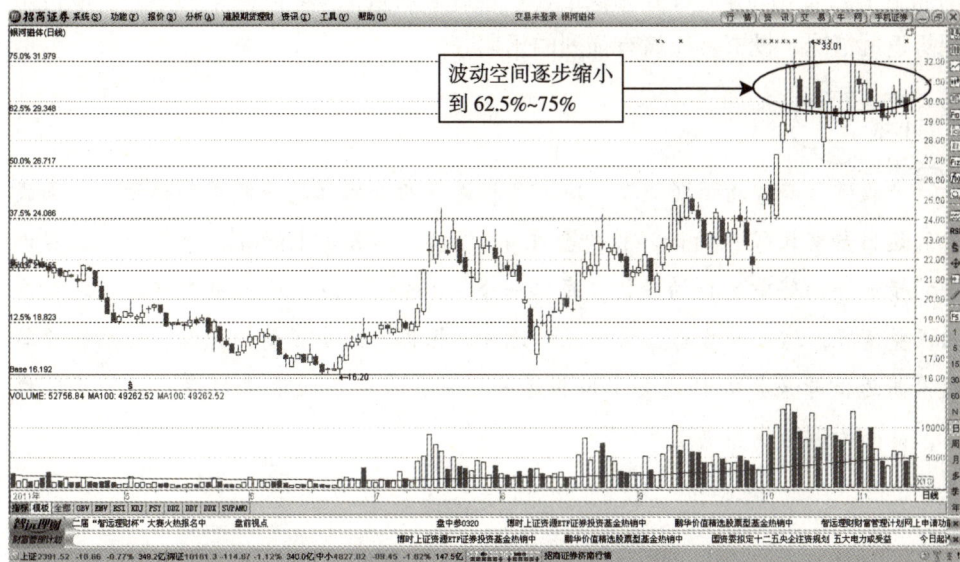

图 1-20　银河磁体——持续调整在 62.5%~75%

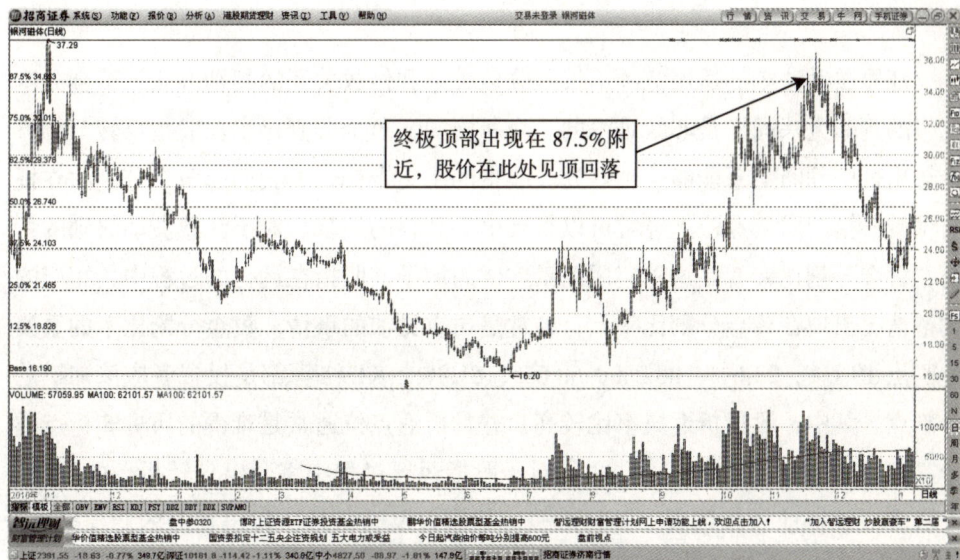

图 1-21　银河磁体——冲高 100%、受阻 87.5%

　　如图 1-21 所示，银河磁体飙升的过程中，终极顶部出现在 87.5% 附近。在这个位置，也就是江恩所说的 7/8 的分割率的地方，股价出现顶部信号，其实也是意料当中。既然该股不能够顺利突破前期高位，阻力当然出现在最后的一个分割点上了。而 87.5% 的百分比线上，也是江恩所说的 7/8 分割率的地方，股价出现折返的情况，投资者应该有强烈的预期。

（小提示）

个股运行趋势的强弱状况，决定了折返点所处的江恩分割率的位置。如果股价的运行趋势比较强的话，股价会在 4/8 甚至于 4/8 以上的分割率上出现强势调整的情况。弱势中运行的股价，每隔一个 1/8 的分割点，股价都有可能出现对应的调整情况，这是投资者应该关注的地方。根据实战中股价的走向，运用经验与股价折返信号来判断预期会出现折返的位置，有助于投资者把握真正的反转机会，从而为调仓获利创造条件。

第四节　波动法则与黄金分割比率

江恩波动法则的适用范围不仅是分数关系和倍数关系的判别方法，黄金分割比率的判断方法同样是非常难得的。众所周知，黄金分割比率在股指反转与调整走势出现的判断上总能够恰到好处。股指的历史走势告诉我们，黄金分割法在提前预测股指的回调点位上经常可以得到出乎意料的结果。对于江恩波动法则的特例，黄金分割比率就是这种应用前景广阔的例子。股指在运行的过程中，相应的调整情况出现在黄金分割比率上，经常是司空见惯的事情。黄金分割比率的重要分割点 19.1%、23.6%、38.2%、50.0%、61.8%、80.9% 等都是投资者应该知道的分割点。其中，股指折返概率比较高，并且折返点位通常是难得的历史转折点的分割点有 38.2%、50.0%、61.8%。对于股指运行过程中将会出现转折点的位置，投资者应该提前做出判断，并且准确地把握好反转信号，做出相应的调仓操作。黄金分割比率其实是与江恩分数关系相对应的一种分割关系。只不过黄金分割点位的选取是在特定情况下的。相应的买卖效果其实是相似的。

如图 1-22 所示，上证指数的日 K 线当中，股指从主要空头市场当中反转向上的过程中，判断重要的折返点成为投资者关心的地方。既然已经在前期的主要

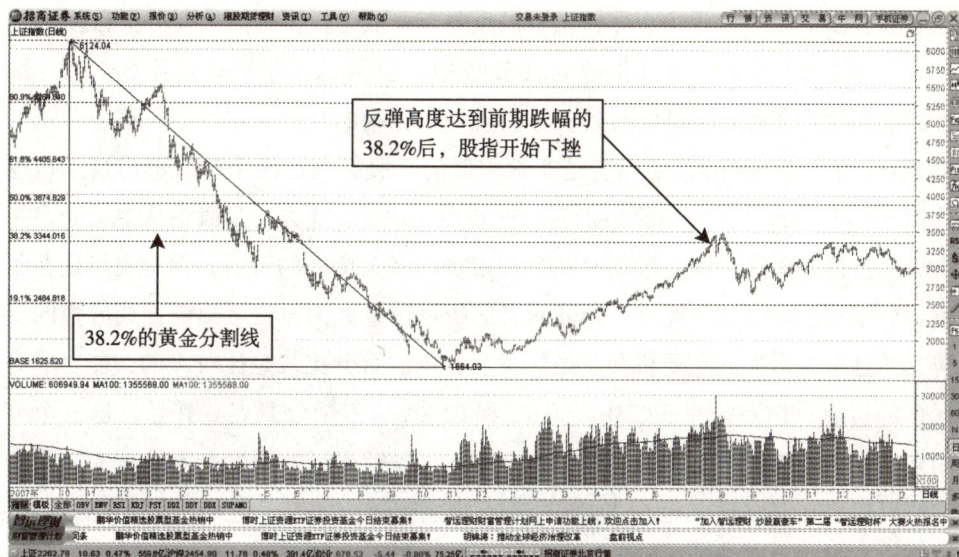

图 1-22　上证指数——38.2%的反弹结束点

空头市场当中损失惨重，那么必然需要在股指走好的时候尽量多获得一些利润。判断股指折返的点位，黄金分割的 38.2% 成为股指真正的折返点。自从股指涨幅超越了 38.2% 对应的点位后，双顶形态在一个多月的时间里形成。股指突然转为大幅度下挫的走势。由此可见，股指的主要多头市场在这个阶段开始进入尾声。

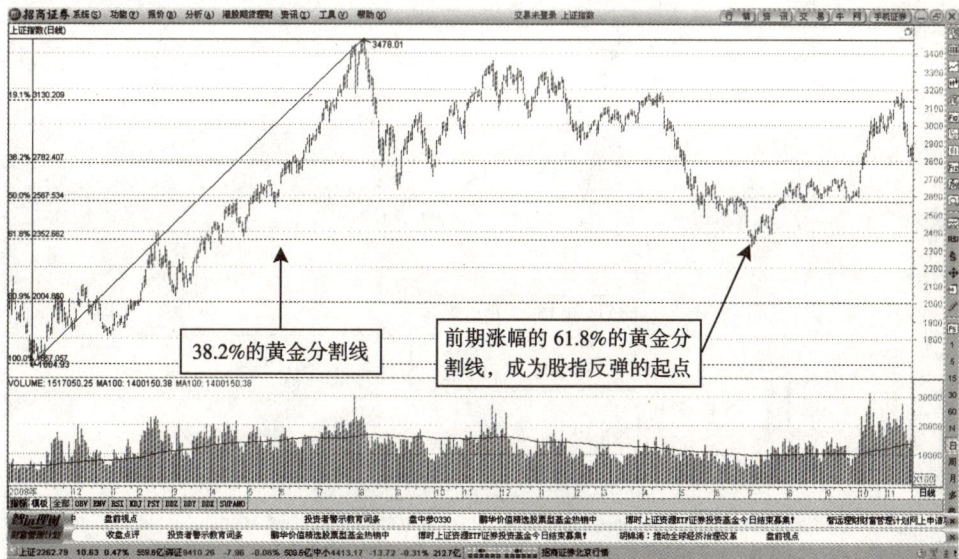

图 1-23　上证指数——38.2%的空头市场中的回调点

在股指逐步下挫的过程中，非常重要的反弹点又成为投资者的重要分析目标。

如图 1-23 所示，上证指数的日 K 线中，股指见顶于最高点位 3478 点后，直到跌幅达到了底部的 61.8% 处，才出现一次标准的反弹。这说明，黄金分割的 61.8% 处与 38.2% 处的重要程度是非常相似的。股指在这两个位置上出现了折返的情况。不同的是，前期股指折返点出现在 38.2% 的地方，是股指从多头向空头市场的折返。而这一次，股指是从空头市场向多头市场的折返，但是也出现在了黄金分割点的 61.8% 的地方。判断两者的折返位置成为投资者提前预期股指的反转点并且减少损失的重要机会。虽然黄金分割的百分比线是比较多的，能够成为真正的折返点位不外乎 38.2%、50.0% 和 61.8% 这三个分割点。并且，这三个分割点出现的概率是比较高的。38.2% 的地方，股指运行的幅度并不是很大，折返的情况却也能够出现。而 61.8% 的分割点刚刚超越 50.0%，成为折返的重要机会，因此应该引起投资者的重视。

小提示

上证指数作为 A 股的主板，对应的运行趋势的参考价值是非常高的。使用黄金分割线来划分股指的点位，用来预测将要发生折返或者是调整的点位，是比较实用的策略。股指在这样的点位出现调整之后，投资者应该庆幸才是。既然股指

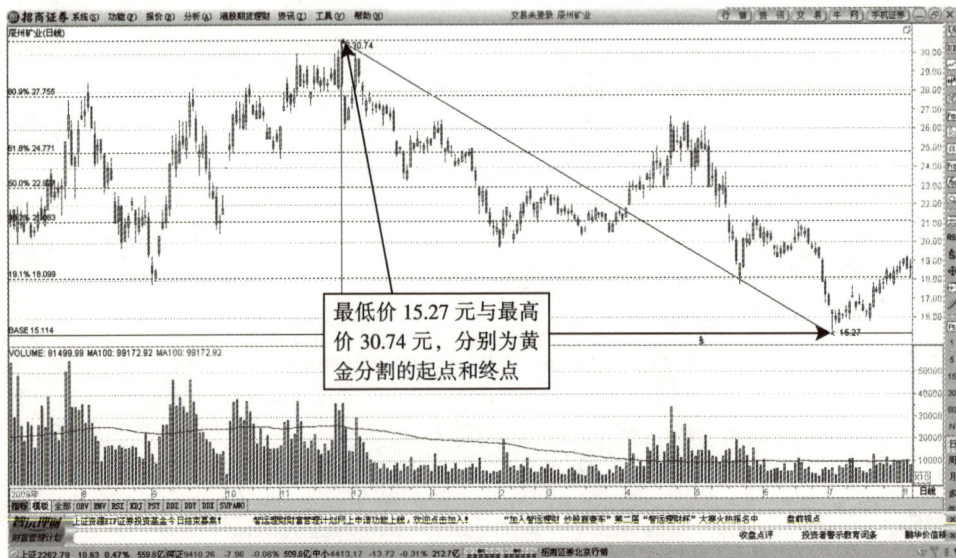

最低价 15.27 元与最高价 30.74 元，分别为黄金分割的起点和终点

图 1-24　辰州矿业——15.27 元成为黄金分割的起点

的运行趋势已经受到了来自于黄金分割线的作用，那么个股的走向当然也是如此了。在股指开始在黄金分割点处调整之时，投资者应该在个股中采取相应的操作策略，才不至于遭受损失或者错失获利的机会。

如图 1-24 所示，辰州矿业的日 K 线当中，如果将最低点的 15.27 元作为反转向上的起点的话。那么由低点的 15.27 元到前期高位的 30.74 元画黄金分割线，就出现了图中所示的分割点。判断今后股价反弹过程中的回落点，就可以从预先画出来的黄金分割点线来判断。不管怎样，股价反弹的过程中通常是不可能不出现调整的。而股价一旦开始调整，黄金分割线对应的价位无疑是第一选择。即便股价并未在对应的黄金分割线上出现调整，投资者仍然能够在下一个黄金分割线处等待调整出现。股价反弹的过程中，越晚出现的调整，相应的调整幅度会比较大，调整时间也会相对较长，投资者应该做好思想准备。

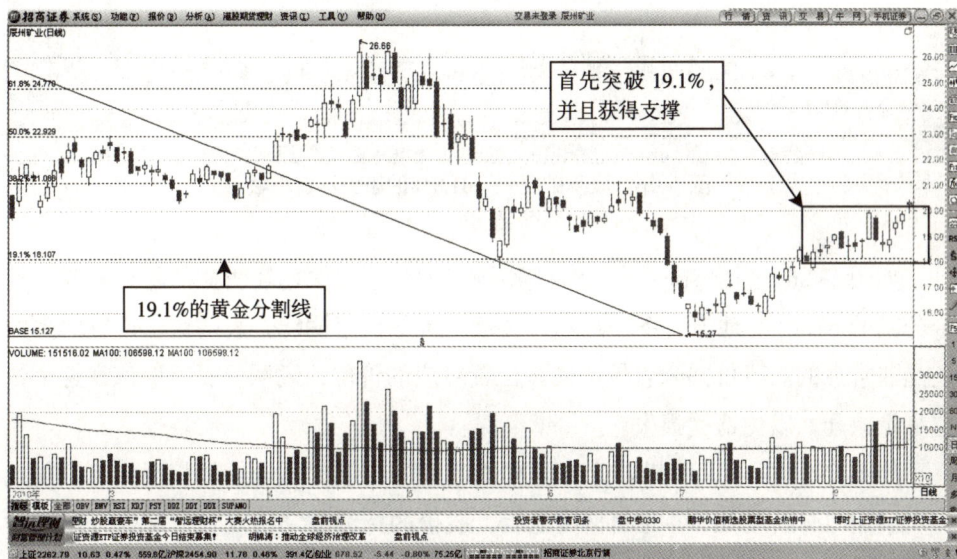

图 1-25　辰州矿业——19.1%阻力较小

如图 1-25 所示，辰州矿业的日 K 线中，黄金分割线的 19.1%附近对应的价位被一举突破，股价在这条黄金分割线之上开始横向调整，给投资者提供了短线调仓的机会。19.1%的幅度虽然不是很大，股价却依然开始调整，并且持续横盘了两周时间，股价才开始企稳回升，表明黄金分割对应的分割线是不容忽视的。

股价的涨幅虽然短时间内不大可能结束，黄金分割线附近的调整却是不可缺少的。毕竟，蓄势之后的上涨会更加强劲。股价在被拉升至黄金分割线附近的时候，少数投资者的减仓行为以及前期套牢盘的解套是造成调整走势出现的根本原因。当然，其中也会有主力的洗盘行为，投资者也应该了解到。

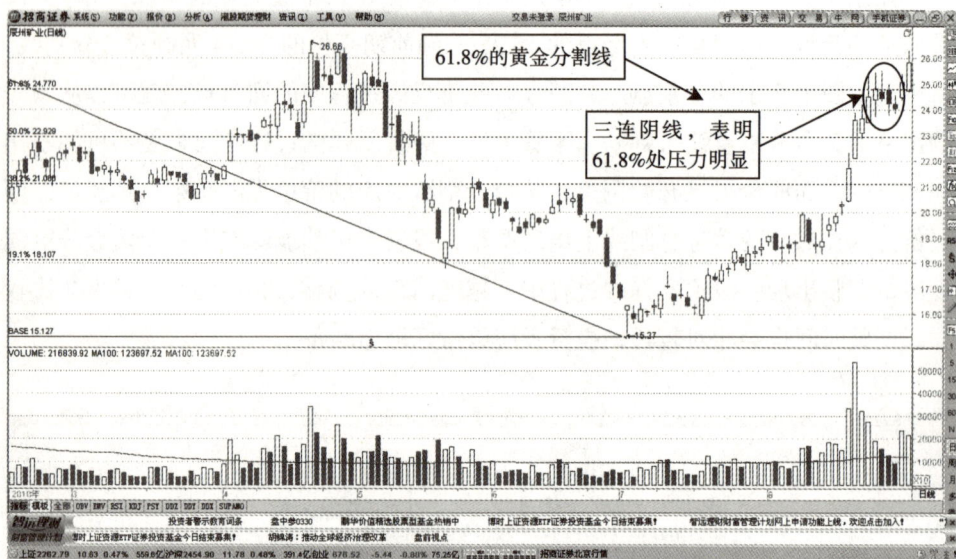

图1-26 辰州矿业——61.8%的阻力不容小觑

如图1-26所示，辰州矿业的日K线当中，第二次比较明显的阻力来源于黄金分割的61.8%的地方。图中显示，持续三天的回落阴线，表明这个位置的阻力还是非常强的。股价并未直接突破该位置对应的价位，说明投资者应该在这个位置尽量减仓，以免遭受损失。

如图1-27所示，辰州矿业的日K线当中，该股的飙升趋势相当明确。前期经历了19.1%以及61.8%的调整情况后，股价的持续波动出现在了黄金分割线的61.8%和80.9%的地方。很显然的，股价在这两条线处持续波动，却不能够轻易地出现突破。下方的61.8%成为短线的重要支撑线，而80.9%的地方是股价上涨过程中的阻力来源。能否把握这两个位置的调仓机会，是投资者获利与否的关键。

如图1-28所示，辰州矿业翻倍上涨，并且以涨停的方式轻松突破了100.0%附近的压力线。而高位的161.8%的地方是股价翻倍之后的重要压力来源。把握好161.8%的阻力，投资者便能够轻松地减少损失了。股价翻倍之后，至于

119.1%的位置出现阻力的可能性将会大为降低。而新的阻力来源出自于图中高位的161.8%对应的价位。

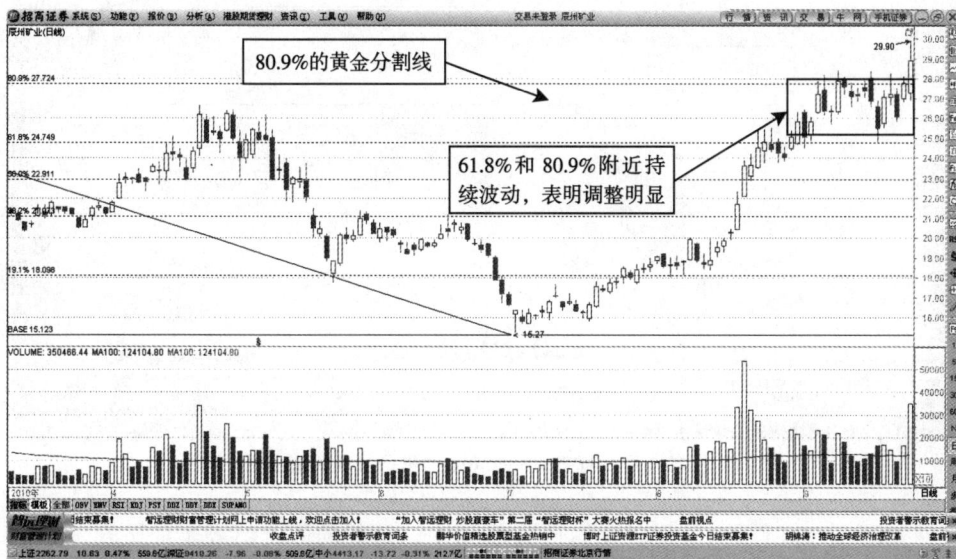

图1-27 辰州矿业——"夹板气"出现在61.8%与80.9%

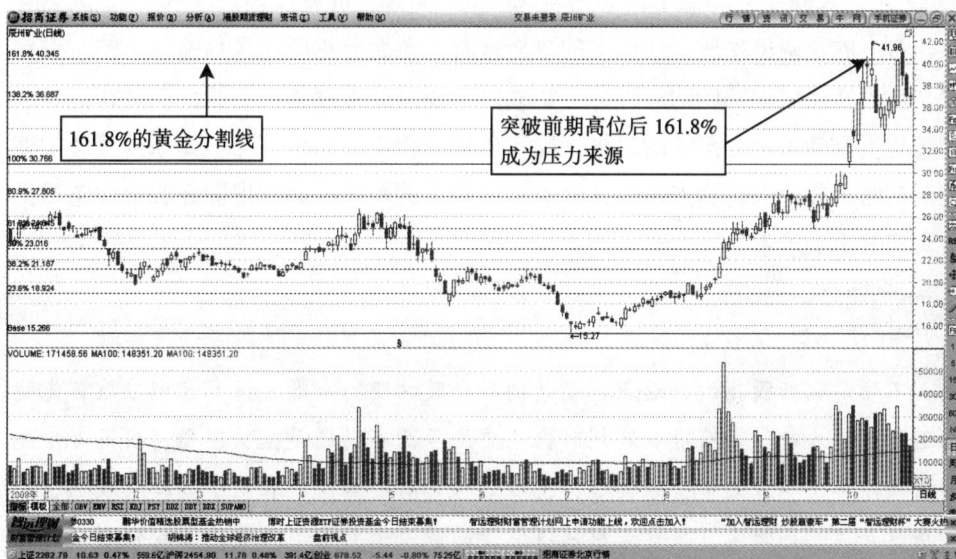

图1-28 辰州矿业——161.8%的阻力很强

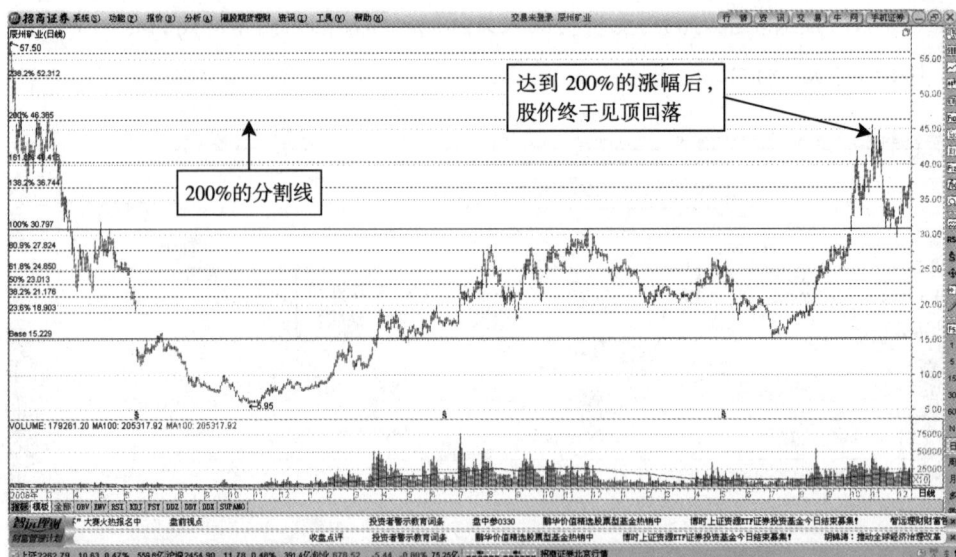

图1-29 辰州矿业——200%的价位成为真正顶部

如图1-29所示，辰州矿业的日K线当中，该股的回升趋势非常显著，却在涨幅达到前期下跌空间的200%的时候出现了重要的顶部。该股从最低价格的15.27元，大幅度上涨到了最高的45.60元，累计上涨幅度高达198.6%，成为一只非常牛的翻两倍牛股。从以上的分析来看，黄金分割线用来判断股价的折返位置，作为江恩波动法则的一部分，实战效果还是非常好的。毕竟，股价在达到或者超越重要的黄金分割线的时候，确实出现了相应的调整情况。如果投资者能够准确判断出股价的折返点位，并且勾画出黄金分割线的话，把握好股价调整的机会其实并不是难事。

小提示

不管是判断股指的折返点，还是判断个股的阻力来源，投资者都应该首先明确运行趋势才行。只有准确地判断出主要的多头市场还是空头市场，投资者才能够清晰地画出相应的黄金分割线，把握好操作机会就比较容易了。江恩波动法则的折返点位的判断上，投资者应该以灵活的做法来对待。就算是黄金分割线表现出来的折返点位，股价出现折返的幅度，或者说股价是否折返都要取决于实际情况。顺着股指的运行趋势，投资者才能够比较轻松地把握大趋势，获得更好的投资收益。

在趋势的判断上，准确把握股指的折返点位，其实是很重要的。这要比投资者操作个股的时候把握住买卖时机实用得多了。因为，个股的走势往往与股指的运行趋势相差无几。把握好股指的折返趋势，并且判断出相应的历史性拐点所在的价位，投资者就能够依照这个位置来决定股市中多数个股的操作策略了。并且，不同的个股的运行趋势，基本上与对应的股指的运行情况紧密相关。脱离股指走出非常独立的大行情来，这种概率是不常见的。

经 验 总 结

本章所说的江恩波动法则，投资者应该首先清楚波动的激发点究竟在什么地方。换句话说，投资者应该抓住股指将要出现折返走势的共振点，才能够发现将要出现的爆发性大行情，或者是发现相应的调整点。均线或者是技术指标的黏合之后的同频震荡，就是我们所说的重要的共振点位。这种黏合的地方虽然不常见到，一旦成为股指波动的起始点，那么股价的走势将非常强劲。

书中所说的江恩分割率中的倍数关系以及分数关系，都是要寻找到能够出现共振的点位。而黄金分割比率对应的分割线，就是这种重要分割点的密集分布的地方。不管投资者采取什么样的措施，黄金分割线或者是江恩分割率都可以，只要抓住股价的调整机会把握好买卖点位，就能够做到顺势操作个股了。

第二章　江恩时间法则

江恩理论中，时间对股票投资的影响是非常大的。股价的任何波动，都是与时间变化相关联的。准确判断时间股价变化与时间周期的关系，事关投资者的买卖操作能否顺利进行。江恩时间法则适用于投资者判断股指运行过程中出现折返的时刻，以及投资者判断买卖机会的时机。如果能够比较好地运用江恩时间法则，那么投资者提前预期股指折返的点位，并且做出相应的调仓对应措施，其实是比较容易的。

鉴于江恩对 7 这个数字的看重，本章会重点围绕 7 这个数字来做一些文章。江恩分割比率中的"八分之几"的分割率，对于时间间隔的划分也是非常重要的。与"八分之几"相对应的扩大和缩小的 7 的倍数关系，将会在本章的第四节中提到。综合这些不同时间间隔的作用，投资者对江恩的时间法则的认识会更加充分。

第一节　时间法则的内容

江恩理论当中，时间对股票投资的影响之大，是每一位投资者都不能忽视的因素。江恩认为，股价的调整走势会出现在特定的时间段内。而实际的价格调整位置是可以提前预期到的。江恩把时间定义为江恩交易年，这个交易年可以一分为二，成为 6 个月或者是 26 周。当然也可以一分为三、一分为四甚至更多。比较典型的是将江恩交易年划分为 1/8 和 1/6。

在江恩交易年当中，一些非常重要的时间间隔是与 7 有关的时间间隔。而与 7 天相关的 47 天，是 7 天的平方数，也是非常重要的时间间隔。比较重要的反转走势的顶部或者是底部，通常会出现在 49 天到 52 天。中级趋势转变的时间间隔可以是 42 天到 45 天之间。值得一提的是，45 天恰好为一年的 1/8 等份，也是比较重要的时间间隔。

江恩认为，一些非常重要的时间间隔能够帮助投资者提前预期股指将要发生转变的时刻，从而帮助投资者做好价格反转的心理准备。

江恩认为，一般的股指回调会发生在第 10 天到第 14 天。如果股指在达到了这些时间间隔的时候没有出现调整，那么会推迟到第 28 天到第 30 天发生。

股指主要的顶部或者是底部，会在 7 个月后出现小型回调的情况。这样的话，投资者可以在 7 个月后准备调整仓位，以应对将要到来的回调走势。

最后，所谓的江恩周年日，也是股指出现调整走势的重要看点之一。股指在运行到江恩周年日的时候，很可能会延续前期的走势，出现折返的情况。对于江恩周年日的影响，同样是不可忽视的。

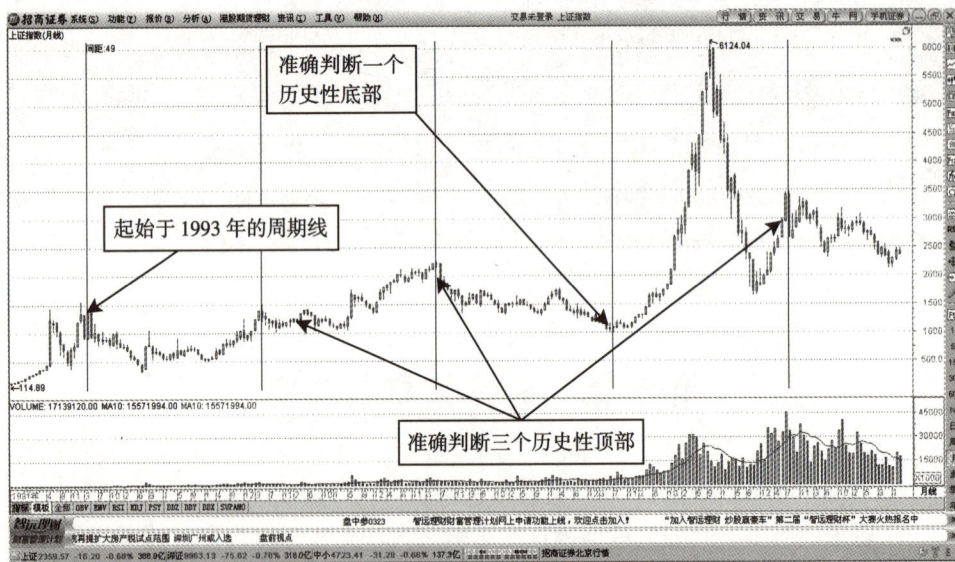

图 2-1　上证指数——49 个月的周期大循环

如图 2-1 所示，上证指数的月 K 线当中，该指数的运行趋势出现了持续时间长达 49 个月的大循环。如果从 1993 年算起的话，后市上证指数出现的重要的三个顶部以及一个历史性的底部都是非常有意义的调仓机会。能够运用江恩的 49 个月的大循环来提前一步发现这些买卖机会的话，投资者获得利润将不是问题。趋势仍然在延续，只不过持续时间长达 49 个月而已。在 49 个月的那一刻，投资者如果能够发觉这样的机会，调仓避免熊市造成的损失或者抓住牛市中的绝佳抄底机会，都非常容易做到。

49 个月的时间，也许对很多的投资者来讲非常长了。因为入场时机以及各方面的原因，投资者不一定会在股指运行到这一刻的时候，仍然有这种周期意识。但是，在相应的周期点出现之后，股指的运行趋势是比较稳定的，这就为投资者的买卖操作提供了参考。持续时间长达 49 个月的周期中，虽然每 49 个月都会有不错的投资机会。但是期间的股指运行趋势，投资者依然可以用这个周期循环来判断。

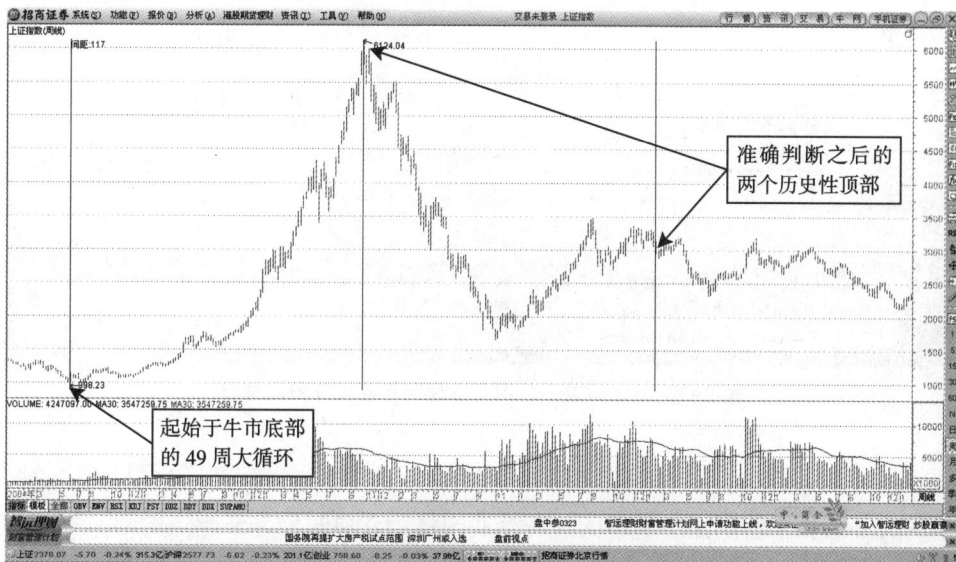

图 2-2　上证指数——49 周的周期大循环

如图 2-2 所示，上证指数的 49 周的大循环中，股指的变化显然已经非常清晰了。从图中历史性的低点 998.23 点算起的话，股指从这一刻开始的 49 周当中，始终延续着主要多头趋势。在历史性底部的最低点 998.23 点开始后的第 49 周，成为历史性牛市结束的时刻。如果结合图 2-1 所示的 49 个月为循环的周期来看的话，投资者不难发现 998.23 点是绝佳抄底机会。而后期股指见顶最高位 6124 点的那一刻，同样可以使用 49 周的循环来判断。这样，49 这个数字在"周和月"两种时段内得到了非常好的体现。把握好买卖的机会，其实就比较容易了。

图 2-2 中的上证指数第二个历史性顶部，也出现在第二个 49 周循环之后。股指在这个时候成功见顶最高点位 3478.01 点后，出现了持续大幅度的下挫情况。判断两个历史性顶部，其实并不是什么难事。49 个月的周期循环就提供了这样的机会。事实上，这种循环并不会停止不前，还会在今后发挥更大的作用。投资者只要把握好这种循环情况，就能够为买卖活动提供很好的机会。

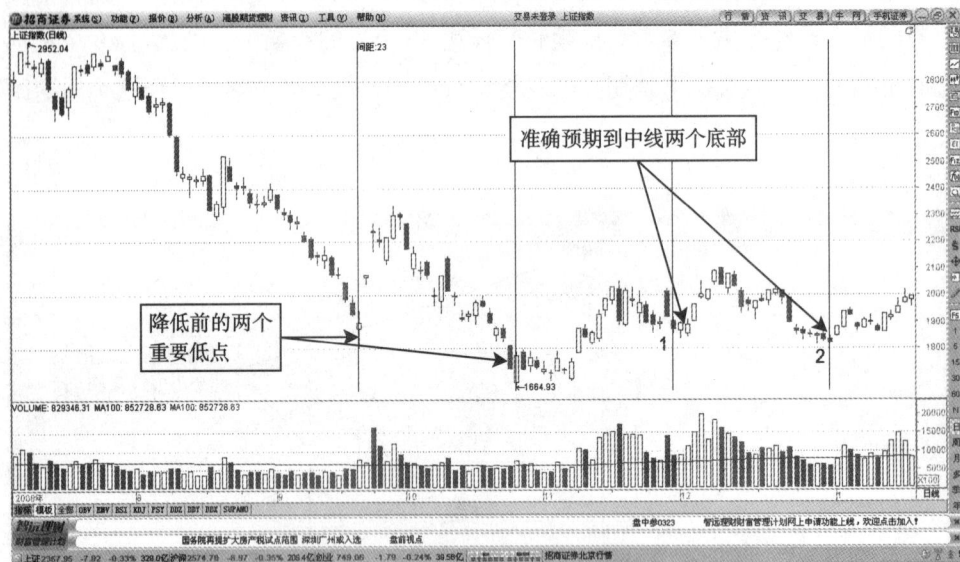

图 2-3　上证指数——两个底部为江恩周年日的循环

　　如图 2-3 所示，上证指数的见底最低点 1664.93 点之前，出现了两个比较明确的底部。如果使用图中所示的这两个底部作为江恩时间循环起点的话，投资者就能够得出相应的操作机会了。按照这两个底部的时间间隔为周期的循环，投资者能够准确判断股指见底回升后的两个非常重要的抄底机会。后市股指不断地向上拉升，这两个不同的底部，成为投资者获得今后丰厚利润的重要机会。作为江恩周年日，图中所示的循环，时间间隔虽然不是很大，却在之后的股指运行中发挥了很大的作用。两个中线底部的判断，就是在这种情况下实现的。很显然，没人能够怀疑这种趋势的有效性。准确把握这样的机会，买卖机会很容易抓住。

　　如图 2-4 所示，上证指数后期的运行当中，该循环还成功判断股指的两个短线的顶部，以及短线一次加仓的机会。作为江恩周期来判断股指今后的运行趋势，显然还是起作用的。后市如果股指涨幅过大，出现相应的反转信号的话，同样能够表现在周期到来的时刻。对于股指顶部的把握，投资者应该尽早做好准备，以免到时候遭受不必要的损失。

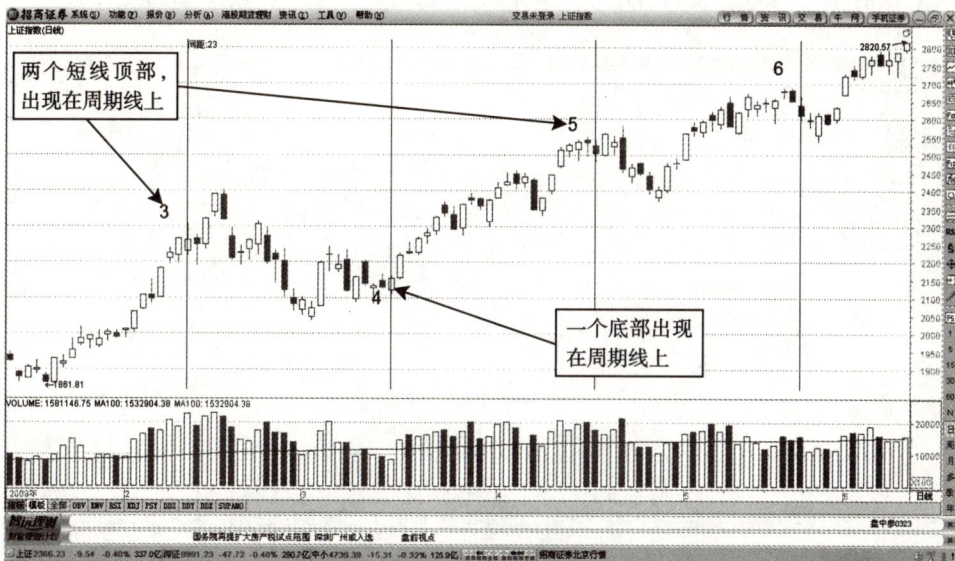

图 2-4　上证指数——周期成功判断两顶和一底部

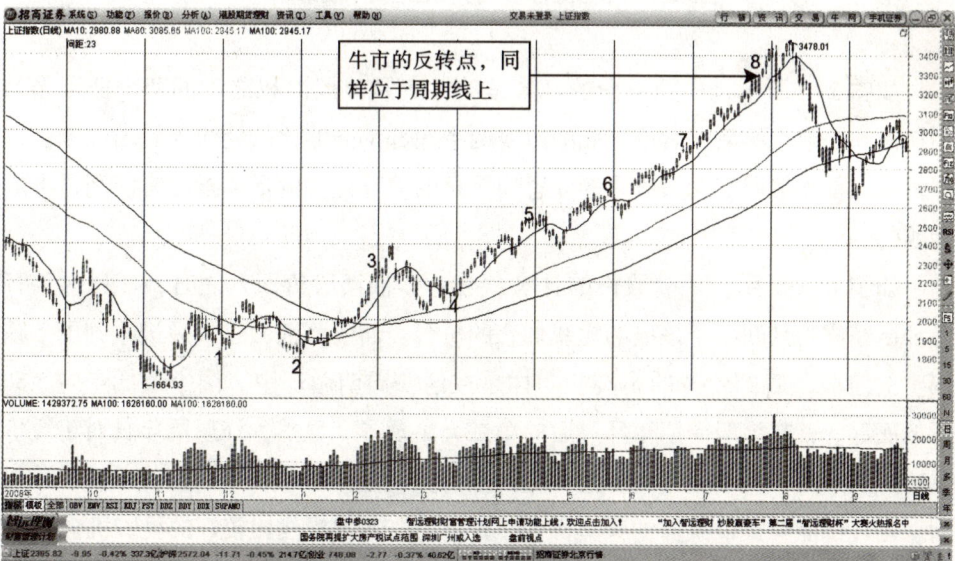

图 2-5　上证指数——周期成功判断牛市反转点

如图 2-5 所示，上证指数的周 K 线中，股指的运行趋势基本上是向上的，但是也有见顶的时刻。图中最高点位出现在了 3478.01 点后股指大幅度下挫了。投资者要想成功获利，是不容易的。把握好江恩周年日的循环周期，在顶部出现之前提前做出判断，显然有助于投资者尽早地了解头寸，占据市场的主动。

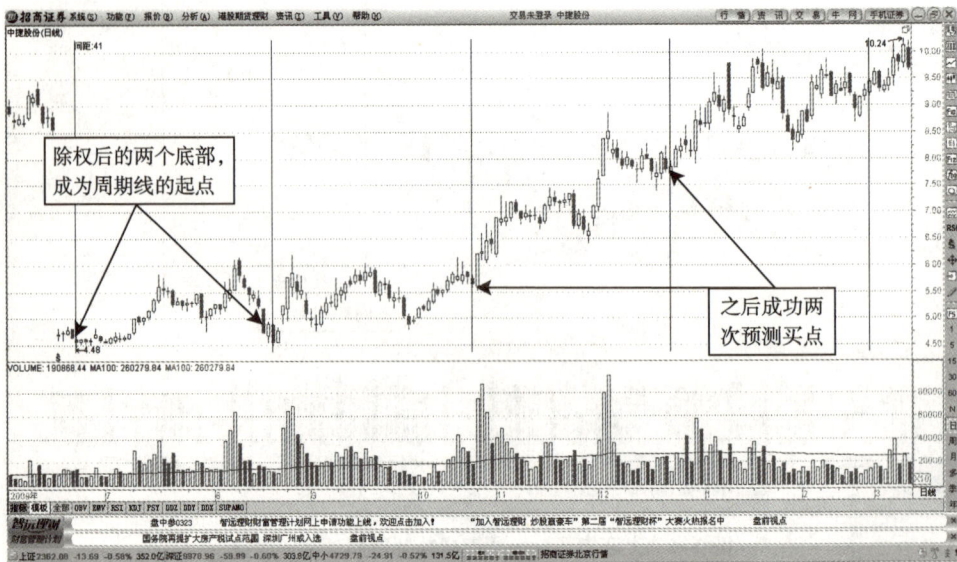

图 2-6　中捷股份——除权后的两个底部循环

　　如图 2-6 所示，中捷股份的日 K 线当中，从该股除权之后的两个低点作为周期循环的起点的话，后市该股的短线两个底部都能够比较轻松地做出预测。这样一来，首先把握好这只股票的江恩周年日的循环走势的话，投资者获利是不成问题的。

　　如图 2-7 所示，中捷股份的日 K 线当中，前期股价回升之时，江恩周年日循环已经成功判断出了该股的短线加仓的机会。而股价涨幅过大后进入到了下跌调整的阶段，底部价位的出现，同样是在这一周期循环中。图中最低点的 5.50 元的底部，就在该股周期循环过后的第二天出现了。显然，江恩周年日对于股价反转点的判断，是不会局限于短时间内股价变动的。从中长期的走势来看，江恩周期循环都能够提供这样的买卖机会，帮助投资者把握住比较好的投资机会。

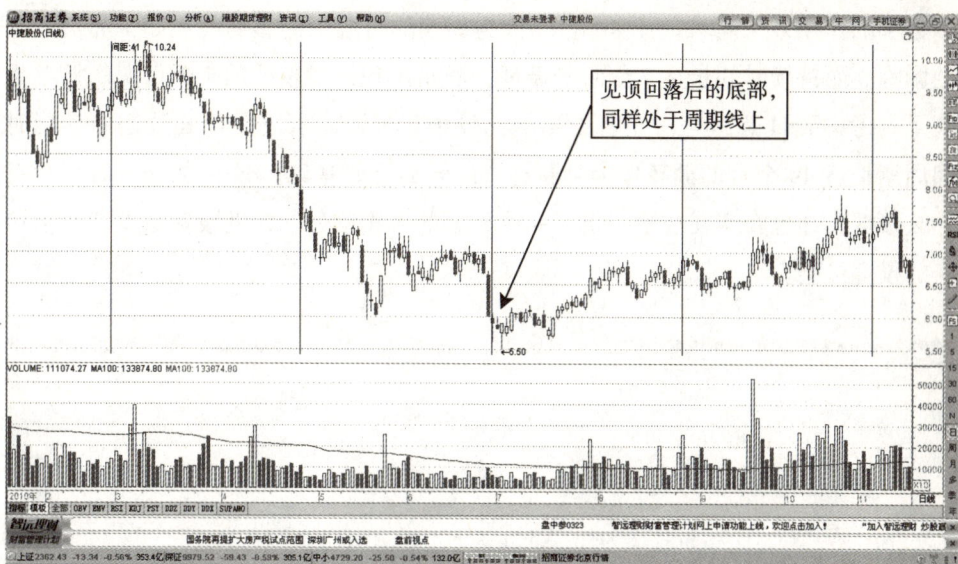

见顶回落后的底部，
同样处于周期线上

图 2-7 中捷股份——反转回落后的两个底部

> **小提示**
>
>   对于江恩时间法则的用法，投资者首先应该明确江恩认为比较重要的循环出现在何处。因为，江恩重要的循环周期中，股指出现反转的走势的概率相当高。在周 K 线甚至于月 K 线当中，江恩认为比较重要的循环（与 7 相关的时间周期）对股指运行的影响是相当大的。而江恩时间周年日的循环对股指和个股的运行趋势的影响同样是相当重要的。如何才能够把握好股指的变动趋势以及个股的走势，投资者可以在典型的底部和顶部作为周年日的循环来提前判断出将会出现折返的点位。

第二节 典型的时间间隔——"7"的重要性

    7 这个时间段在江恩时间法则中的作用是非常大的。对于将要出现的股指的反向运行趋势，投资者可以利用 7 这个循环来提前预期。对于不同周期的 K 线走势，投资者可以发现不同的 7 对股指的影响是相似的。并且时间周期越长，7 这个数字的作用效果越大，比如说，7 天为周期的对股指的影响就不如 7 周对股指的影响。而持续时间长达 7 个月的循环，股指出现比较重要的折返情况的概率更高了。考虑到日 K 线当中 7 日的影响比较小，投资者可以在日 K 线当中使用时间周期长达 49 个月的循环作为判断趋势反转的重要基础。49 周的循环看似没有什么根据，却也实实在在地提供了一些显著的买卖信号，帮助投资者发现股指转变的投资机会。

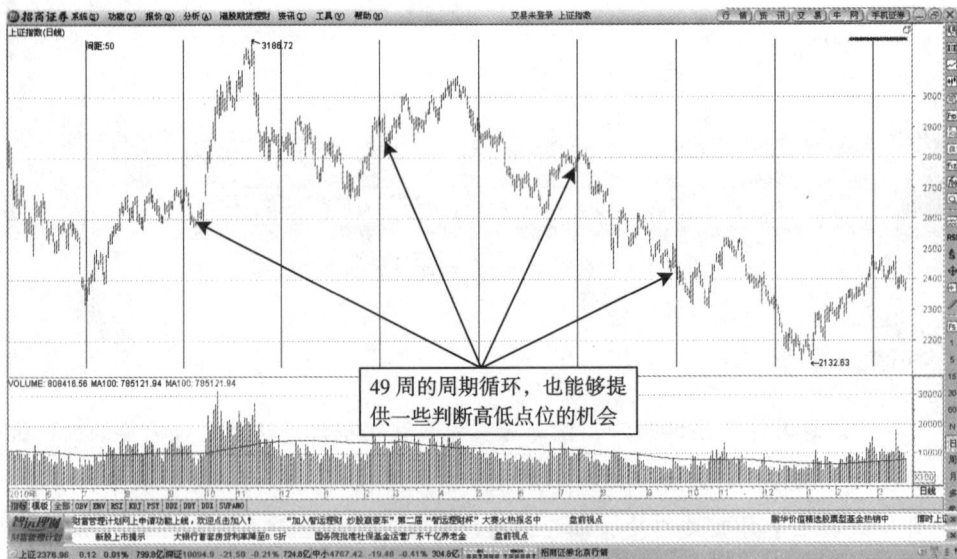

图 2-8　上证指数——49 周为周期的 K 线变化

如图 2-8 所示，虽然说持续时间长达 49 周的循环也能够提供一些反转的信号，但是却不是比较理想的买卖机会。因为，股指运行的过程中，时间周期为 49 周的循环，真的不算是长周期的循环情况。投资者要想获得一定的利润的话，还需要筛选一下循环当中的比较好的买卖机会，才能够做好短线调仓的准备。

如图 2-9 所示，作为周 K 线中的 7 周循环，股指在这个时间段的变动趋势与日 K 线当中 49 天的变化周期相似。从图中看来，不同的高点和低点也经常出现在 7 日的循环周期当中，相比日 K 线中的 49 日循环，7 周的循环提供的买卖信号准确得多了。尽管时间间隔相差无几，但是考虑到周 K 线变动并不是很凌厉，提供的买卖机会看起来当然是比较准确的，这也在情理之中。

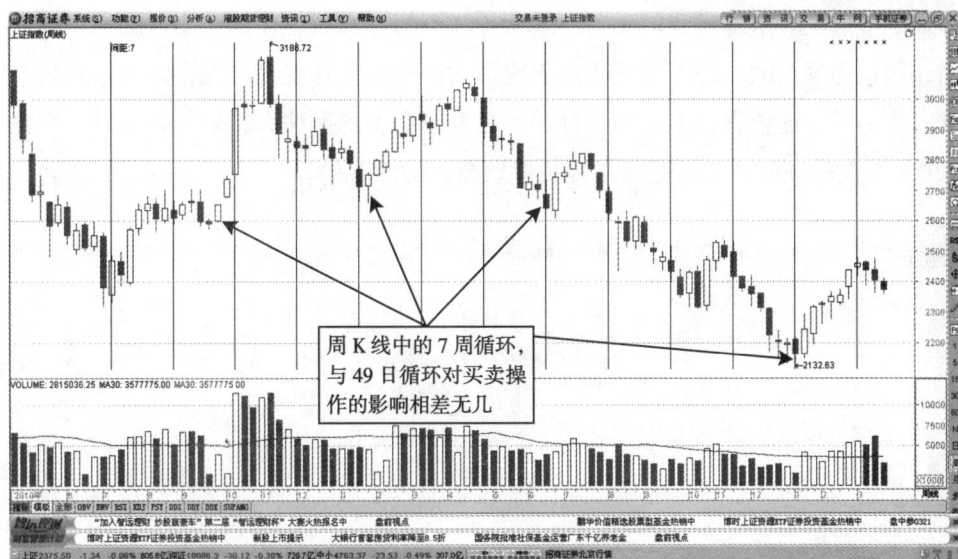

图 2-9　上证指数——7 周为周期 K 线变化

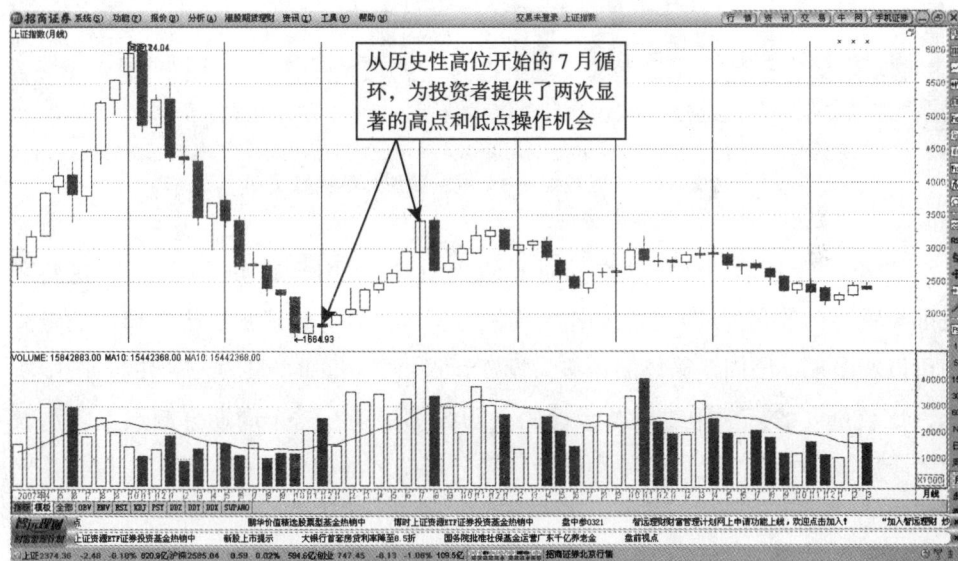

图 2-10　上证指数——7 个月为周期 K 线变化

　　如图 2-10 所示，上证指数的月 K 线当中，如果从估值最高点的 6124 点算起的话，每经过 7 个月的时间算一个周期循环，那么后市股指的运行趋势中，投资者可以发现非常显著的底部和顶部都处于该周期循环的间隔点上。最低点 1664 点的买入机会，反转之后的最高点 3478 点的减仓时机，同时出现在了周期循环的节点上。这样，我们不得不承认，江恩的月K线当中的7个月的循环的作用还是相当强大的。对于投资者买卖股票的操作，选择股指出现在周期循环的时候，作为买卖的依据，还是非常好的。只要投资者把握住大趋势，并且仅仅抓住7个月周期循环的机会，是可以提高股票操作的效率的。

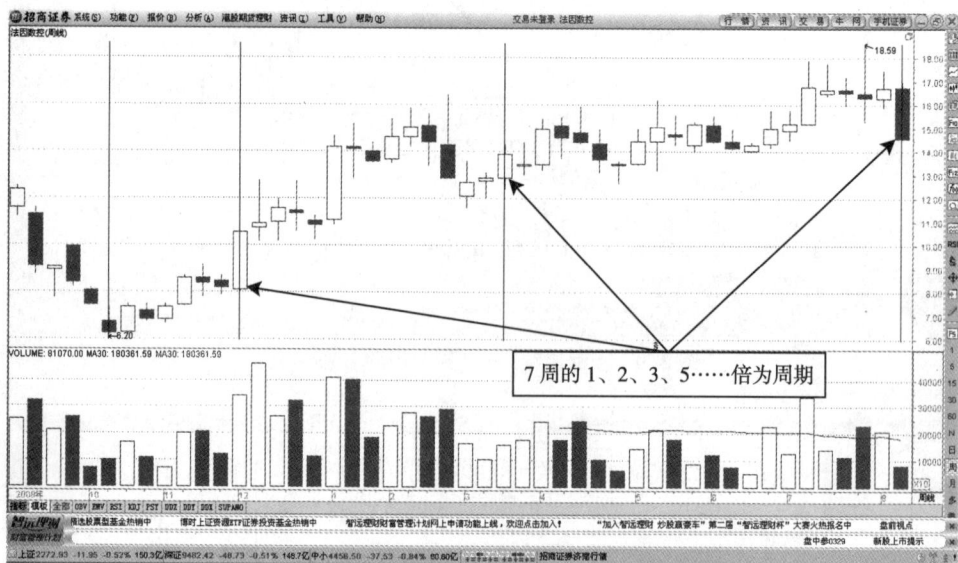

7周的1、2、3、5……倍为周期

图2-11　法因数控——7周的斐波那契倍数周期

如图2-11所示，法因数控的周K线当中，使用1、2、3、5、8……这些斐波那契重要的数字的"7倍"来作为周期分析的依据。该股从底部企稳后的走势中可以看出来，该周期循环的走势为投资者提供的买卖时机还是不错的。图中所示，比较重要的一根阳线以及重挫的大阴线都出现在这个周期分割点上。这表明，今后该股的走向是可以使用该指标来分析的。准确判断相应的买卖机会是比较轻松的。

如图2-12所示，法因数控的冲高回落的走势中，股价的三个明确的反转下跌的点位都表现在了该周期循环当中。如此看来，不仅是江恩数字"7"的作用比较好，跟斐波那契的数值结合起来分析的时候，更加突出了该周期循环的有效性。股价从底部见底反弹到冲高回落的整个循环中，周期运行的情况始终延续了下来。如此一来，操作该股的过程中，抓住总体的折返位置并不麻烦。在判断趋势出现转变的过程中，重点关注一下周期循环的重要转折点，投资者就能够把握好理想的操作机会了。

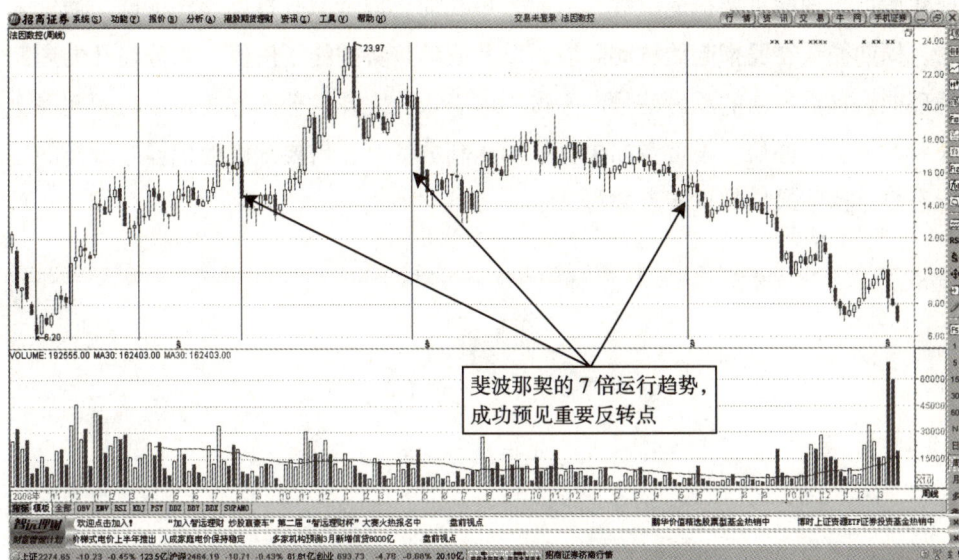

斐波那契的7倍运行趋势，
成功预见重要反转点

图 2-12 法因数控——7 周的翻倍放大周期

小提示

江恩时间法则当中，7的作用虽然非常大，却不能单独分析7这个周期循环。在不同周期的K线图中，可以灵活运用7的倍数来做出相应的周期循环图，这样才能够全面地判断不同周期、不同类型股票的折返点，帮助投资者把握住潜在的投资机会。作为7这个数字的典型用法，投资者可以利用49这个数字在实战当中发现更多的投资机会。而斐波那契数字结合7这个数字来帮助投资者把握周期循环中的买卖机会的话，更是如虎添翼了。著名的斐波那契数字，本身就有很强的指示意义。单独使用斐波那契数字就可以得到不错的买卖时机。如果再翻7倍，与7这个数字连续起来使用的话，就能够得到比较理想的操作机会了。

第三节 江恩的分割比率——"八分之几"分割率

江恩时间法则当中，使用八分之几来划分时间周期也是比较常用的方法。通常将一年的时间使用八分之几来划分，做出相应的周期循环图，能够帮助投资者抓住股指出现的重要折返位置，从而为短线加仓或者减仓提供操作依据。通常来看，周期循环在股指起始波动阶段，以及波动趋势的终了阶段，八分之几的周期循环能够提供不错的反转信号。不过，鉴于八分之几的分割方法，在时间间隔上来看，可能不够长。投资者如果真的要赢利的话，还需要准确地把握好股指的运行态势，抓住最佳的反转点才行。

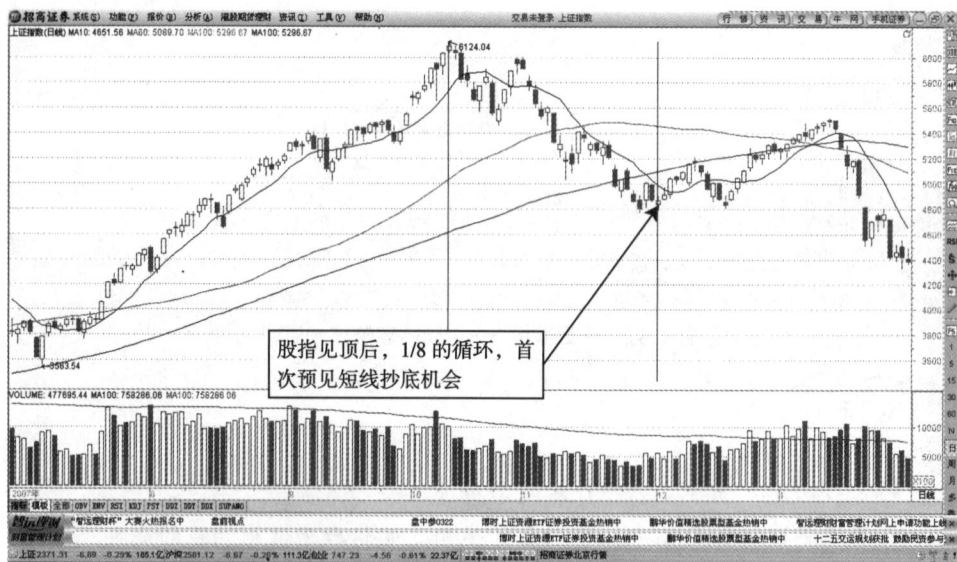

图 2-13 上证指数—— 一年的 1/8

如图 2-13 所示，上证指数的日 K 线当中，该指数自从见顶最高点 6124 点后，就开始了震荡跌破多条均线的走势。很明显，股指既然已经不断地跌破了多条均线，并且还跌破了 60 日均线和 100 日均线，表明趋势显然出现了明确的反转。那么，判断折返点位在何处，投资者就可以使用 1/8 的循环，将一年的时间周期划分为八个部分。图中股指短线见底的位置，正是 1/8 循环的第一次准确地预测了股指的反转点。如果投资者能结合股价首次大幅度回落这个点来考虑 1/8 处股指的走向，很容易判断出股指将要出现短线反弹的走势。而股指反弹的起点当然就是一年的 1/8 处了。

如图 2-14 所示，既然一年的 1/8 分割点能够提供给投资者不错的反转信号，那么 2/8 的时间周期同样能够提供这样的信号。图中股指中线的顶部恰好出现在

6124 点成功见顶后的 2/8 年中。也就是股指见顶最高点 6124 点后的第三个月当中，上证指数又从周期分割点上开始了加速回落的走势。股指从此一泻千里，进入到长达一年的主要空头市场当中。

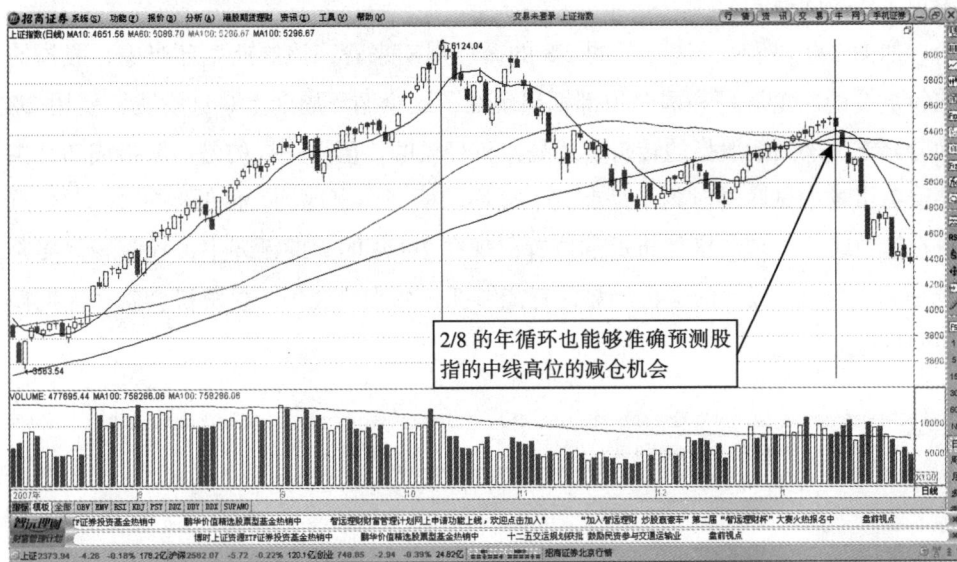

图 2-14　上证指数—— 一年的 2/8

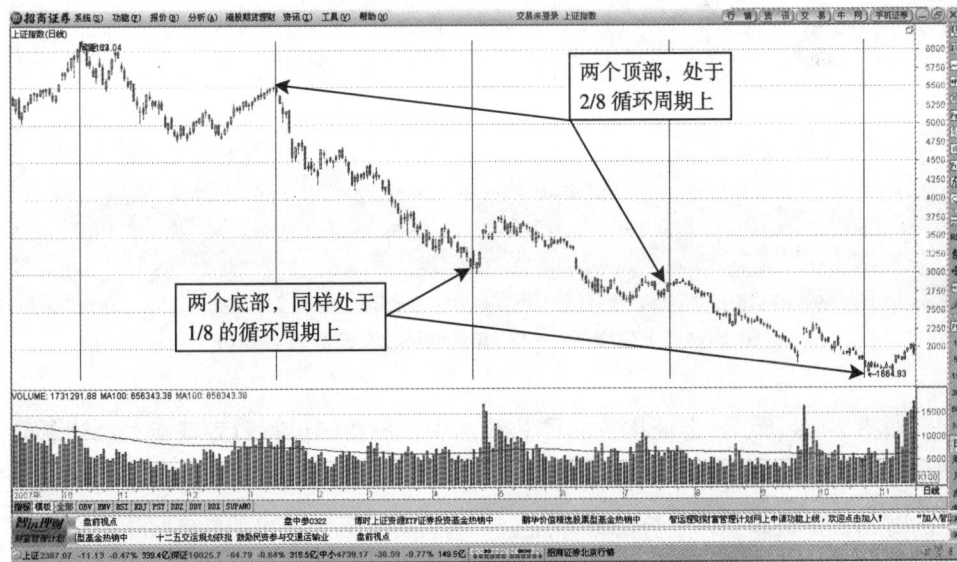

图 2-15　上证指数—— 一年的每隔 2/8 等份 K 线走势

这样看来，如果准确判断三个月内出现的底部和顶部，投资者短线加仓获得一些短线收益，并且趁股指反弹的时候减仓，是可以比较容易获利的。比较重要的一点是，投资者可以在股指大幅度下挫的前期，趁股指反弹的时刻减仓持股，避免了很大的损失。

如图 2-15 所示，从一年的 2/8 的循环周期来看，该周期循环当中，股指的比较重要的两个底部和两个顶部都出现在了这个循环周期上。这说明，使用 2/8 的分割方法来判断股指的转折点还是比较轻松的。值得一提的是，股指成功在主要空头市场中见底的时刻正是在这个循环周期当中出现的。最低点的 1664.93 点也在这个时刻出现。既然折返的位置出现在 2/8 年的周期循环中，投资者只要判断好下一个周期股价的运行趋势，就能够抓住买卖机会了。投资机会就在周期循环的过程中出现了。

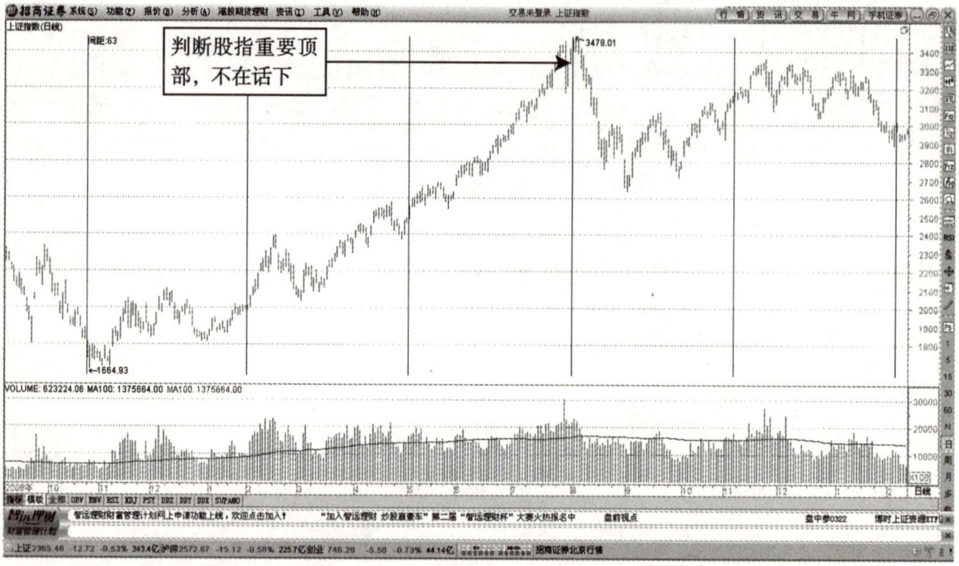

图 2-16　上证指数——一年的每隔 2/8 等份 K 线走势

如图 2-16 所示，上证指数的日 K 线当中，股指的运行趋势基本上延续了前期的 2/8 年的循环走势。从前期的循环向下延续，指数成功见顶最高点的 3478 点的时刻，正是该循环走势的分界点上。这表明，运用江恩的 2/8 循环来判断上证指数的走向，成功的概率还是很高的。值得关注的是，该 2/8 年的循环已经成功预测了主要空头市场的底部 1664 点，以及重要的顶部 3478 点。两个反转点成为投资者重仓抄底和减仓的重要机会。个股反转的走势与指数的运行差别不会很大，把握住了指数的反转机会，自然能够在个股操作中成功抄底和逃顶了。

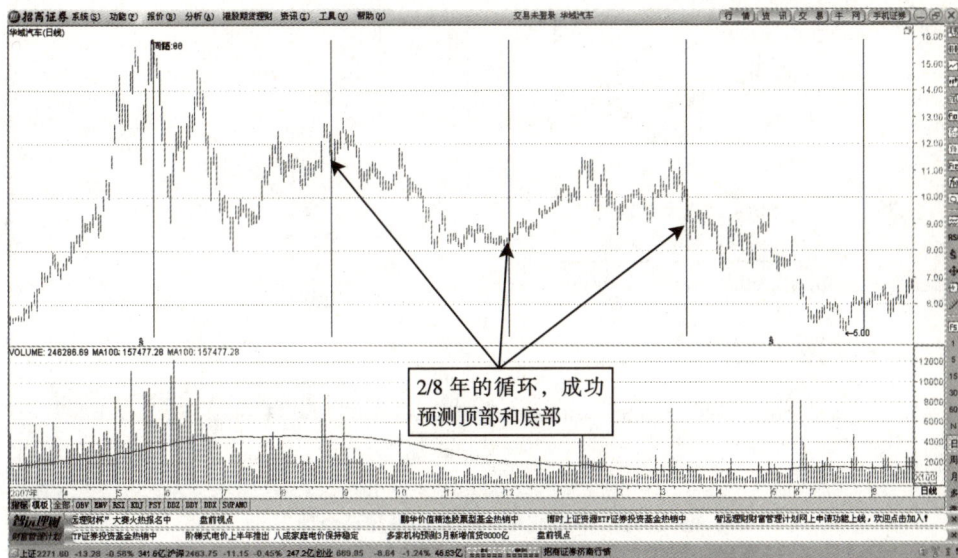

图 2-17 华域汽车——首次两个七周 K 线变化

如图 2-17 所示，华域汽车的日 K 线当中，该股见顶历史高位 15.901 元后，使用 2/8 的循环来判断该股即将出现的反转点，投资者可以得到图中两个明显的顶部减仓机会，以及一个短线底部的加仓时机。反转点恰好处于这个循环周期之上，不得不承认该循环的妙处。只要投资者把握住股价主要空头市场的大趋势，并且在期间的操作中掌握好底部和顶部所处的位置，做些短线操作都是可以的。

如图 2-18 所示，华域汽车的日 K 线中，股价的运行趋势基本上是在空头市场中运行的。但是，股价仍然在经历了五个循环周期后出现了难得一见的底部。图中最低价 2.55 元出现的位置恰好为股指从空头市场转向多头市场的信号。后市股指在震荡中企稳，能够抓住该循环走势的投资者是可以获得不错的利润的。2/8 年的循环情况仍将延续，持股便能够不断获得相应的回报。

如图 2-19 所示，华域汽车的日 K 线中，前期股价成功见底最低价格 2.55 元后，股价大幅度放量冲高。中期的底部折返的价位出现在调整三个周期后。图中所示的位置，就是调整结束后投资者加仓的有利时机。主要多头趋势还是在延续，投资者如果能够判断出股价的反转点，获得最后一次冲高的利润还是很有把握的。

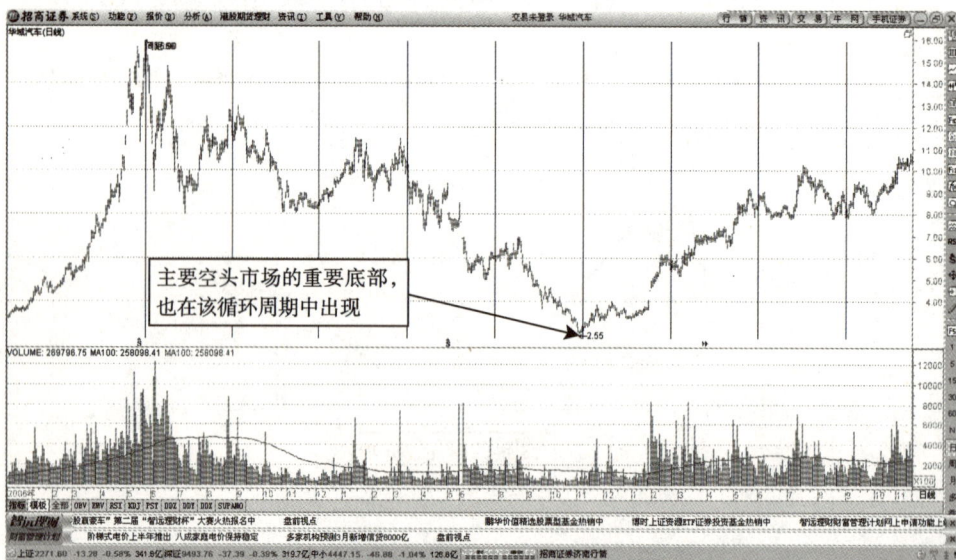

图 2-18　华域汽车——成功预测两个顶部

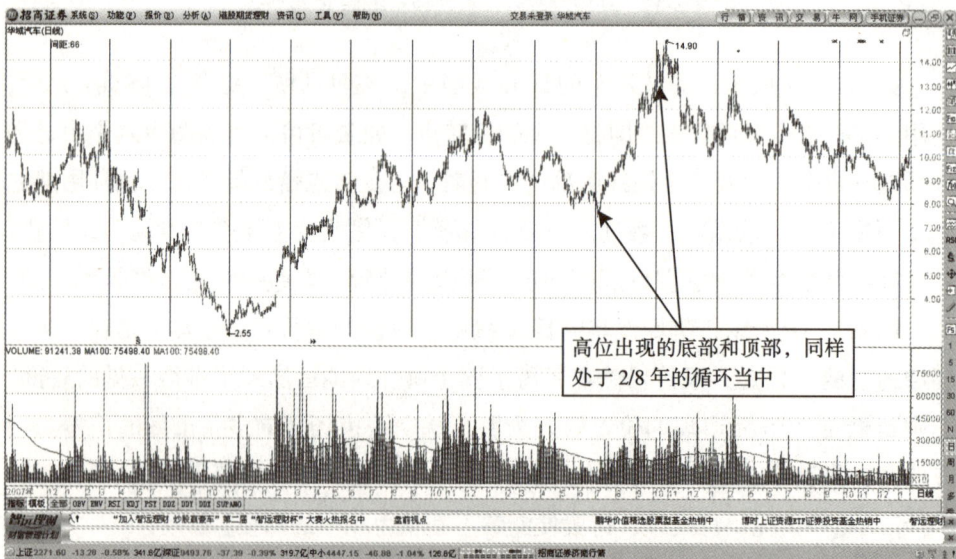

图 2-19　华域汽车——下跌途中预测功能减弱

　　通过华域汽车的走势来看，使用周期为 2/8 年的周期判断股指的运行趋势，将有助于投资者把握真正的反转机会，并且在反转之后获得比较理想的操作时机。特别是主要空头市场结束的时刻，以及次级折返的情况完成之后，都是投资者非常不错的抄底机会。两次抄底机会同时出现在了 2/8 年的时间周期上。只要方向判断得当，还是很有希望获得比较不错的利润的，毕竟反转点已经显示在了时间周期上。

💭 小提示

1/8 年的周期循环，提示给投资者的操作机会是比较多的。而 2/8 年的分割方法来划分股价的运行规律，能够提前预示到股价将要出现的潜在反转信号，帮助投资者把握住相应的操作机会。虽然说 2/8 的循环不能百分之百地预测所有的顶部或者重要的底部，却能够在股指主要运行趋势发生转变的时候提示投资者相应的操作信号。

第四节　法则中的倍数关系
——扩大的倍数与缩小的倍数

江恩法则中的倍数关系，包括扩大的倍数关系和缩小的倍数关系，同样能够提供非常好的买卖机会。运用倍数关系来计算周期循环的时间，有助于投资者抓住潜在的反转信号，从而获得较好的投资效果。比较重要的倍数关系中，49 可以说是不能够忽视的。因为 7 这个数字在江恩时间法则中非常重要，而 49 是 7 的平方数，运用在周期循环当中也是值得投资者关注的。

短周期的 21、28、35 分别为 7 的 3 倍、4 倍和 5 倍，也能够成为重要的周期循环时间。而与 7 有关的长周期的时间周期中，490 天的循环应该得到投资者的重视。不仅因为 490 天与 7 的关系密切，490 天与 500 天的整数关口仅仅相差 10 天，如此重要的周期，显然是应该成为股价转变方向的重要信号的。

实战当中，短周期的 21、28 与 35 的循环，提供给投资者的买卖信号可能不够强大。股指在这样的周期中出现重要转折点的概率相对较低。而如果采用长达 49 甚至于 490 这样的长周期循环的话，那么主要的运行趋势的反转信号出现在循环周期的概率就很大了。

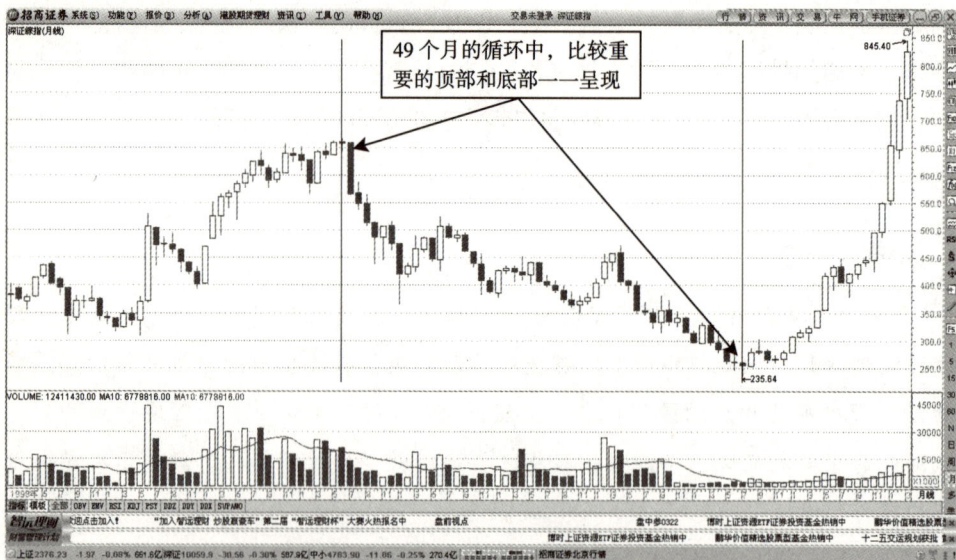

图 2-20 深证综指——49 个月后出现真正底部

如图 2-20 所示，深证综指的月 K 线当中，该指数非常重要的顶部，以及持续 49 个月后的底部，都出现在了 49 个月的周期循环当中。可以这么说，49 个月的周期大循环虽然持续时间非常长，却为投资者提供了显而易见的重要反转信息。如果能够准确把握住 49 个月后的反转点，投资者获得高额回报显然不是空谈。49 个月的循环前后，股指出现如此标准的反转信号，恐怕没有哪一个投资者能够遇见得到。而提前勾画出这个 49 个月的周期循环的投资者，则能够发现这一买卖机会。

如图 2-21 所示，深证综指的月 K 线当中，49 个月的循环周期为投资者提供了长期顶部和底部信号的调仓机会。而持续分别为 7 个月和 21 个月的时间周期中，投资者同样能够发现相应的获利机会。图中所示的 7 个月后以及之后的 21 个月后，股指果然出现了明显的底部信号，并且在接下来的几个月开始反弹。反弹情况一直延续，没有人能够忽视这种短线机会。尤其在指数首次见顶之后的第 7 个月，股指出现反弹的迹象，明确地提供给投资者短线的获利机会。更准确地说，中线底部信号的出现，投资者能够根据这一见底信号，利用调仓的机会减少持股数量，从而避免今后主要空头市场当中更大的投资损失。

如图 2-22 所示，承德露露的月 K 线当中，持续时间长达 21 个月和 35 个月的循环情况中，出现了该股的重要顶部和底部价位。如果依据图中所示的 21 个

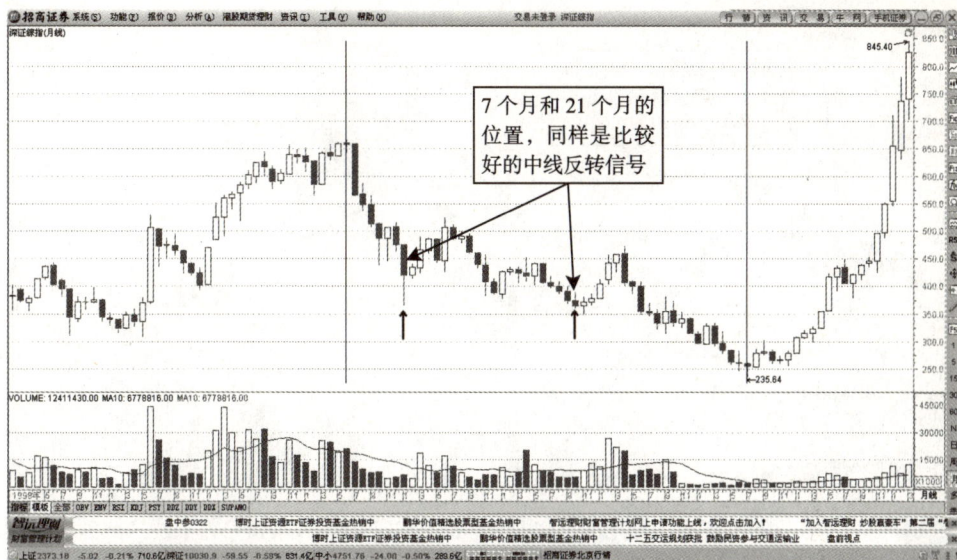

图 2-21 深证综指——7 个月和 21 个月出现小反弹

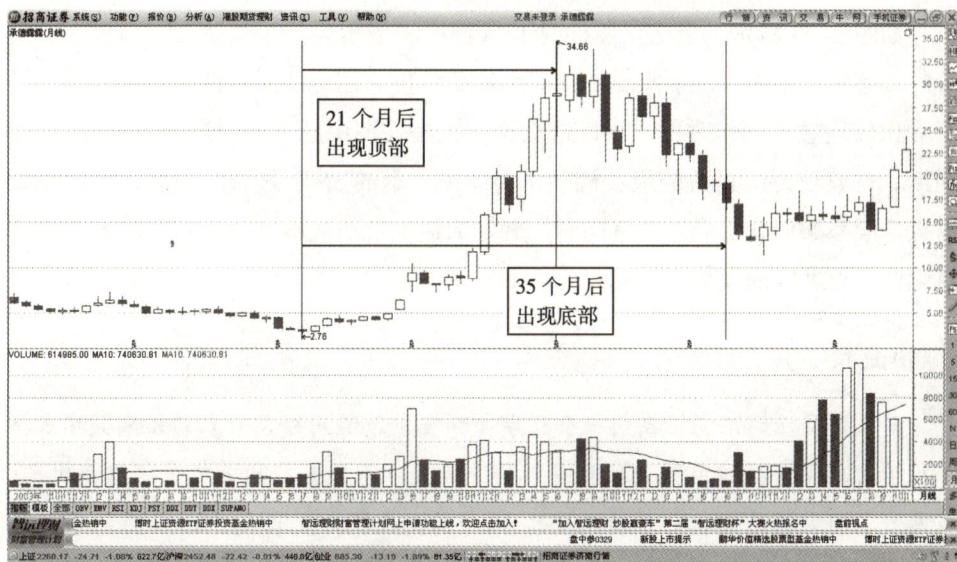

图 2-22 承德露露——21 个月和 35 个月的反转

月的顶部价格减少持股数量的话，损失将会小很多。并且，根据持续到第 35 个月后的底部来采取加仓的操作的话，不仅能够抓住建仓机会，还减少了很多高位持股的风险。35 个月后股价出现的底部虽然不是最低点，但是相对于今后股价的涨幅来看，已经算是比较好的位置了。

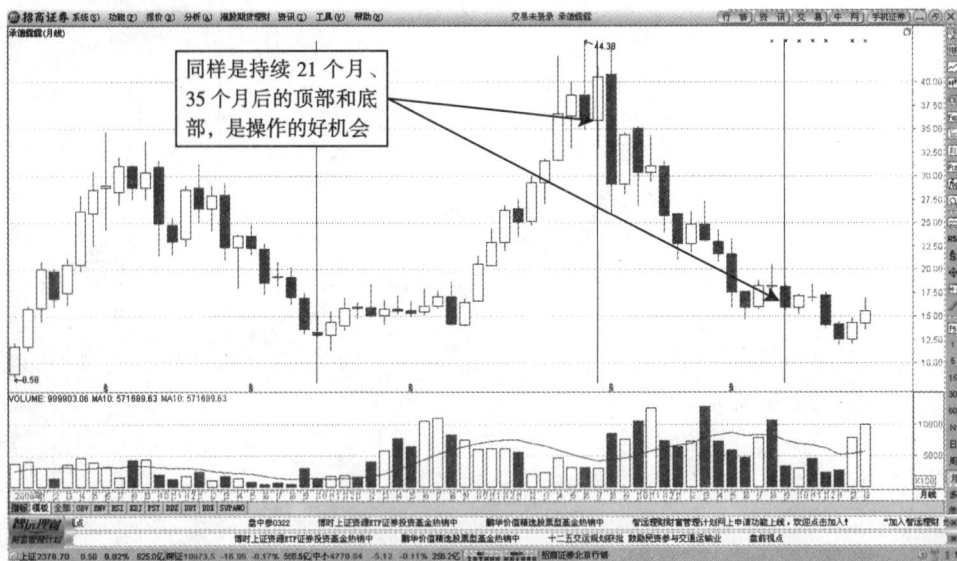

同样是持续 21 个月、35 个月后的顶部和底部，是操作的好机会

图 2-23　承德露露——同样是 21 个月和 35 个月的反转

如图 2-23 所示，承德露露的月 K 线当中，股价经历了长达 21 个月和 35 个月的调整后，接连出现了重要的顶部和底部价位。图中所示的两个位置，都是投资者比较理想的操作时机。可以这么说，把握住图中的 21 个月后的顶部的反转周期，也就获得了止盈的最佳机会。而图中所示的 35 个月后的底部，成为投资者操作股票的加仓机会。两者同时把握好的话，自然能够在抄底获利和高位减仓避险两个角度完成操作。

小提示

什么是灵活运用呢？在同一个周期循环当中，运用分割开来的短期循环来指导投资者的买卖操作，就是比较灵活的手段。从承德露露的分析中可以看出来，虽然我们研究的是股价的持续周期为 49 个月的大循环，但是，49 个月的时间已经非常长了，对于很多时候的实战意义并不大。这样，投资者可以用 7 的倍数将 49 个月的大循环划分为更小的持续时间达到 21 周和 35 周的循环，这样的话，投资者就能够获得更好的买卖信号了。对于股价中期运行趋势来看，投资者采取 21 日和 35 日的循环是可以把握好非常重要的反转信号的。股价在此期间的反转幅度虽然不是很大，却对中线的调仓操作有很大的益处。

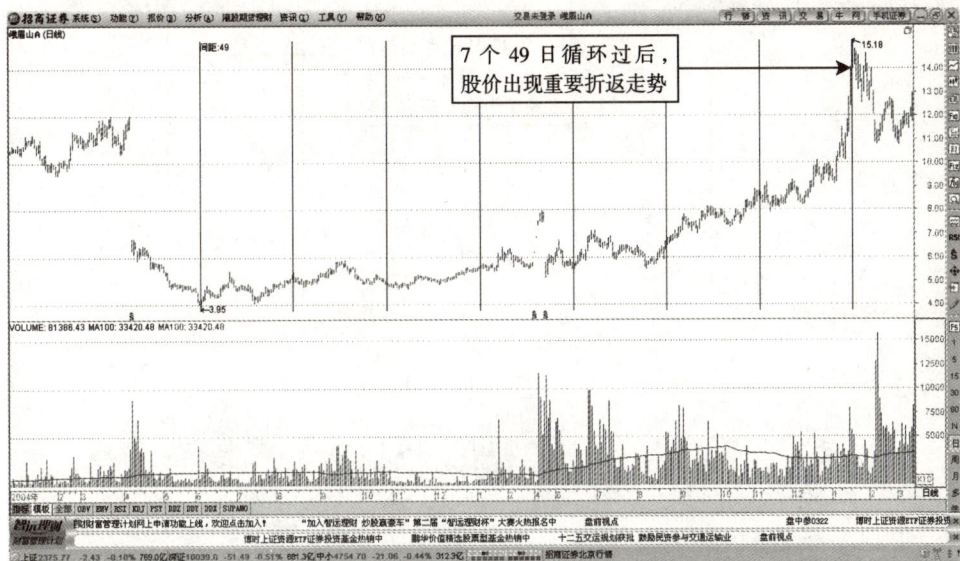

图2-24 峨眉山A——343天的反转

如图2-24所示，从峨眉山A的日K线当中可以非常清晰地看出来，股价运行的大趋势显然是主要的多头市场。但是，多头趋势再大，也会出现结束的那一天。图中该股经历了长达7个49日循环后，终于出现显著的折返走势。7个49日的循环，也就是343天后，该股成功见顶回落，验证了江恩所说的7的重要性。第343天是7的三次方，显然是非常值得投资者关注的一个反转点。股价之所以在这个位置开始折返，正是因为49日循环到343天的时候，意义重大。该股并未顺利通过该循环点，而是开始了折返的情况，表明股价上涨动力不足。投资者应该在这个时候关注投资持股风险了。一旦股价开始明显调整，并且量能不再放大的话，顶部将会很快到来。

如图2-25所示，峨眉山A的调整果然是非常长的，自从股价在第7个49日循环处成功见顶后，该股持续调整了长达7个月的时间。7个月的调整结束后，该股继续缩量飙升，最高冲高到了18.98元的顶部，才开始了逐步回落的主要空头趋势。由此可见，图中持续10个49日循环有多么的重要。股价虽然不是在10个49日循环（也就是490天）过后出现了快速见顶的信号，但是490天的大循环周期完成后的第十天，也就是股价从反转到真正见顶的第500天的时候，该股的确出现了顶部信号。这说明，49日的循环周期是可以为投资者提供不错的操作机会的。江恩所说的7在这里起到的作用不容小觑。

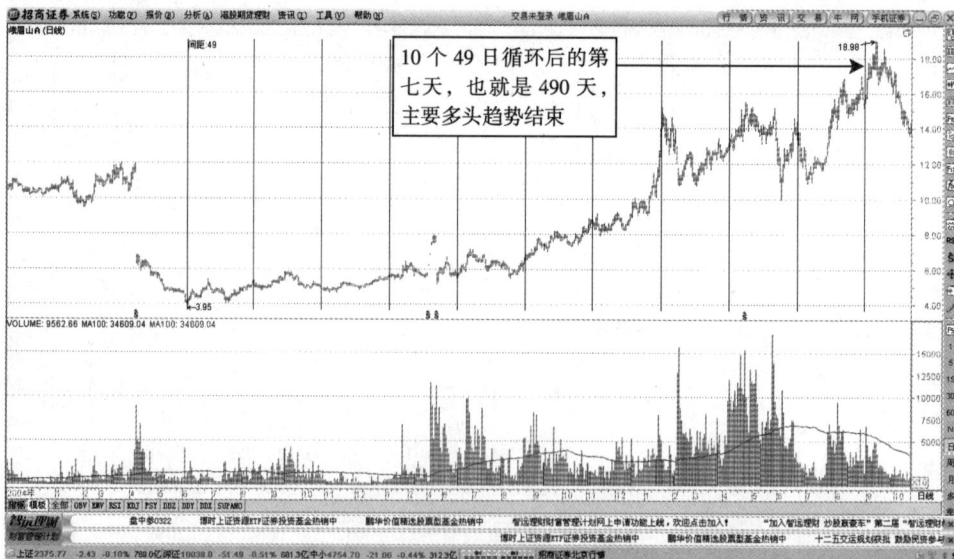

图 2-25　峨眉山 A——490 天的反转

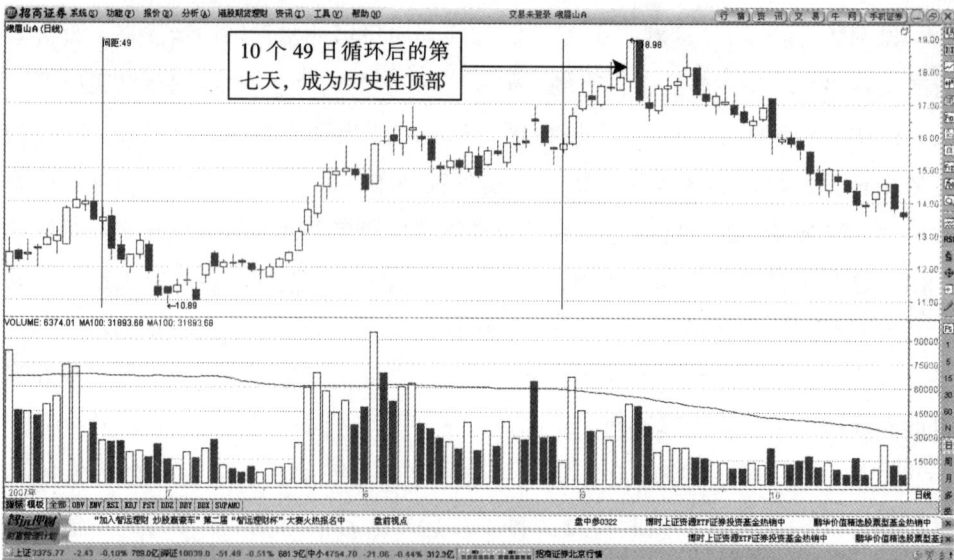

图 2-26　峨眉山 A——500 天后的第七天见顶

　　如图 2-26 所示，从峨眉山 A 的日 K 线当中可以清晰地看出来，股价在 10
个 49 日大循环完成后，缩量当中该股继续上攻到了历史性的高位 18.98 元。从
日期来看，就是 490 天+10 天=500 天，恰好出现了该股的顶部。后市股价缩量调
整，进入到漫长的主要空头市场当中。股价见顶的过程好像是有人安排好了似

的，500天完成主要多头市场，而之后的走势就是空头趋势了。不可否认的一点是，7作为49日循环的重要基础，发挥了不可替代的作用。

小提示

个股的运行趋势与股指的运行趋势是密切相关的。投资者要想成功获利，必然要把握好股指与个股的走向，才能够真正获得高额回报。在趋势延续的过程中，使用与7相关的一些重要的周期循环，把握好股价的重要反转点是不难的。个股的实际走向，明显地遵循了像49日循环周期这样的规律。不管投资者相信与否，实战当中运用好该循环走势的话，就可以牢牢把握好反转信号了。

经 验 总 结

江恩的时间法则中，投资者要想成功运用该法则，把握好股指与个股的反转点位的话，就应该灵活运用不同的相关周期，采取相应的操作策略，等待股价出现反转信号之时。江恩所说的江恩周年日，是比较容易把握的一种周期循环。这种周期循环的情况，与股指的高位和低点出现的位置有关系。投资者只要能够灵活把握好重要的折返点，并且用看盘软件勾画出相应的循环周期，在后市股指运行的过程中发现买卖的操作机会其实是不难的。

试盘操作当中，与7相关的时间周期的循环情况，同样是投资者必然关注的循环。不管怎样，股指和个股的运行趋势都出现在了以7为基础的循环走势。把握好相关的反转点的话，投资者成功选择历史性的转折价位可能性是比较大的。而本章中所说的"八分之几"的分割方法来划分股指的波动周期，作用也是类似的。八分之几的划分方法，同样可以提供非常好的买卖操作机会，帮助投资者把握历史性的反转点位。

第三章　江恩价格回调法则

江恩价格回调法则，在江恩理论中判断指数与个股的折返的作用是比较大的。指数见顶回落与触底反弹的过程中，在何处出现折返的情况，是困扰大多数投资者的重要问题。采取相应的措施来应对即将出现的反转走势，关系到投资者今后的盈亏状况。本章就从江恩理论的50%的折返情况说起，帮助投资者把握好道氏理论所说的次级折返的起点，掌握重要的加减仓位的时机，从而为获利创造机会。道氏理论所说的次级折返的情况，虽然不会改变股价的运行趋势，但是对投资者的中短线操作产生了重要的影响。事关投资者中短期获利程度的次级折返的情况，是需要江恩理论来判断具体折返的点位的。使用趋势线准确地判断趋势的同时，书中还将向投资者介绍季度、月度以及周K线中，股价的重要折返起点问题。进一步帮助投资者准确操作股指的折返点位。

第一节　趋势的判断

趋势的判断，需要趋势线来确认。不管趋势朝向何方，两个不同的点位确定的趋势线后，股指的运行趋势也就被确认了下来。投资者在判断股指的折返点位的时候，首先必然确认股指的运行趋势，然后才能够在趋势中判断反转点，以及股指反转之后的真正走向。

判断趋势线的时候，一般两个不同的价位就可以判断出来了。上升趋势的话，可以使用两个不同的探底回升的阳线的最低价格连接起来，作为股指上涨的趋势线。而在熊市当中，同样可以使用两个相隔一段时间的见顶回落的阴线的最高价格，连接起来作为看空的下跌趋势线。

1. 趋势线与股市趋势

趋势线与股市的运行趋势一定是密切相关的。特别是股指处于主要的多头趋势的时候，连接股指见底回升的两个不同价位，投资者就能够得出相应的上升趋势线了。两次明确的见底回升的阳线的最低价连接起来后，趋势就已经非常的明确了。股指运行的趋势不会轻易地脱离上升趋势。投资者依据上升趋势线来把握主要的多头市场，并且在多数时间里持股，是可以获得不错的利润的。毕竟，股指的运行趋势是不会轻易间出现反转迹象的。股指运行在上升趋势线之上的时候，投资者是可以有很多的获利的机会的。

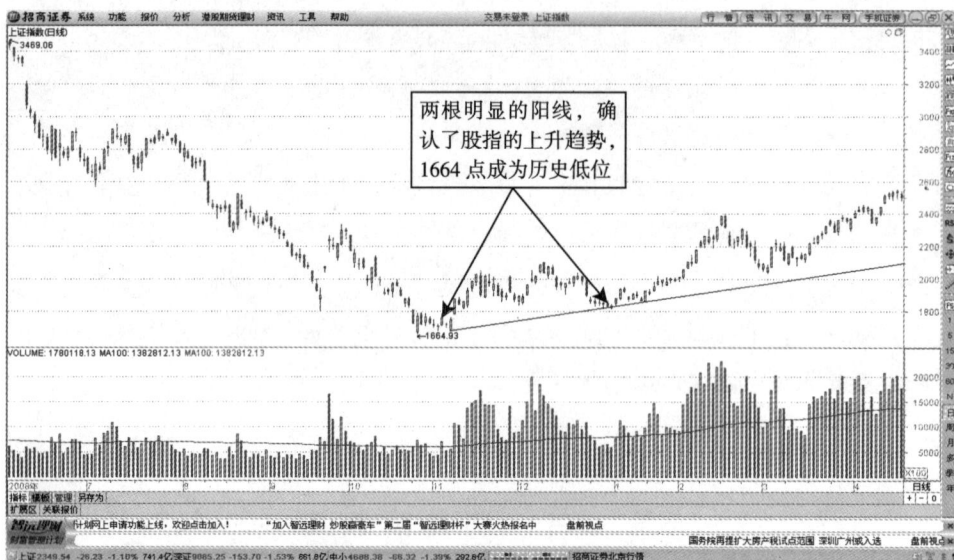

图 3-1　上证指数——见底 1664 点后的上升趋势线

如图 3-1 所示，上证指数的日 K 线当中股指在图中所示的维持出现了两次非常明显的阳线见底形态后，投资者就可以连接这两根阳线的最低价，这样便能够得到上升趋势线了。前期下跌趋势比较明显，但还是有见底回升的那一天。最低点的 1664 点，就成为历史性的低点。把握住趋势线向上运行的势头，投资者是可以比较轻松地获利的。相隔时间达到了两个月后，分别出现了两个明显的回升的阳线，表明股指反转的趋势得到了两次确认，是比较可靠的反转信号。

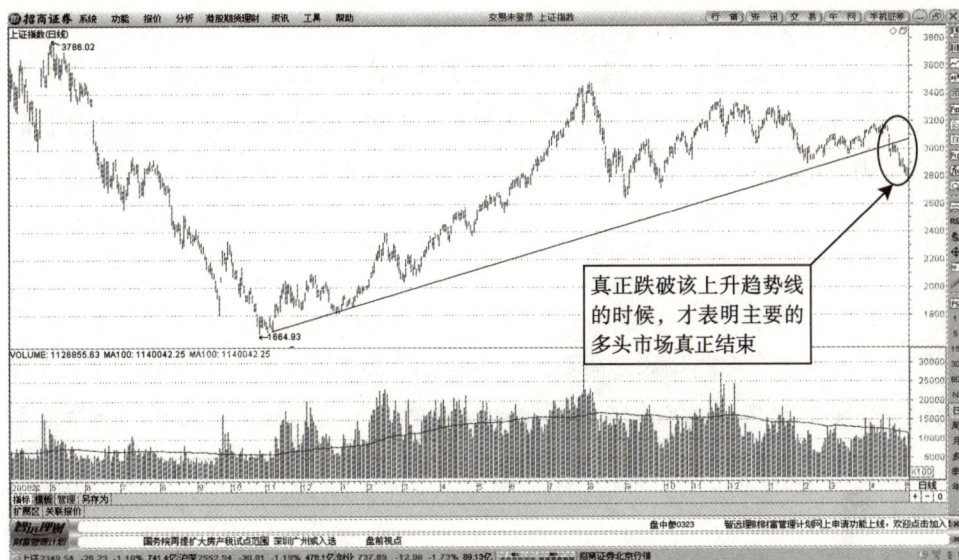

真正跌破该上升趋势线的时候，才表明主要的多头市场真正结束

图 3-2　上证指数——跌破趋势线前的牛市行情

　　如图 3-2 所示，上证指数的上升趋势线持续起到了支撑股指上涨的走势，直到图中所示的位置出现了跌破上升趋势线的现象，这种趋势才真正结束。投资者真正能够获利的机会还是非常多的，运行在趋势线之上的股指，说明上升的势头不会轻易改变。

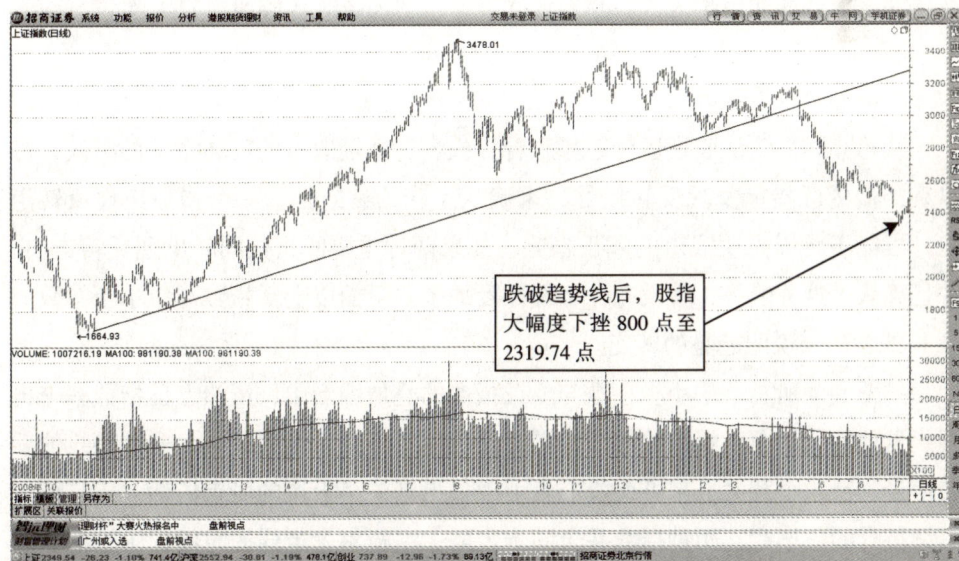

跌破趋势线后，股指大幅度下挫 800 点至 2319.74 点

图 3-3　上证指数——指数深度下跌

如图 3-3 所示，上证指数的上升趋势线还是比较明确的，但是跌破上升趋势线后，股价的下跌同样比较明显。从股指跌破趋势线算起，在最低点的 2319.74 点出现底部信号，股指累计下跌了高达 800 点之多。由此可见，想要在如此长的空头市场当中减少损失，还是比较困难的。跌幅巨大，表面上升趋势线被跌破后的股指的走势还是比较大的。

小提示

投资者在确认趋势线的方向之后，不能轻易改变操作方向。趋势线作为股指上扬的重要支撑线，是不会来回转换的。特别是比较大的主要空头市场结束之时，经过两次上涨完成的重要阳线，连接起来形成的趋势线必然成为股指上涨的重要支撑线。

以上所说的上证指数的日 K 线中完成的支撑线中，两个底部阳线出现的时间相隔长达两个月之久。并且，在成交量持续放大的过程中，股指上涨的动力已经基本上确认了。这样看来，投资者采取主动做多的方法，还是有望获得较好的利润的。前期股指从 6124 点大幅度下挫至 1664 点后，已经深度下跌了 72.8%，跌幅如此之大是难以想象的。既然后市股指能够在两次企稳后出现上升趋势线，那么这种趋势显然会延续下来。如果投资者还是怀疑股指反转走势的有效性，可以在深证成指的叠加图中发现同样的反转信号，确定这种反转向上的走势。

2. 趋势线的有效性

从趋势线来确认股指运行趋势来看，投资者怀疑股指的反转意义的时候，可以在类似的股指上发现反转信号，来确认反转的有效性。一个指数出现反转走向，可能不足以说明股市的真正趋势。如果两种重要的指数同时出现反转走向，并且确认了这种趋势，就没有什么好怀疑的了。下面以上证指数与中小板指数的日 K 线走向来说明趋势的转变。

如图 3-4 所示，中小板指数与上证指数的叠加图当中，虽然上证指数率先出现了见顶信号，中小板指数却在相隔时间长达三个月后出现跌破上升趋势线的反转信号。从这个意义上来讲，投资者手中如果是中小板块的股票的话，还是可以继续持有的。毕竟，两种指数并未同步走弱。主板率先走弱的时候，中小板的股票还是可以进一步上涨的。虽然涨幅不大，却是难得的获利机会。等待图中中小

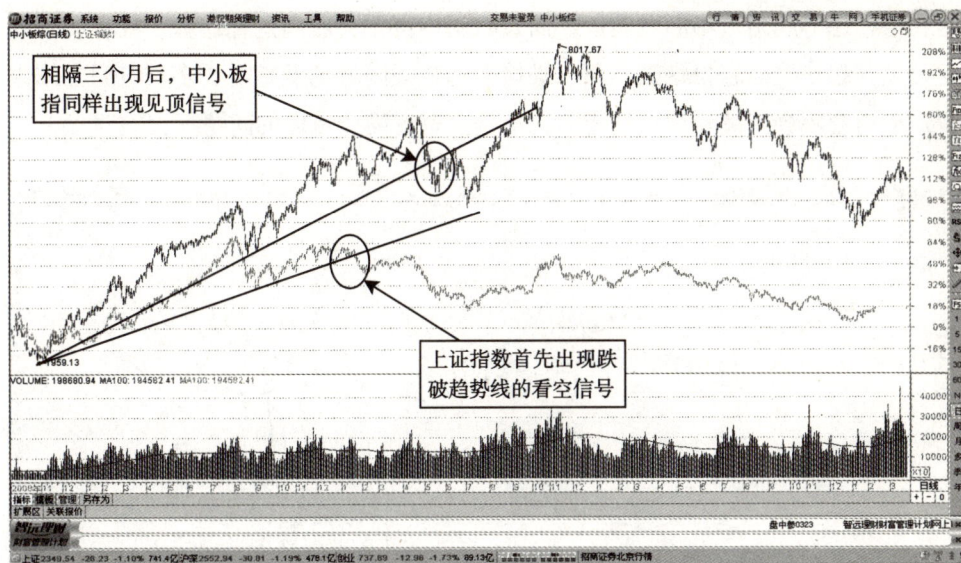

图3-4　中小板指数与上证指数的叠加图

板指数也开始跌破上升趋势线之时，投资者再考虑减仓持股也是不迟的。股指在震荡中走弱还是在延续，分阶段的减仓在趋势被跌破的时刻，是个不迟的选择。

小提示

趋势是否在延续，投资者从两个指数的叠加图中可以清楚地发现。股指运行在趋势线以上，多头趋势就不会改变。即便股指真的已经成功跌破了上升趋势线，那么与相似指数的叠加图对比中，股指如果没有真正走弱，投资者就可以继续持有相关股票。毕竟，熊市真的来临之时，持续调整也会不断出现。股价下跌的过程不可能是一帆风顺的。在使用江恩回调法则的时候，前提一定需要股指出现显著的反转信号才行。如果反转信号没有得到确认，投资者不能够动用江恩回调法则来选择股指可能出现的折返点位。只有趋势明显出现反转，并且得到了两种指数的确认，才是比较可靠的。

3. 趋势的反转信号

趋势线被突破的时候，显然是反转信号出现之时，这个不必多说。考虑到趋势延续的过程还是比较长的，股指不可能轻易地脱离趋势线而"另寻出路"。这样，在判断趋势反转走向的过程中，投资者就要考虑一些问题了。比如说，股指是否会在趋势线附近不断地震荡，而长时间内都不会脱离这种趋势。或者说，即便是上升趋势线被轻松跌破，那么维持在趋势线附近的调整需要多长时间会结束呢。股指会不会持续延续这种走向，都是投资者需要考虑的问题。

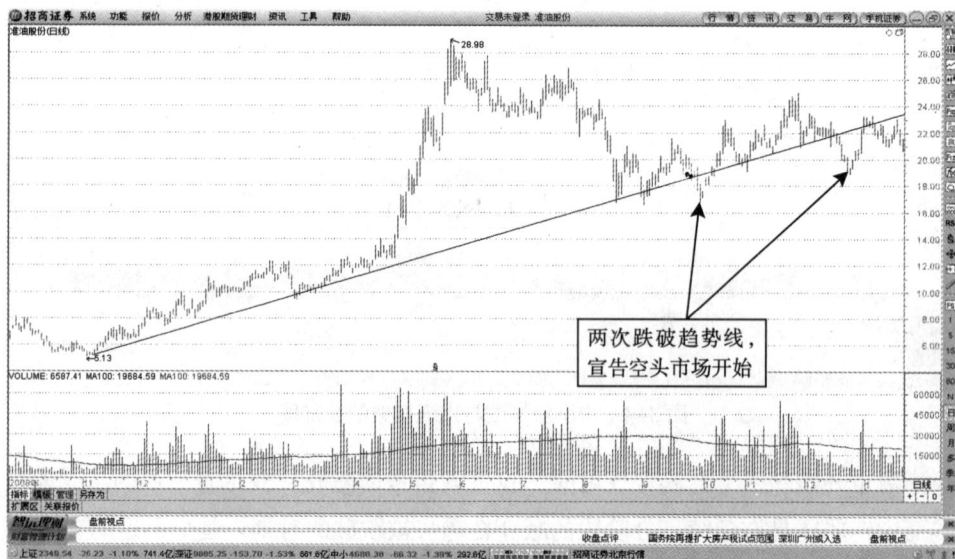

图 3-5　准油股份——上升趋势线被挑战

如图 3-5 所示，就拿准油股份的日 K 线走势来分析的话，图中该股上升趋势线的长时间拉升是非常难得的获利机会。即便是图中该股跌破了上升趋势线的时刻，股指仍然维持一段时间的强势震荡上行的势头。可见，前期长达 10 个月的主要多头市场是不可能轻易被跌破的。当股价第二次跌破了上升趋势线后，反转走势才真正形成。后市继续看空将不可避免，投资者减仓持股便是理智的做法。

如图 3-6 所示，股指虽然两次跌破了上升趋势线，后市该股仍然出现了图中所示的折返至趋势线的回抽走势。从前期股价首次跌破来看上升趋势线算起，该股已经在趋势线附近持续震荡了长达六个多月。如此长时间地维持在上升趋势线附近，表明前期被确认下来的趋势是不会短时间内结束的。这种趋势强势延续的走势，在其他个股当中也会出现类似的情况。

如图 3-7 所示，自从准油股份成功大幅度回抽前期上升趋势线后，该股就顺利进入到了主要的空头市场当中，也就是这个时候，才真正到了投资者使用江恩的 50% 理论来判断折返点位的时刻。如果不是股价回抽之趋势线确认了下跌趋势的可靠性，投资者盲目地提前看空是不利于获利的。毕竟，股价还是可以纠缠在上升趋势线附近，判断股价下跌途中的反转点，显然是太早了。

图 3-6 准油股份——跌破趋势线后折返无效

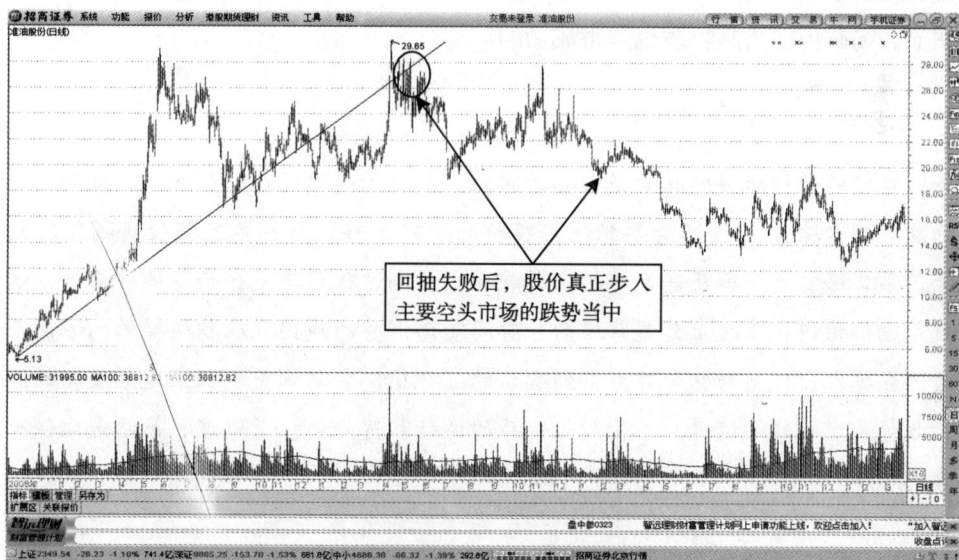

图 3-7 准油股份——下跌趋势长期延续

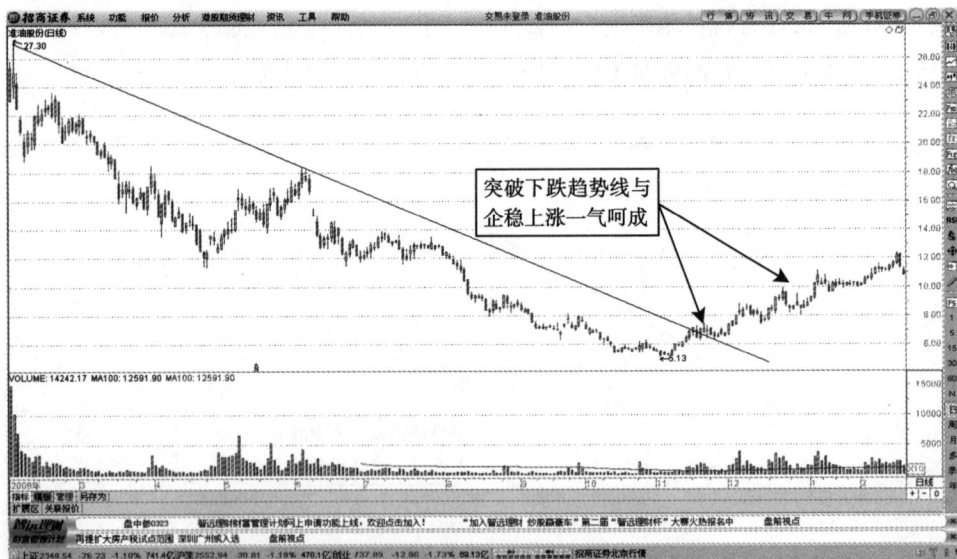

图 3-8　准油股份——前期下跌趋势的反转

　　如图 3-8 所示，准油股份之前的主要空头市场，下跌趋势线被轻松突破后，股价的运行趋势很快地进入主要多头市场。后市股价持续攀升，这个阶段判断股价会在江恩回调位置出现调整，就比较可观了。毕竟，前期的主要空头市场比较明显，突破该空头趋势线也是很成功的。

小提示

　　指数的运行趋势的转变是需要时间的，个股的走势同样是如此。从准油股份的反转走势来看，投资者要想把握股价的反转走势，第一要掌握股价的反转信号，第二还需要了解反转走势的强弱状况。长期运行趋势不会轻易地被突破，这就是股价为何在跌破上升趋势线后长时间震荡调整的原因。从积极操作的方面来看，在股价出现反转信号并且得到确认的过程中，主动调整仓位来适应股指的运行趋势是比较好的选择。不管股价今后的运行趋势如何，采取这种策略是比较可靠的方法。

第二节 江恩回调法则与道氏理论次级折返

1. 道氏理论的次级折返走势

道氏理论中所说的趋势有主要的多头市场和主要的空头市场之分。两种市场的走势是投资者长时间操作股票的基础。除此以外，主要的运行趋势中还会有次级折返的情况出现。判断买卖机会的时候，投资者不能够忽略期间的折返走势。因为，能够成为次级折返的走势，涨跌幅度都是比较大的。短线对投资者的资金造成的影响也很大，准确地把握好股价次级折返的点位，关系到投资者的赢利与避险操作。

次级折返的涨跌幅度当然不可能与主要的多头市场或者空头市场的涨跌幅度相比较，但是持续出现的次级折返的走势会大大影响投资者的盈亏状况，以及今后趋势的延续。采取相应的操作来应对次级折返的情况，是投资者应该做的操作。同样，判断次级折返的位置，也是投资者应该关注的一个重要方面。

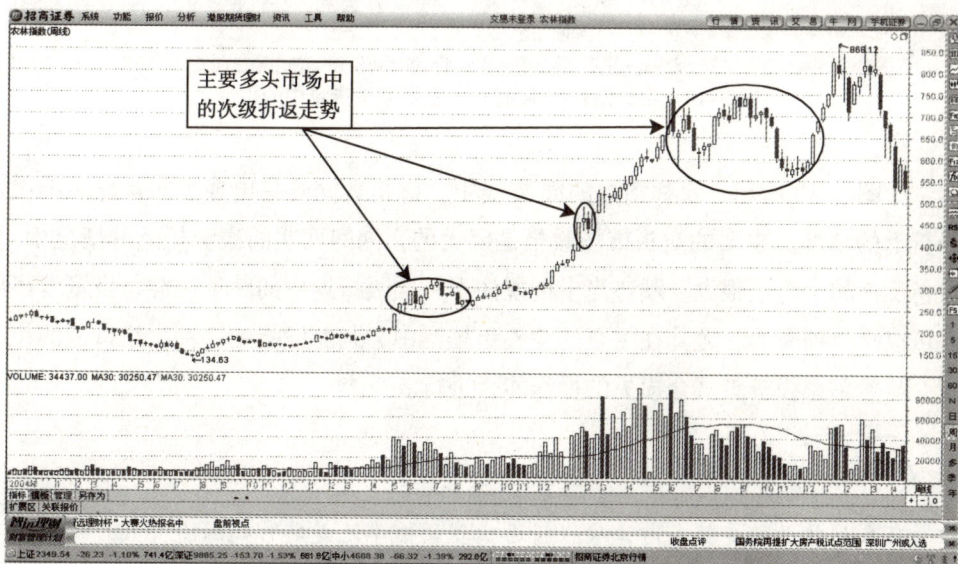

图 3-9 农林指数周 K 线——主要多头市场中的折返

如图 3-9 所示，农林指数的周 K 线当中，该指数的主要多头市场运行非常
强劲，也出现了三次明显的次级折返的情况。而第三次折返的过程中，股指在半
年多的时间里向下调整了 25.7%，说明股指调整的力度还是非常大的。农林指数
尚且出现了高达 25.7% 的下跌幅度，那么个股当中更会出现更大的跌幅了。特别
是那些中小板的股票，会在指数大幅度下挫的次级折返的走势中深度调整，投资
者不可能忽视这种情况的出现。

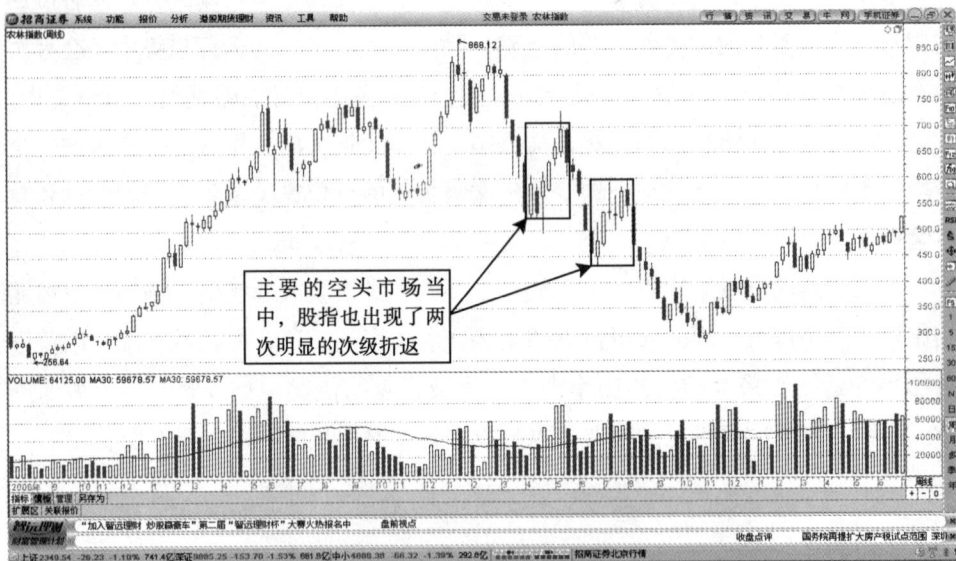

图 3-10　农林指数周 K 线——主要空头市场中的折返

如图 3-10 所示，农林指数的周 K 线中，该指数同样是出现了非常显著的次
级折返的情况。主要的空头市场跌幅是巨大的，期间两次的次级折返的情况中，
股指反弹的力度也很大。跌势当中把握住下一次级折返中的获利机会，投资者还
是可以减少损失的。尤其在主要的空头市场当中，判断股指的这种次级折返的位
置，显然关系投资者减仓损失的操作能否进行。

小提示

从农林指数的走势来看，次级折返出现的概率还是非常高的。并且，一旦次
级折返的情况出现，股指短线快速调整是必然的走势。忽略次级折返的走势，只
会丧失买卖股票的绝佳机会。次级折返的情况出现在主要的多头市场，是投资者

短线减仓的机会。当然，今后再次获利的抄底机会也同时会在这个阶段出现。而主要的空头市场中的次级折返走势，投资者可以利用股指反弹至短线高位的机会减少持股数量，来避免短线的持股损失扩大化。

2. 道氏理论的江恩回调法则判断

道氏理论中，股指主要趋势中的次级折返情况是不可能被忽视的。次级折返的情况很可能在一定的时间里转化为股指真正的反转走势。即便次级折返的情况只是出现在中短期内，投资者也应该尽量空仓操作。一旦股指开始加速反转走势，那么趋势就会长时间内延续。投资者忽视股指的这一趋势，必然错过投资机会。而就在趋势出现调整的次级折返情况中，江恩的50%折返比例也就可以使用了。已经脱离前期运行趋势的股指，不可能很快地延续这种新的趋势。次级折返的情况，就出现在股指反转走势延续到前期波动幅度的50%的时刻，出现了折返的情况。

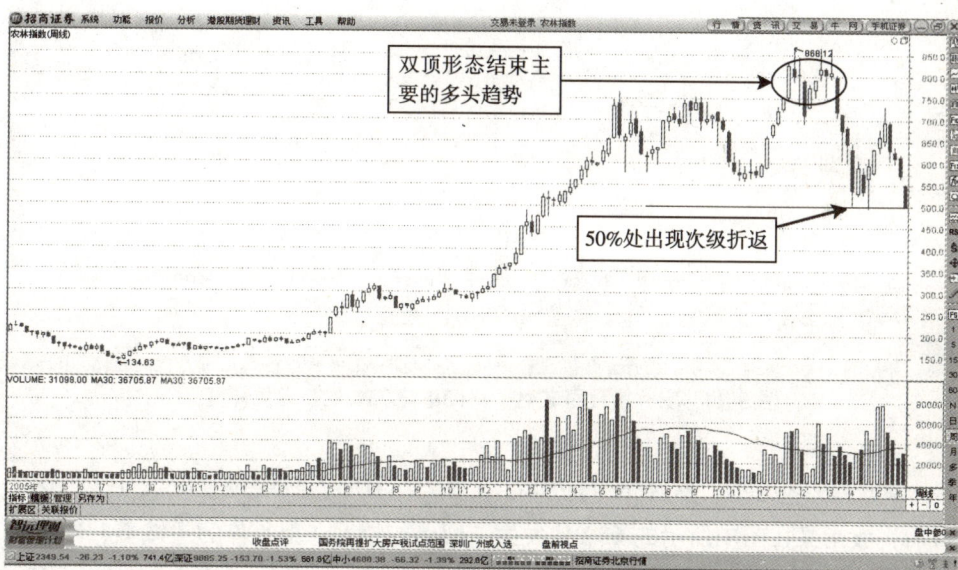

图 3-11　农林指数周 K 线——主要空头市场中的 50% 折返

如图 3-11 所示，农林指数的周 K 线中，前期该指数的双顶形态成功见顶后，就已经进入到了主要的空头市场当中。既然主要的空头市场已经形成，投资者操作上就应该开始逐步做空了。考虑到股指首次进入到主要的空头市场，那么江恩所说的50%的折返情况出现的概率是相当高的。毕竟，很多投资者还沉浸在前期主要多头市场中的获利喜悦中。即便是明确的双顶形态已经完成，股指开始逐步下挫，投资者减仓仍然没有跟上股指下跌的步伐。这样，短线做多的投资者以及前期套牢在高位的惜售投资者造成股指出现了在50%附近的折返走势。在前期主要的多头市场的涨幅的50%附近出现向上折返的走势，是相当难得的减少损失的机会。

考虑到主要的空头市场并不会因为短时间出现的次级折返的走势而发生根本改变。这样一来，在首次折返的50%附近加仓，并且在次级折返的高位减仓获利，显然是投资者的短线赢利或快速清仓的时机。

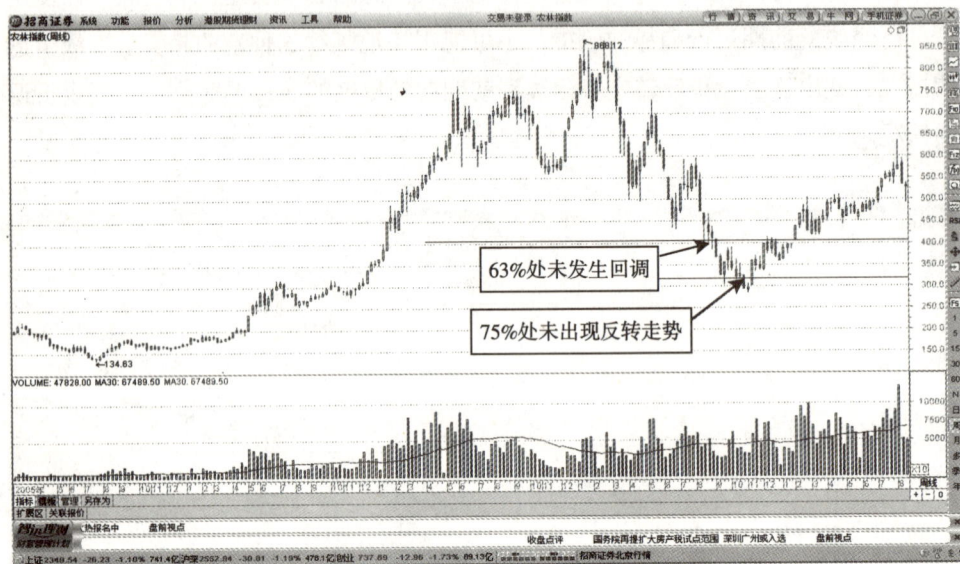

63%处未发生回调

75%处未出现反转走势

图3-12　农林指数周K线——63%与75%的折返同样重要

如图3-12所示，农林指数的周K线当中，前期50%的位置出现首次折返走势后，股指又在图中所示的63%处发生了回调的情况。但是作为短线赢利的机会的话，63%的回调幅度显然是不高的。只是在周K线的下影线中有所反应。真正开始折返的位置是在图中75%的位置。股指大幅度下挫至前期主要多头趋势的50%附近后，股指出现明显的反转走向。

如图3-13所示，农林指数的周K线中，该指数在主要多头趋势中折返的情况出现在了75%附近。而前期的50%与63%的位置并未出现我们想要见到的中

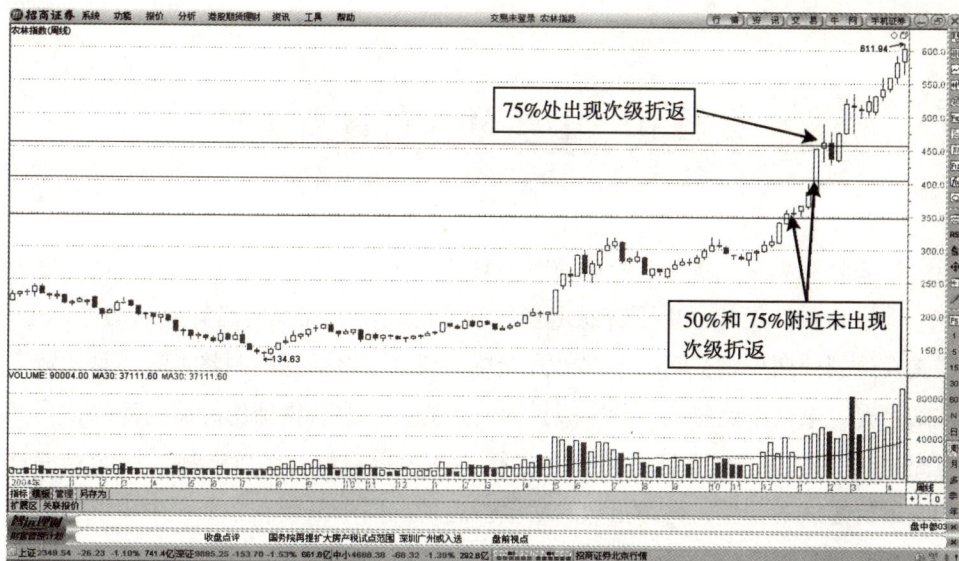

图 3-13 农林指数周 K 线——主要多头市场的 75%折返

短线的调整情况。如此看来，调整何时会出现，其实是出乎我们意料的。虽然江恩所说的 50%附近的折返概率相当高，但是没有出现折返也很正常。毕竟，理论与实战是会有些差距的。在江恩所认为的折返概率较高的 63%与 75%附近出现了，也还是非常不错的操盘机会。主要的多头市场中，持股获利成为主要的操作手段。次级折返出现在了 75%的位置上，是非常难得的加仓机遇。

小提示

　　不可否认的是，道氏理论是投资者判断股指运行趋势的有力工具。如何才能更好地利用道氏理论来指导投资者的中长线的投资行为，关系到投资者的盈亏状况。而江恩理论的折返比例，在投资者调仓换股的操作中，起到的作用同样是不可小觑的。如果投资者能够使用道氏理论准确判断股指的主要运行趋势，并且可以使用江恩理论来判断次级折返的情况，那么获得利润将是很容易的。道氏理论提供给投资者长期获利的机会，而江恩回调的 50%、63%和 75%的地方，又给投资者获得短线利润的机会。两者结合来操作股票，便可以顺应趋势长期赢利了。

第三节　江恩 50% 的回调法则

1. 上证指数主要多头市场的 50% 回调点

上证指数的走势，更不容易出现较激进的趋势。在反转趋势确认的过程中，股指在达到前期波动空间的 50% 处开始中短线的次级折返的调整走势，是比较正常的情况。谁也不能忽视这种次级折返的走势，想要获得廉价的流通筹码，当然也是在这个阶段了。上证指数作为主板，其运行趋势对个股走势的影响是深远的。股价短线的调整，会与指数的次级折返情况同步出现。在个股中采取与股指次级折返调整相适应的操作策略，是可以抓住机会获利的。

图 3-14　上证指数周 K 线——显著的 50% 折返

如图 3-14 所示，从上证指数的周 K 线中可以看出，该指数脱离前期的主要空头趋势后，正是开始离开飙升阶段的主要多头趋势。股指从底部企稳之后，持续飙升的幅度高达前期跌幅的 50%，也就是这个 1621.83 点的 50% 附近，出现了股指反转后的第一次明显的次级折返的情况。这次次级折返的情况持续时间长达三个月，股指在此阶段大幅度向下调整了10%，才完成了中期的两个底部，并且再次步入主要的多头趋势当中。

调整到高达10%的幅度的次级折返的情况，明显可以成为投资者再次看多的机会。而个股在这个阶段的深幅调整，成为主要多头趋势形成以来很重要的加仓时机。趋势并未真正结束，调整只是为今后的再次蓄势而已。中短线调仓之后，继续持有认为可以大幅度飙升的个股，仍然有望在今后的主要多头趋势中持续获利。

💭 **小提示**

上证指数的走势中，在反转走势达到前期波动空间的50%的时刻，出现折返的情况是比较常见的。通常在这个阶段，股指会出现明显的调整走势。大趋势已经确认了下来，即便是出现了折返的走势，也不会改变股指运行的大趋势。投资者可以趁股价调整之时开始做些个股的短线操作，达到顺势而为的操作目标。50%的地方出现调整，其实是股市中多数股票同时出现调整的结果。并不是说单一个股的走势影响了股指的运行趋势。投资者想要成功获利，还需要把握好股价的这种变动趋势，在回调厉害的个股中选择恰当的抄底机会，成功获得短线利润，并且为今后股价的继续飙升做好加仓准备。

2. 上证指数主要空头市场的50%回调点

上证指数主要的空头市场当中，股指调整的过程中同样与前期主要多头趋势中的涨幅密切相关。股指可以在很长一段时间内维持下跌主要空头趋势，但是首次跌破了上升趋势线后，较大的次级折返的情况必然出现在前期主要多头趋势的50%附近。也许投资者对这样的说法有疑问，对江恩关于50%附近的次级折返情况怀疑。但事实上，从上证指数的历史走势来看，50%附近的确是次级折返情况出现概率较高的位置。

如图3-15所示，上证指数的周K线中，股指在最高点2245.43点遇到阻力后，开始震荡下挫。首次出现顶部，并且进入到了主要的空头市场当中，股指在前期主要多头市场涨幅的50%开始折返其实也很正常。投资者不可能短时间内就全部看空后市。股指在50%附近的折返情况，是一部分投资者看涨的表现。同时，这个折返的走势，也为投资者短线获利从而减少清仓过程中遭受的损失，帮助是非常大的。没有 50%附近的次级折返的走势，投资者不可能轻松逃过主要空头市场的下跌走势造成的巨大损失。主要空头市场一旦出现，上证指数会在长时间大幅度的下跌，没有几个投资者会在这个时候获得利润。

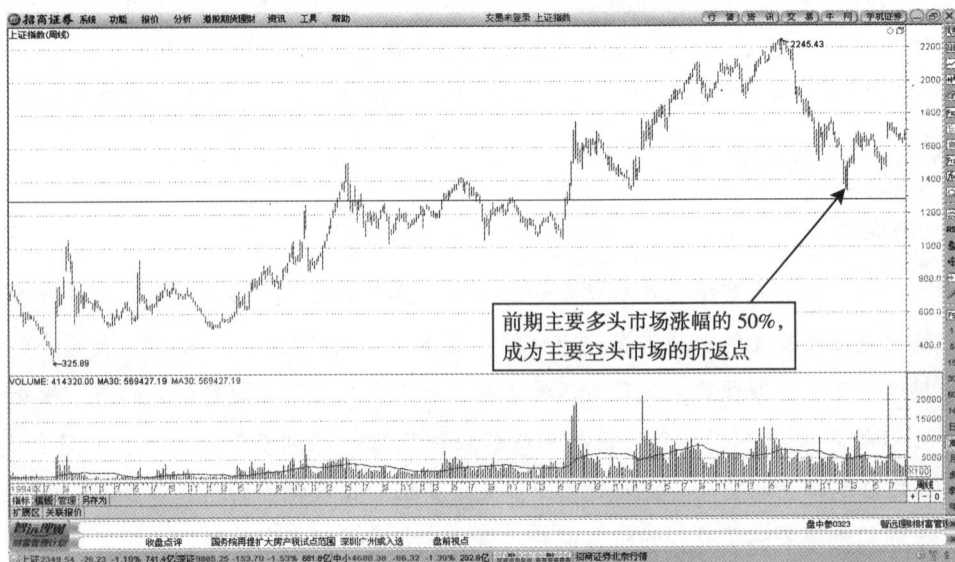

图 3-15 上证指数周 K 线——首次出现 50%折返

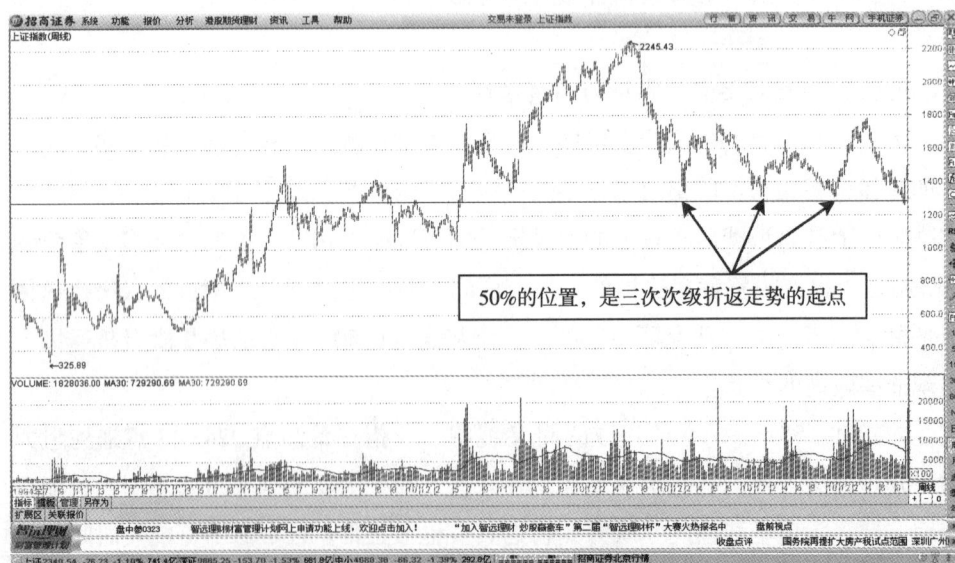

图 3-16 上证指数周 K 线——折返情况出现三次

如图 3-16 所示，次级折返的情况的确是不可避免的，从图中三次反弹走势来看，正是前期主要多头市场中涨幅的 50%处，出现了该股短线的飙升走势。虽然次级折返的情况出现了三次，股指的下跌趋势却没有从根本上发生改变。股指仍然处于主要空头市场，短线折返的情况，也仅仅是减仓机会。从长期趋势来看，股指跌破 50%附近的支撑是必然的。后市股价将会在江恩所说的 63%和 75%的新的点位寻求支撑。

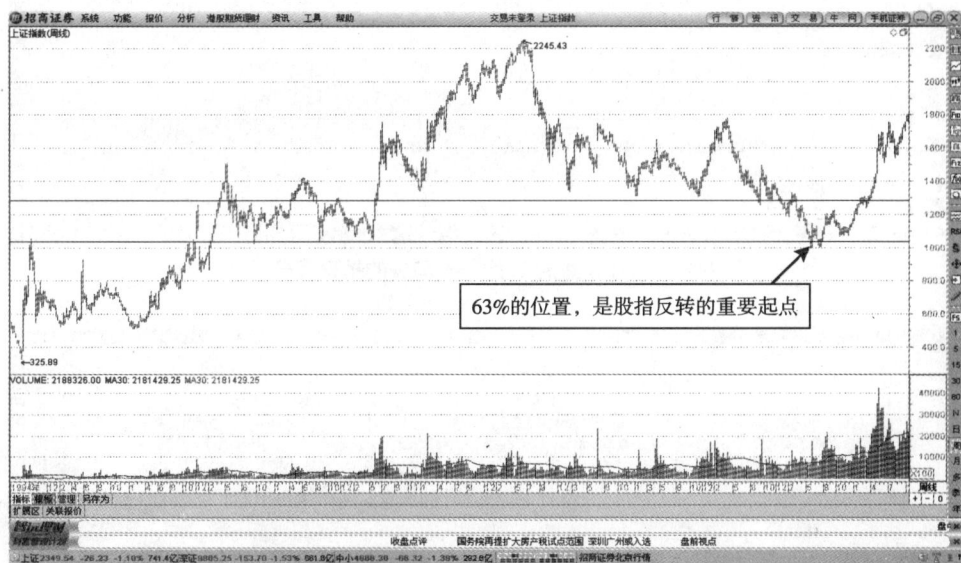

图 3-17　上证指数周 K 线——63%的折返情况出现

如图 3-17 所示，上证指数的下跌趋势不断延续下来，从图中来看，股指深度下挫至 63%的位置才开始逐步企稳。股指首先跌至 50%附近的时刻，是投资者减仓的重要机会。而 63%的位置，就已经成为投资者获利的起点了。

如图 3-18 所示，上证指数的周 K 线当中，股指快速下跌的途中，真正的折返走势开始于跌幅达到前期上涨的 63%处。而江恩所说的 50%附近却没有出现相应的折返走势。这并不妨碍江恩理论指导投资者提前预期相应的折返点，并且采取相应的操作。

如图 3-19 所示，次级折返的情况比较常见，就在 2010 年的调整阶段，上证指数就曾深度下跌至前期牛市涨幅的 50%处，开始了短线横盘调整的走势。虽然股指在调整阶段涨幅并不是很大，但确实是出现了调整的情况。并且，股指调整

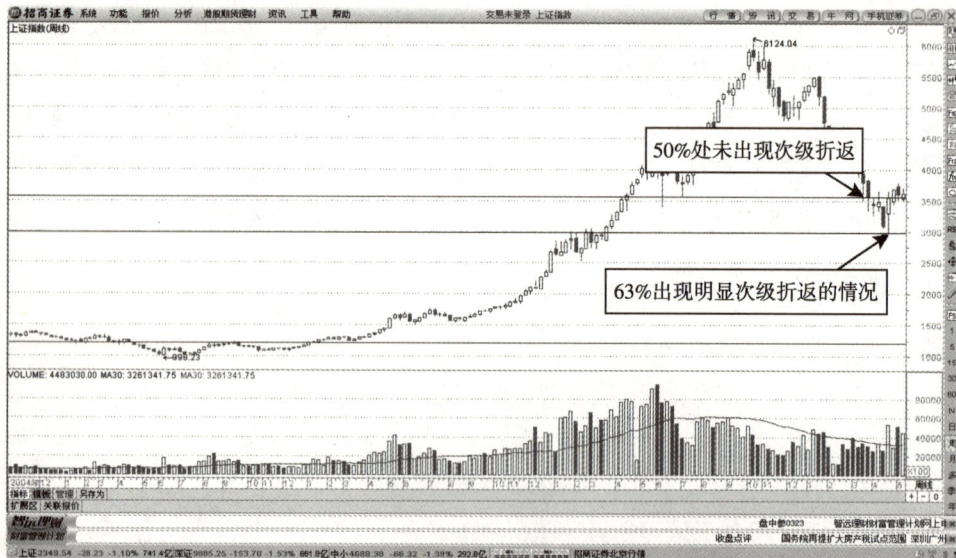

图 3-18　上证指数周 K 线——63%的折返情况出现

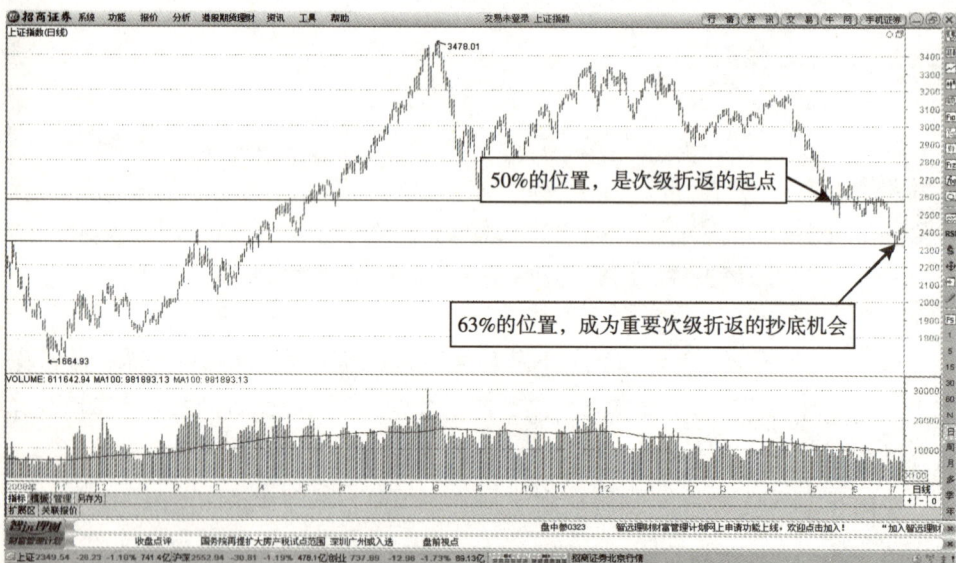

图 3-19　上证指数周 K 线——50%与 63%同时折返

的起点，与 50%的江恩回调比率是一致的。这个时候，个股会跟随指数出现横向调整，却不会轻易改变下跌趋势。但是，投资者在接下来的 63%处的次级折返的位置就能够清楚地看出来，股指已经出现了相应的企稳信号。把握该企稳机会，投资者获利将不是什么问题。股指达到了短线底部的最低点的 2319.74 点后，趋势出现了中期的折返情况。

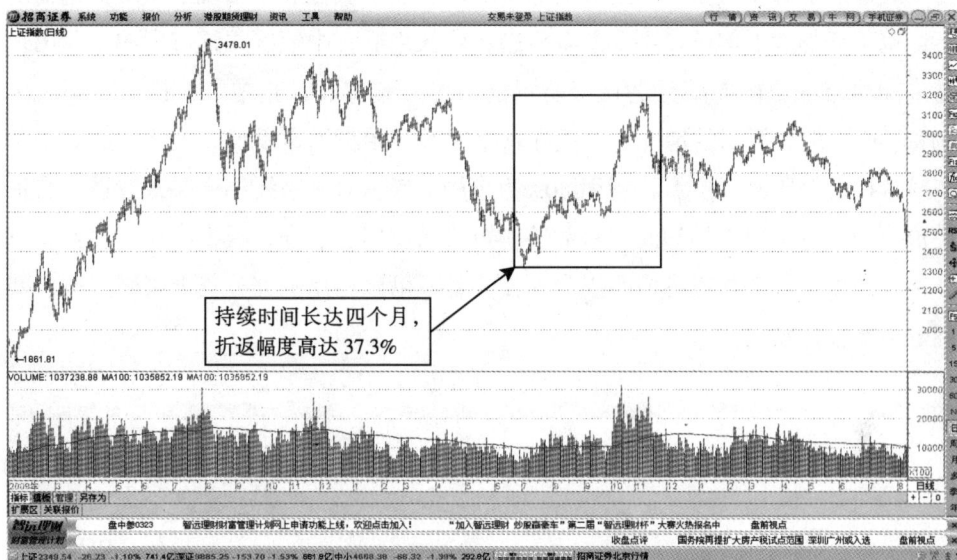

持续时间长达四个月，折返幅度高达37.3%

图 3-20　上证指数周 K 线——折返之后再次进入熊市

如图 3-20 所示，上证指数的周 K 线中，股指的下跌趋势依旧延续着，不过 63%处的折返是不能够被忽略的。股指在 63%处的折返幅度高达 37.3%，持续时间更是达到了四个月之久。个股当中，走势强的股票已经在股指次级折返的阶段出现了翻倍的涨幅。作为主要空头市场当中的次级折返走势，把握住这样高的涨幅，投资者就能够短线获得一定的利润，并且为今后的减仓增加筹码。今后股价再次大幅度地下挫，投资者仍然能够获得一定的收益。

小提示

从股指走势来看，如果真的会出现相应的折返情况的话，投资者绝不能够忽视折返走势引起的个股中的反弹走势。股指的 1%的涨幅，对应的强势牛股的涨幅绝不会是 1%。个股的涨幅可能会高达 2%甚至于 3%。换句话说，个股当中出现相当于股指两到三倍的上涨幅度，其实是非常正常的一件事。投资者不能够因为股指的 37%的反弹高度，而舍弃个股短线操作的重要机会。事实上，只要股指能够出现 10%以上的涨幅，个股出现短线翻倍黑马的可能性将非常大。

3. 个股的 50%的回调点

股指的走势是众多个股走势的综合反映。而个股在股指出现了次级折返情况下，也不会继续下挫。在主要的空头趋势确认之后，中短线跌幅过大的个股出现在前期牛市涨幅的 50%处的次级折返的情况，其实非常正常。股指尚且出现了 50%附近的次级折返的情况，个股在这个时候开始折返也没什么大不了的。手中还继续持有个股的投资者，利用 50%附近的见底信号来短线加仓买入股票，获得股价次级折返过程中的利润，就能够在短线高位成功清仓，减少因为主要空头市场造成的损失。场外没有遭受损失的投资者，可以动用一部分资金来做短线，获利的可能性比较高。

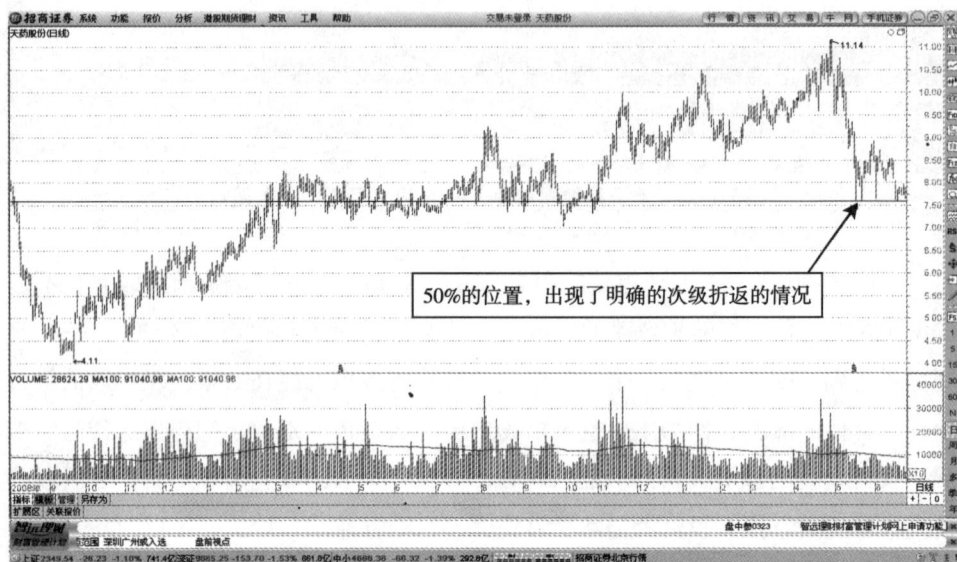

图 3-21　天药股份——跌幅达到 50%后的折返

如图 3-21 所示，天药股份的日 K 线当中，该股成功见顶最高价 11.14 元后，出现了非常明显的下挫走势。图中股价大幅下跌的时候，与指数同步出现了次级折返的情况。如此一来，投资者短线操作的机会也就出现了。难得一见的折返走势为减少损失创造了条件。股指在 50%的位置开始折返，显然是不错的短线加仓获利机会。只要把握好股指处于主要空头市场的大趋势，显然加仓获利后清仓，不失为一个好办法。

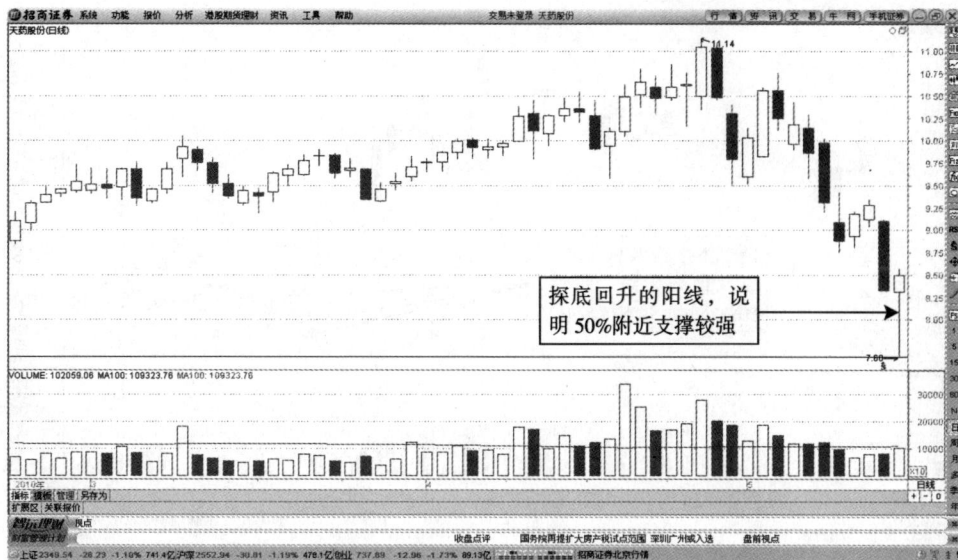

探底回升的阳线，说明 50%附近支撑较强

图 3-22　天药股份——探底的长下影线

如图 3-22 所示，天药股份下挫至 50%的江恩回调位置后，股价出现了非常显著的探底阳线。当日股价跌幅虽然比较大，但是收盘的时候却以上涨的小阳线报收，说明了 50%附近确实存在相当强的支撑。在这个 50%对应的价位上做些短线的操作，是可以获得相应的利润的。

不过话又说回来了，投资不可以在这个阶段重仓持股。因为，股价的上涨只是主要空头市场当中短线调整的一个阶段而已，投资者不可能在这个阶段获得巨额利润。因为，股价反弹的力度不会很大。毕竟是次级折返的情况，短线抛售压力还是非常大的。把握好股指持续看空的大趋势，投资者才能够多获取一些短线的收益。

如图 3-23 所示，天药股份的日 K 线当中，首次出现了探底回升的阳线后，该股在 50%附近继续出现了第二次和第三次的反弹。图中低开的阳线与探底回升的带下影线的 K 线形态，就表明了 50%附近的支撑效果还是非常好的。

虽然天药股份的日 K 线当中出现了三次的折返情况，股价下跌的大趋势却没有停止。三次探底的最低点都出现在很短的时间里。这说明，投资者要想在标准的 50%附近的价位抄底并且获得一点微薄的利润，还是有难度的。稍有不慎，就会在主要空头市场持续的过程中造成更大的投资损失。

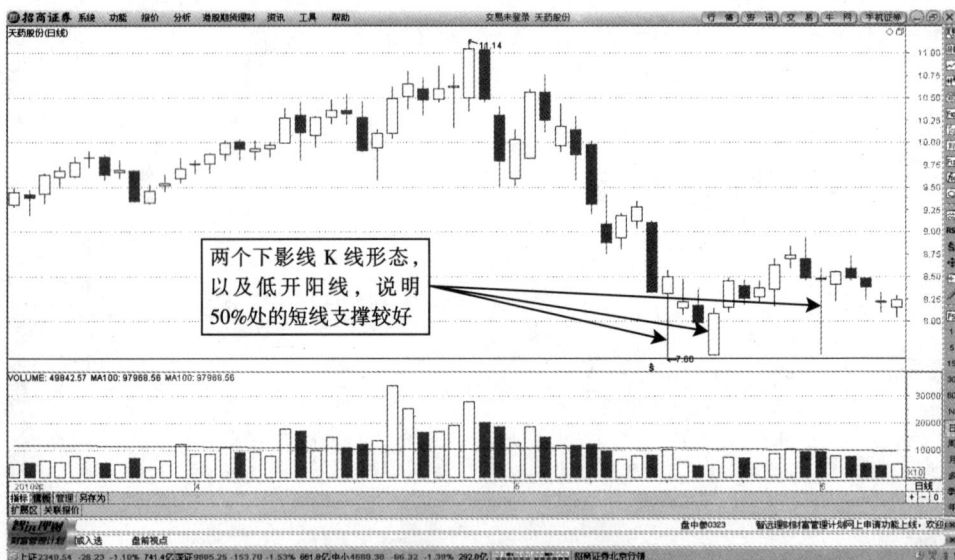

图 3-23　天药股份——三次显著的探底形态

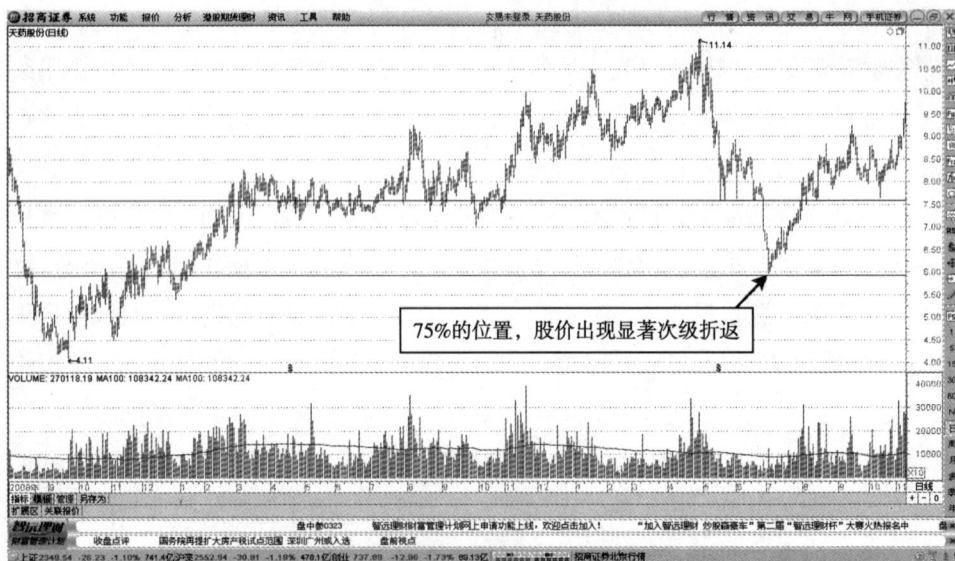

图 3-24　天药股份——75%出现显著反弹

　　如图 3-24 所示，天药股份的日 K 线当中，真正的折返走势出现在图中所示的 75% 的位置。股指大幅度下挫至 75% 的江恩回调位置，该股才开始了真正的较大幅度的反弹。回过头来看的话，投资者可以根据股指的次级折返的情况首先预计到将要出现折返的点位。从而在个股当中准确把握反转信号出现的抄底机会，获得短线利润。并且在股价真正开始折返之时，也就是天药股份下挫至前期涨幅的75%附近的时候，大幅度加仓，获得反弹中的利润。这样，总体的操作就在这个过程中顺利完成了。

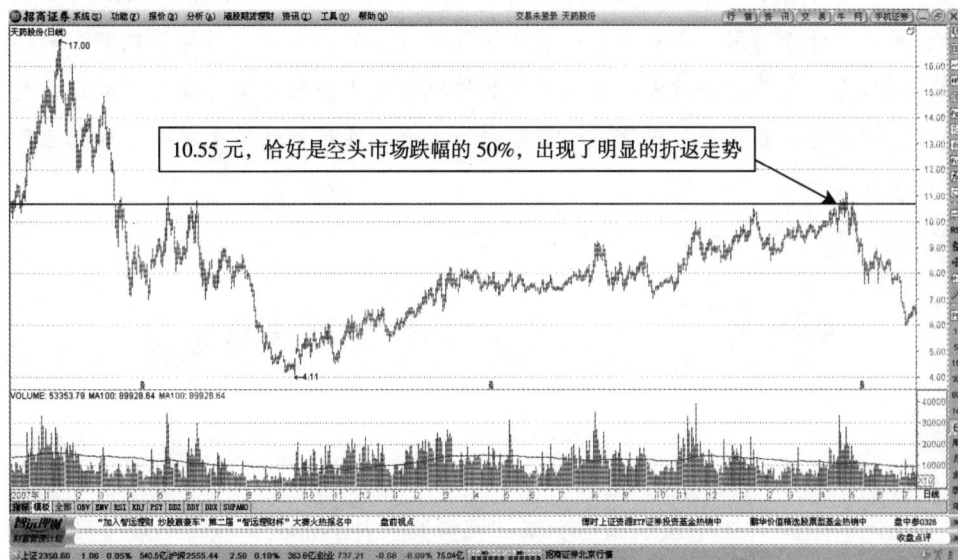

图3-25　天药股份——主要空头市场同样在50%折返

如图3-25所示，图中显示了天药股份在持续时间长达一年半的主要多头趋势中的折返情况。持续时间虽然长达一年半，折返的价位却依然出现在前期主要空头市场跌幅的50%附近。也就是说，前期主要空头市场的最低4.11元到最高价17.00元的价格范围中，4.11元＋（17.00－4.11）/2＝10.55元，是该股次级折返的位置。

如此一来，成功预期相应的折返点位，对于投资者的操作是多么的重要。天药股份不仅在主要的空头市场中出现了50%和75%的折返情况，主要的多头市场中依然出现了50%的下挫走势。表明江恩所说的50%、63%和75%的折返点位是不可能轻易忽视的。股指与个股究竟在哪一个位置折返，投资者并不清楚。但是，股指如果真的在相应的位置出现了折返的信号，并且沿着反向波动的话，短线调仓的机会也就出现了。

准确判断折返走势出现的位置，需要投资者敏感地判断股价反转的信号出现的时机。如果股指反转信号真的出现在了对应的50%或者是63%和75%的位置上，那么投资者动用一部分资金来调仓操作是可以的。不过，趋势如果不明确的话，仓位上一定不能够过重。次级折返的情况毕竟不会轻易地突破股指运行的大趋势，把握好买卖机会，投资者还应该顺应主要的多头市场或者空头市场的运行趋势来操作才行。

第四节 不同周期的50%回调法则运用

1. 个股季度K线中的50%回调

个股的季度K线中出现高达50%的回调其实并不奇怪。股价出现反转走向的过程中，调整是必然会出现的。前期涨跌幅度的50%，是江恩重要的阻力位置。周K线当中，判断一只股票出现折返的价位，50%的位置是最有说服力的地

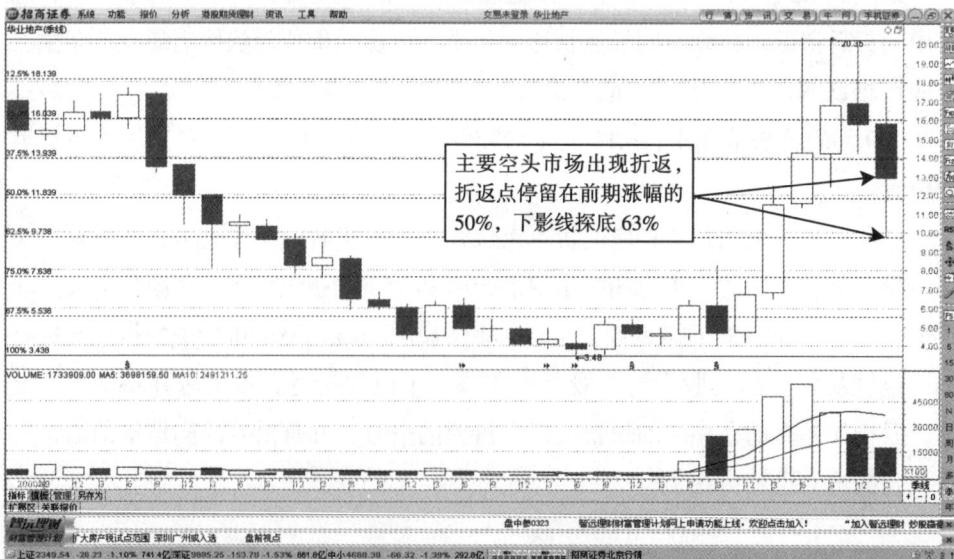

图3-26 华业地产——62.5%与63%接近，出现折返

方。如果股价真的出现了调整的信号，那么投资者操作上必然不能忽视这种调整走势。只是在选择买卖时机的时候，周 K 线更不容易把握准确的介入机会，容易错过比较好的时机。

如图 3-26 所示，华业地产的季度 K 线中，股价虽然已经快速回落，但是回落的阻力还是比较大的。图中一根下影线很长的阴线中，最低价恰好到前期涨幅的 63%处，而收盘价格则落在 50%以内，这说明，63%的位置是难以被顺利跌破的。而良好的支撑则更看好 50%附近的价位。

图中显示，62.5%的位置与 63%接近，可以看做是江恩理论的作用。而一度击穿 50%支撑位置的阴线，收盘价格却在 50%以上，表明 50%的支撑位置不可以轻易忽视。预期股价会在 50%的地方出现折返的情况，短线操作把握一些利润是必不可少的。

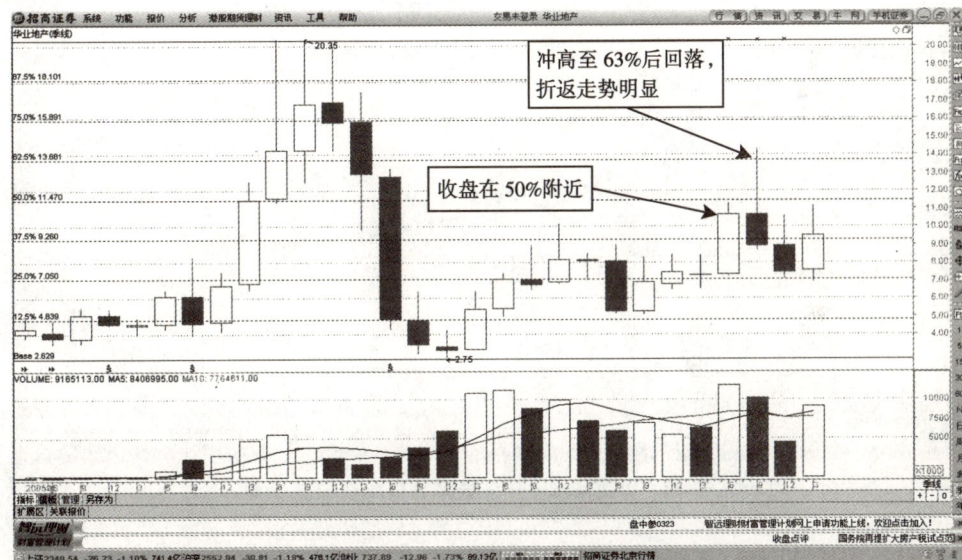

图 3-27　华业地产——主要多头市场同样在 62.5%折返

如图 3-27 所示，华业地产季度 K 线成功见底最低价 2.75 元后，该股随之出现了长时间的反转走势。主要多头市场几乎成为该股不可逆转的大趋势，但是图中季度 K 线收盘在前期跌幅的 50%附近后，紧跟着一根冲高至 63%的长上影线的阴线结束了该反转走势。从操作上看，顺势减仓在这个阶段是减少损失的唯一选择。50%附近的阻力就比较大了，而高位的 63%的抛售压力其实更大，持股的仓位显然不能够在这个时候太高。一旦出现滞涨的情况，应该尽快减仓才能减小损失发生的概率。

2. 个股月 K 线中的 50% 回调

相比季度 K 线，月 K 线中股价的涨跌变化要频繁得多。对应的股价在 50% 出现折返的概率也是比较高的。如果投资者打算在股价反转向上的过程中获得尽量高的利润，就要提前将预期折返的点位标示出来，以便在适当的时候采取减仓的操作。股价反转到前期跌幅的 50% 的时刻，是比较理想的减仓机会。如果股价真的在这个阶段出现顶部信号的话，投资者顺势操作股票是没有错的。毕竟，50% 的价位股价上涨的阻力比较大，唯有减仓才能够避免损失过大。

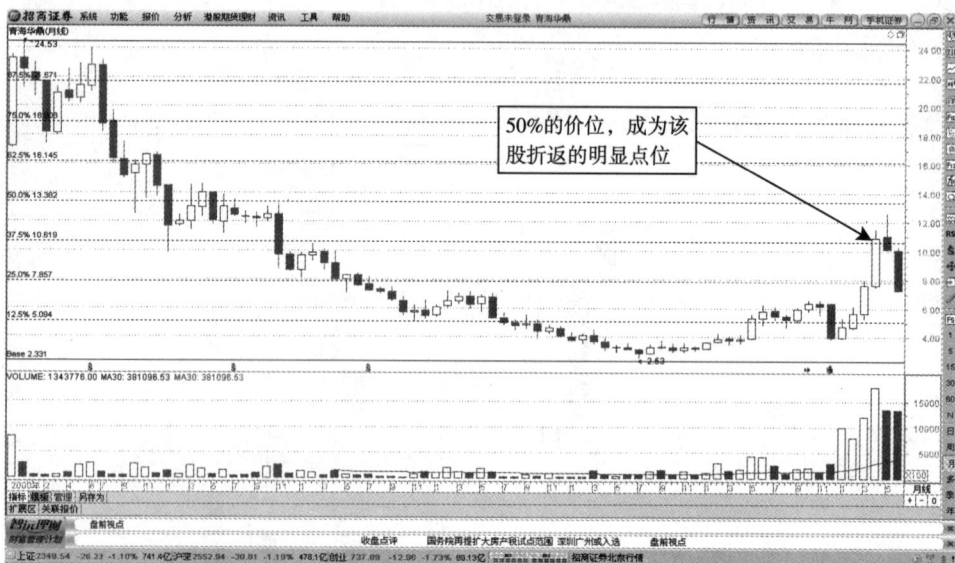

图 3-28　青海华鼎——主要多头市场在 50% 折返

如图 3-28 所示，青海华鼎的月 K 线中，股价持续两个阶段的拉升后，图中接近前期跌幅 50% 的时候，出现了冲高回落的两根阴线。从下跌幅度来看，前期跌幅的 50% 对应的价位见顶后，该股成功下挫了高达 7.33% 和 27.77%，这对中小投资者来讲显然是个不小的打击。50% 的江恩回调位置其实很容易把握，尤其是股价的涨跌变化放在日 K 线中分析的时候，这样折返情况提前预知是很容易的。在股价达到 50% 后不久，如果出现了任何 K 线形态上的走坏迹象，短线减仓持股，都能够避免损失扩大。股价主要多头趋势结束时间虽然快，但是留给投资者的减仓机会还是会有的。

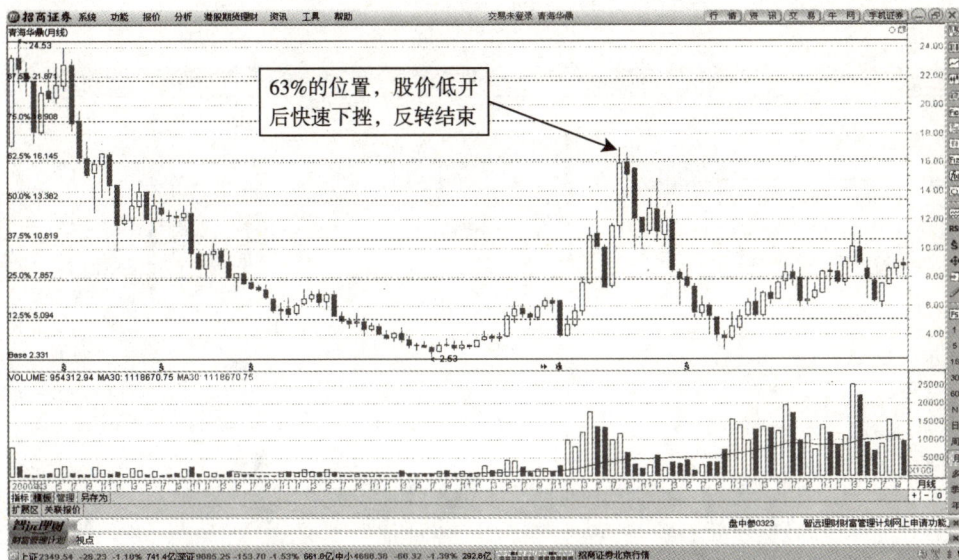

图 3-29 青海华鼎——63%遇阻力明显回落

如图 3-29 所示，青海华鼎的月 K 线中，股价自从前期在 50%的位置出现折返的情况后，随之出现的反转在 63%处。股价在 63%的地方大幅度下挫，以至于跌至前期历史低点附近，该股才再次企稳。如果投资者在 50%的位置就已经开始减仓的话，即便股价真的在 63%的地方成功见顶回落，损失并不会很高。

小提示

月 K 线股价的变化趋势是比较稳定的，投资者买卖股票的信号也许在月 K 线中不够灵敏。但是，考虑到月 K 线的走向不容易被操控，趋势确认之后，投资者应该紧抓操作机会，获得相应的利润。每一根月 K 线的持续时间较长，股价在这个阶段的变化比较多，投资者选择机会不容易。判断趋势是否延续却比较容易做到。

3. 个股周 K 线中的 50%回调

周 K 线的股价走势中，对应的反转点更加清晰。判断股价受到的阻力的时候，更容易得出结论。真正的调整，通常会在周 K 线中表现得更加清晰。日 K

线的变化可能过于频繁，而周 K 线的变动就比较缓和了。并且，每一个价位的阻力，同样可以在周 K 线当中得到体现。

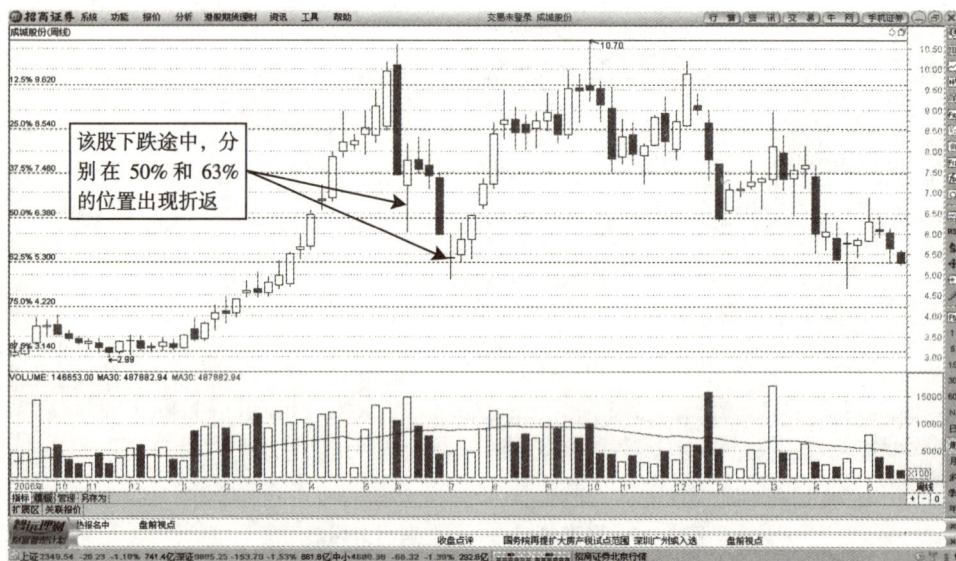

图 3-30　成城股份——主要空头市场的 63％的折返

如图 3-30 所示，成城股份的周 K 线中，该股见顶了最高价位后出现了快速反转的情况。而反转后受到的支撑分别来自于 50％与 63％的位置。考虑到很多投资者可能在股价缩量下跌的时候，没有时间将手中的股票卖掉。预期 50％以及 63％的位置，将成为理想的短线加仓机会。

股价首先在 50％的地方出现了探底回升的阳线，表明投资者如果准确加仓在股价首次回落至 50％的位置的时候，成功获利是可能的。因为，这个位置显然是比较好的获利机会。而 63％的位置是该股成功折返的点位，顺利加仓更容易获得相应的短线回报。

如图 3-31 所示，成城股份第二次开始回落后，同样在前期主要多头趋势涨幅的 50％和 63％的地方出现了折返的走势。股价反弹力度不高，但足以让投资者获得不错的利润。股价在 50％和 63％的位置出现折返的幅度分别高达 20％和 10％以上，表明短线涨幅还是不错的。对于已经出现了投资损失的散户，利用股价折返的机会减少部分损失还是可行的。但是，要注意这个阶段的追涨风险。比较跌破上升趋势以后，主要的多头趋势就已经结束。再想获利还要等待股价真正企稳之时才行。短线少量资金的追涨操作不宜过分，获利即平仓就可以了。

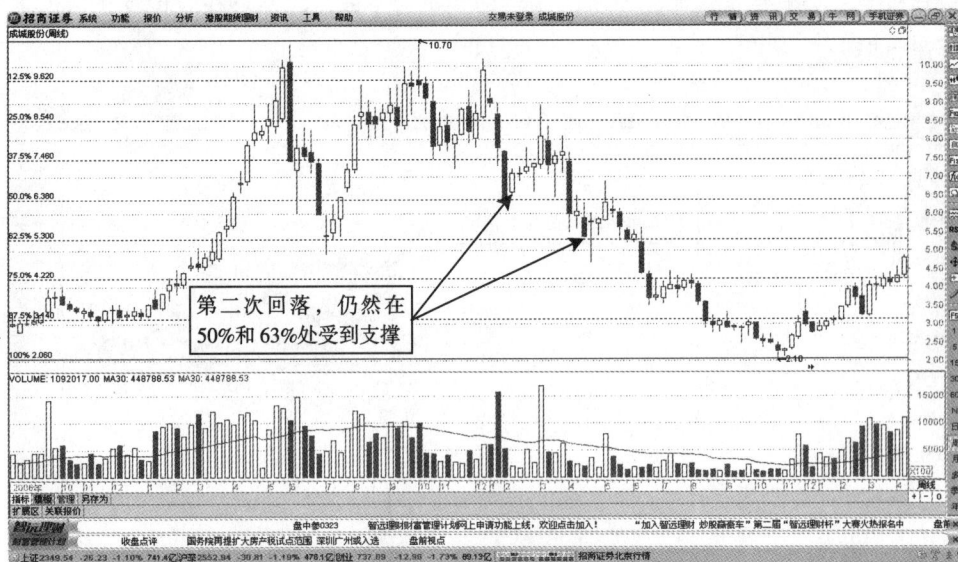

图 3-31　成城股份——折返却不妨碍下跌趋势延续

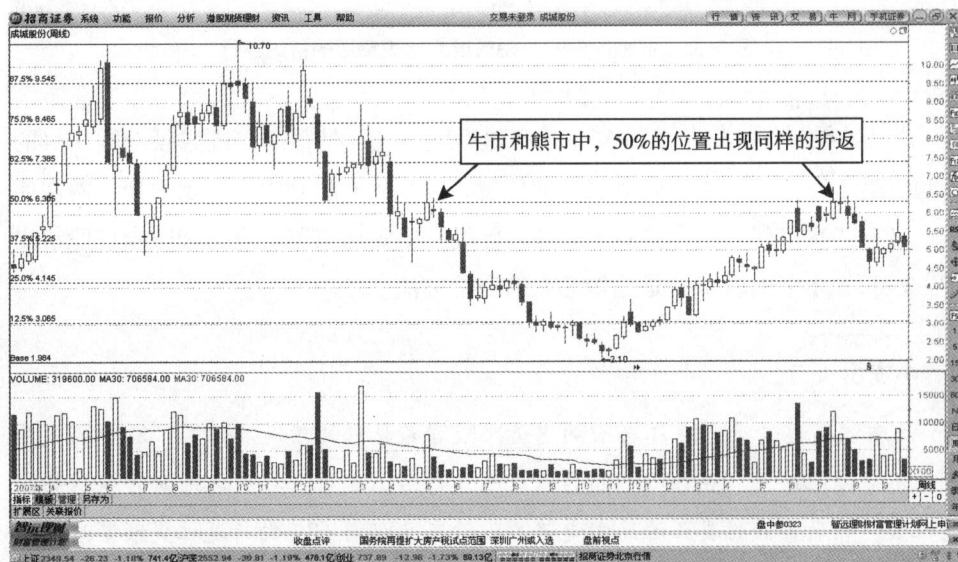

图 3-32　成城股份——50%成为主要多头市场结束的点位

　　如图 3-32 所示，同样是成城股份的周 K 线图，该股出现了图中显示的 50%的折返走势。只不过，这一次股价的折返情况出现在了多头趋势中。前期该股下跌过程中的50%对应的价位，抛售压力还是非常大的。要想轻松度过这个阶段的减仓机会，必须要紧紧抓住50%的预期回调机会不放，才能够在股价真正折返之时避免损失。

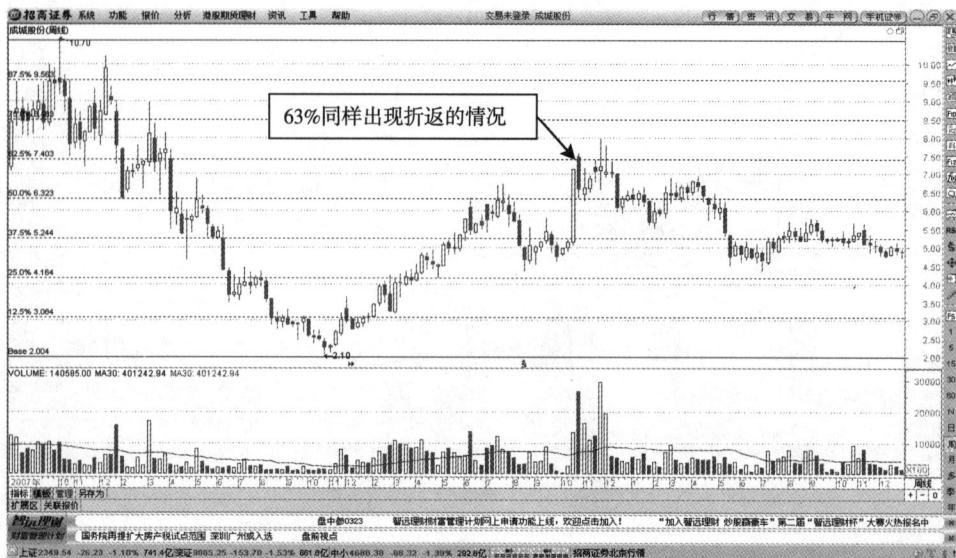

图 3-33　成城股份——63%成为比较重要的折返点位

如图 3-33 所示，考虑到50%的反弹高度实在不是很高，成城股份从50%的价位折返后不久，再次冲高至63%的位置，并且再次遇到阻力开始下挫。两次回落的情况依次出现，说明主要多头趋势已经开始走向末路。进一步减仓在股价出现63%折返走势的时刻，是比较理想的避险方法。

小提示

　　50%的折返情况，在江恩回调中是比较容易见到的情况。但是，股价的走向可能不会因此结束。在50%的折返情况平息以后，股价会再次达到新的63%的折返位置，然后再开始真正的反向走势。股价在50%与63%的折返位置频繁波动的过程中，期间的调仓换股机会是有很多的。这样，有助于投资者把握利润，获得相应的投资回报。股价频繁波动的情况出现的频率是比较高的，50%的折返情况很可能只是其短暂走势的一部分而已。如果从长期来看，63%的折返比例可能更有说服力一些。从操作机会的把握上来看，投资者不能够将全部心思倾注在50%

上，以免错过投资机会。

经验总结

　　使用江恩的回调比例的时候，应该把 50%的回调比例放在第一位。股指运行趋势再强，对于 50%的附近的阻力也不可能轻易的忽视。从 50%的折返位置开始，到 63%甚至于 75%的位置，都是有可能出现折返走势的。股指以及个股运行趋势的强弱，决定了折返的位置究竟会发生在哪一刻。不管怎样，变化频繁的日 K 线中，股价的 K 线形态总能够提供一些必要的信号。发现并且把握好每一次的折返信号，就能够在江恩回调比例中提前预见到折返情况，并且做出相应的操作来应对折返走势。

第四章　江恩循环周期理论

循环周期理论，是本书非常重要的一章内容。本章当中所说的重要趋势的转变时点，都是可以使用循环周期理论来判断的。投资者要想成功获利，首先应该把握住江恩所说的重要循环点位的操作机会，才能够做到抄底逃顶，增加获利的概率。循环周期理论，本身并不能够单独使用，需要投资者结合前三章所说的重要原则才行。价格法则，帮助投资者理解股指变化的原因，把握住股市中重要的黑马股。时间法则帮助投资者发现股价运行过程中重要的折返时刻。江恩的回调法则，能够提供给投资者可以参考的趋势中的调整点位。三种原则结合江恩循环理论，实战获利就比较容易了。

第一节　理论概述

江恩理论认为，股指运行的重要周期可以有短期循环周期、中期循环周期和长期循环周期。三种不同的周期循环，对应的计算时间是不同的。通常来看，短期循环包括了小时、周和月的循环，有 1 小时、2 小时和 4 小时……18 小时、24 小时、3 周、7 周、13 周、15 周、3 个月、7 个月；而中期循环则主要包括年的循环，有 1 年、2 年、3 年、5 年、7 年、10 年、13 年、15 年的循环周期；长期循环就是从 20 年、30 年、45 年到 49 年、60 年、82 年、90 年和 100 年的循环。

因为三种循环涉及的时间周期大不相同，使用上也有很大的限制。其中比较重要的中期循环，应该可以是 10 年的循环。在江恩理论当中，10 年为周期的循环是市场再现走势的循环。比如说，一个新的历史低点的出现，应该在一个历史高点的十年之后。而一个新的历史高点，应该出现在一个新的历史低点之后。

　　不同的循环周期之间，存在着某种数量上的联系。不管是倍数关系还是平方关系，江恩已经将这些关系用圆形、正方形或者六角形的方式显示了出来。从而为投资者预测股指的后期走向，把握相应的投资机会提供了帮助。

　　实战当中，判断股指周期波动的过程，投资者可以使用波峰或者波谷两种分析手段来作为周期分析的起点。

　　通常波峰的出现是比较复杂的，主力的某些出货行为是造成波峰复杂的重要原因。因为波峰是比较复杂的，投资者多数时间是利用波谷来作为周期循环的起点。即便是从实战检验的结果来看，在牛市中运用周期分析，成功的概率要远远高于熊市中运用周期分析来得准确。

　　在牛市当中，股指的运行趋势是向上的，因此在波谷中停留的时间通常是比较短暂的。而波峰中会形成比较强势的调整情况，停留时间较长，同时也不宜于发现波峰的位置。熊市刚好相反，股指的下跌趋势是明确的，因此波峰停留的时间就是比较短暂的。相反，股指在波谷调整的时间却比较长，经常会形成比较复杂的底部形态，判断起来要困难得多了。

　　因此得出结论，使用江恩周期理论来测市的时候，牛市当中从波谷到波谷的循环是比较准确的。而熊市当中，则从波峰到波峰的循环是相对准确的。

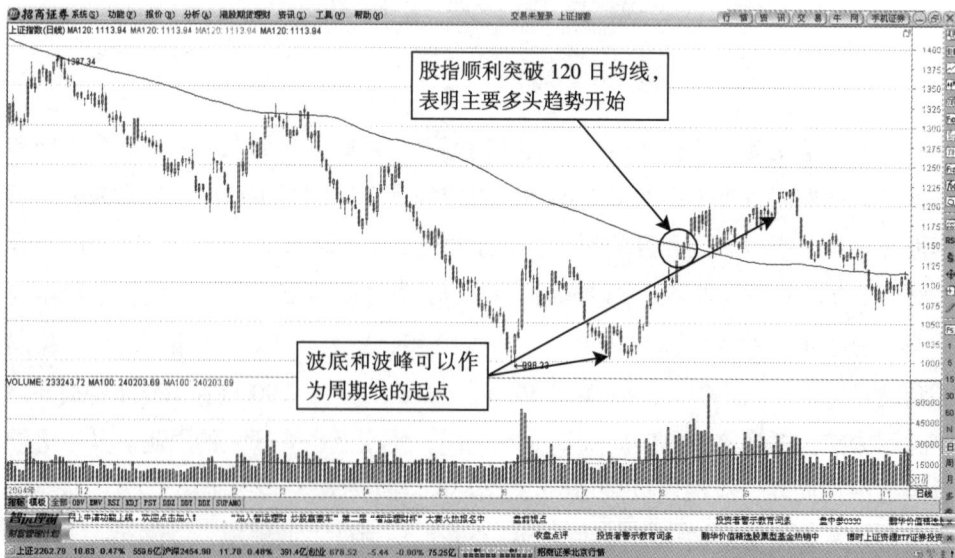

图 4-1　上证指数日 K 线底部

如图 4-1 所示，上证指数的日 K 线当中，股指成功脱离主要空头市场的起点，始于图中股指顺利突破了对应的 120 均线的时刻。既然股指已经站稳了 120 日的均线，那么后市看涨显然是明智的做法了。那么，使用周期循环来测试今后股价的反转点，是投资者必须首先做的事情。正确预测股价将会出现重要折返点的话，便提前一步做出反应，为获利做好准备。

如果使用斐波那契的波动周期来预测的话，投资者遇到了一个问题。是从图中所示的波谷来开始周期循环，还是从波峰的位置开始呢？两种不同的方式，得出的结论是否准确呢？那么分两种方法分别看一下实战效果。

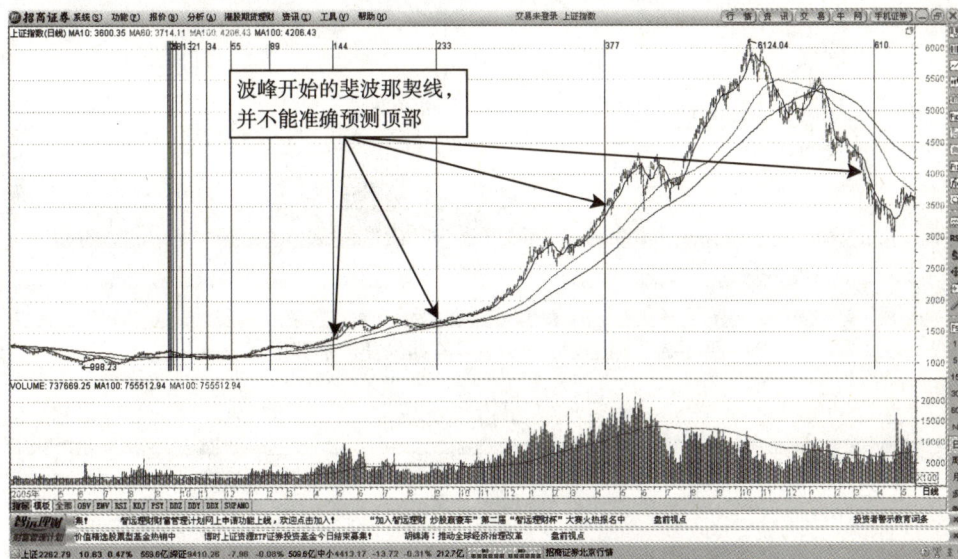

图 4-2　上证指数——波峰开始的斐波那契循环

如图 4-2 所示，图中是从波峰开始的斐波那契的周期循环图。从后市周期循环与股价的折返点的对应关系来看，对投资者的提示意义显然非常差。股价在对应的位置上，并未出现相应的运行趋势。既然主要的多头市场当中，从股指企稳的波峰开始的斐波那契循环图不能够得出相应的反转时刻，那么投资者显然是不能这么用的。下边从波谷的位置开始勾画出斐波那契的周期循环图，看一下实战的效果如何。

如图 4-3 所示，上证指数的日 K 线当中，股指的主要多头市场当中遇到的三个非常显著的调整点，都处于斐波那契的循环周期附近。由此看来，主要多头市场开始延续之前,投资者是可以利用股指的底部来勾画出相应的斐波那契循环图,来测试即将出现的反转点位。这样,投资者能够得出比较理想的操作机会,并且成功逃脱真正的顶部,以避免损失出现。

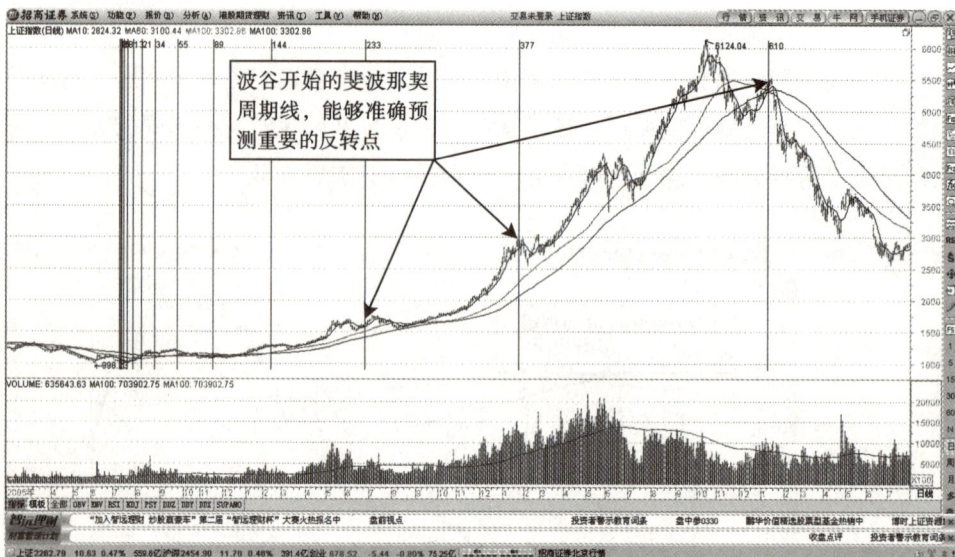

图4-3 上证指数——波谷开始的斐波那契循环

图4-4 上证指数——跌破100日均线的看跌信号

　　如图 4-4 所示，上证指数的日 K 线当中，股指主要空头市场的起点是图中所示的跌破 100 日均线的时刻。从这一刻开始，该股的主要空头市场已经出现了。投资者要想准确预测即将出现的折返点位，还是可以使用斐波那契的循环周期图来指导投资的。同样的问题是，是使用波峰还是波谷来开始斐波那契的循环周期的呢？主要空头市场当中，波峰的持续时间比较短，更容易准确判断，投资者使用波峰来作为斐波那契循环周期的起点，还是非常好的选择。

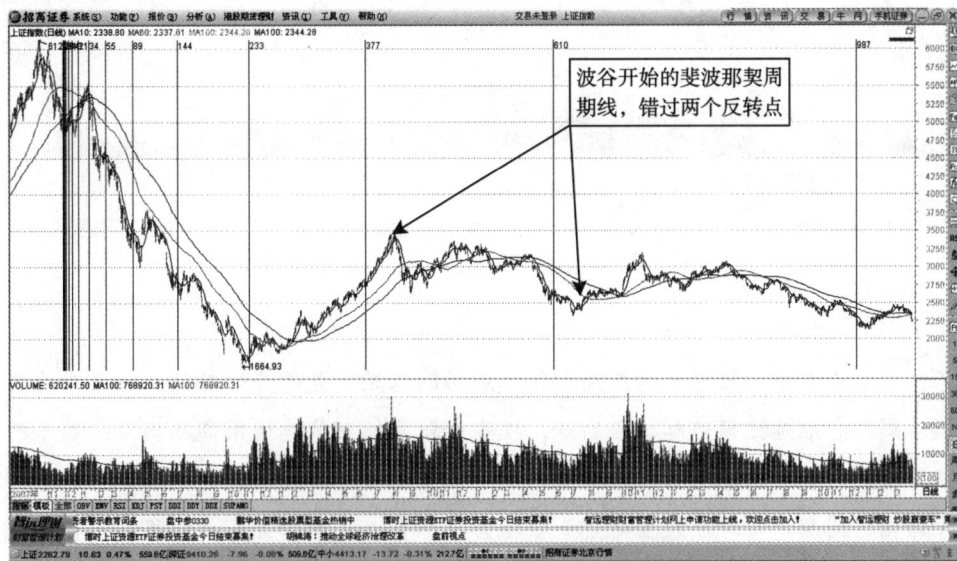

图 4-5　上证指数——波谷开始的斐波那契循环

　　如图 4-5 所示，上证指数的斐波那契主要空头市场循环周期的判断中，用波谷作为主要空头市场出现的起点，错过了图中所示的两个重要的反转点位。这样看来，波谷作为循环周期的起点，实用价值并不是很高。既然如此，投资者转而使用股指的波峰来作为斐波那契周期循环的起点，应该是不错的选择。

　　如图 4-6 所示，使用波峰代替波谷作为斐波那契循环周期的起点后，图中所示的两个重要底部和一个顶部都已经呈现在了斐波那契循环周期的转折点上。

　　以上主要多头市场当中运用波谷来作为周期循环的起点，而主要空头市场当中使用波峰作为起点，同样能够起到相应的指导作用。要想真正获得不错的收益，实战当中灵活运用，并且准确判断预期股价的运行趋势，是获利的关键。

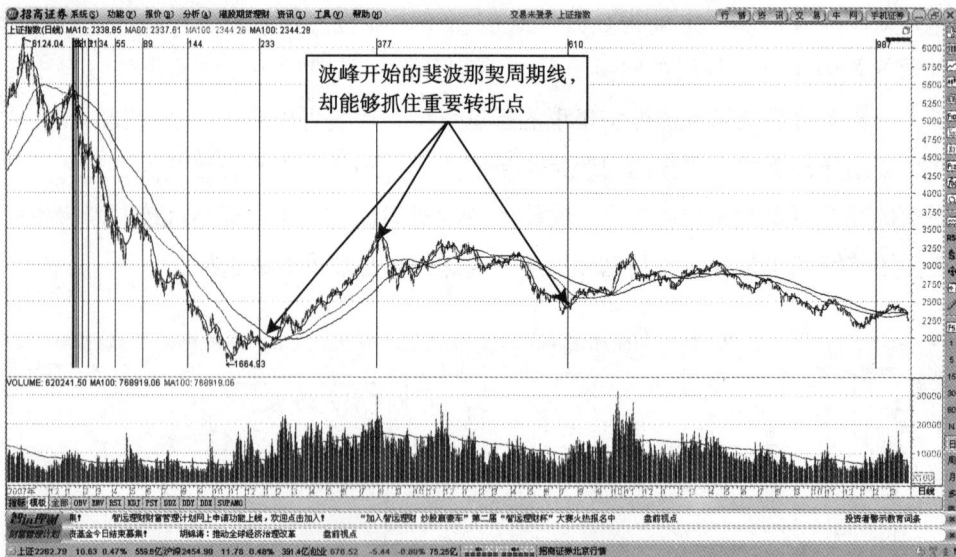

图 4-6　上证指数——波峰开始的斐波那契循环

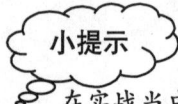

小提示

在实战当中，投资者运用周期循环成功的基础，是选择好起始点以及对应的循环周期。准确把握好起始点的话，投资者就能够正确地使用周期循环。基本的循环情况，起始点基本上都是相似的。多头市场当中，投资者可以从真正的底部开始循环周期。而对应的主要空头市场当中，可以从波峰开始新的循环走势。把握好真正的循环之后，要想做出准确的反应，投资者还需要在特定的点位上判断反转的走势究竟是调整还是反转信号。

第二节　时间的作用

江恩循环理论所说的内容，重点是围绕时间来展开的。股价运行趋势中，时间的作用是非常大的。要想真正把握好调整点位以及反转的点位，投资者应该将重点放在重要的时间循环上。股价出现折返情况的时刻，是与调整到一定时间的时间周期密不可分的。

如果从价格波动的角度来看的话，股指波动的空间能够在很大程度上决定调整的效果。真正调整到位的股价,波动时间不算的话,波动的幅度一定是比较高的。不过,股价调整得即便是很充分的,也需要时间来消化才能够出现重要的转机。很多个股的走势是从短时间大跌开始的。而股价大跌之后的持续调整的时间又比较长,虽然跌幅已经是比较小了,却在一时间换空间的过程中不断地走弱。这表明,时间在股价运行周期中的作用是非常大的。

运行中的股价,可以没有波动空间,却一定需要时间来完成调整。就像是横向调整中的股价,波动空间可能是比较小的,却一定是在长时间调整之后才开始转变运行趋势的。这样,时间就代替了股价调整的空间,股价运行趋势的转变在长时间横向运行中完成了。

1. 价格波动幅度决定调整效果

价格波动的空间,在一定程度上影响股指洗盘的效果。即便从长期来看,股指调整的时间并不是很长,如果下跌幅度比较大的话,也能够达到相应的效果。大幅度下挫后的指数,获利盘的挤出效果是比较好的。即便是反弹的走势,在股指大幅度下挫后出现的可能性也会大为增加。考虑到股指的这种走向,投资者要想把握真正的股指底部,应该选择大跌之后考虑入场建仓。

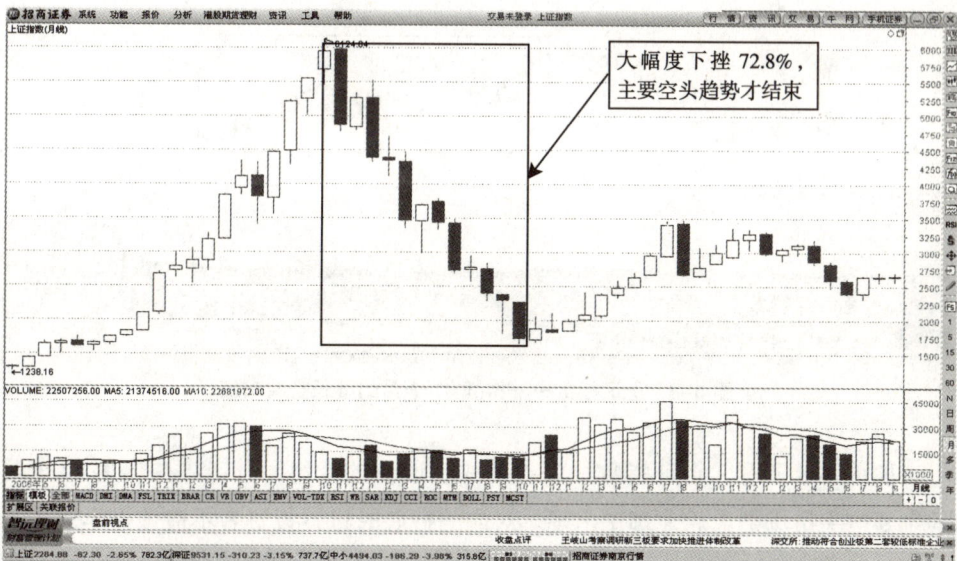

图 4-7 上证指数——深幅调整 72.8%,主要空头市场才结束

如图 4-7 所示,上证指数月 K 线当中,股指从最高点的 6124 点成功见顶后，持续下跌的一年当中，股指大幅度下挫了高达 72.8%，跌幅之大显然是难以想象的。众多的个股都在这个主要空头市场中跌去了原本物有所值的价格。大跌的时间为一年，相对于长期趋势来讲，持续时间其实并不是很长。持续时间虽然不是很长，却为投资者提供了宝贵的获利时机。大跌 72.8% 后股指反弹需求非常强，后市反弹走势投资者能够顺利把握住。

2. 时间足够长股价才会反转

如果在股指调整的过程中，没有调整空间，那么长时间的弱势调整是必然的选择。时间在主要空头市场当中的作用是十分微妙的。股指真正的折返位置，一定需要漫长的熊市才可以真正实现。没有下跌空间足够大，又没有长时间的弱势调整，股指成功反转只是一句空话。判断趋势真正的底部信号，可以在时间足够长的底部开始。

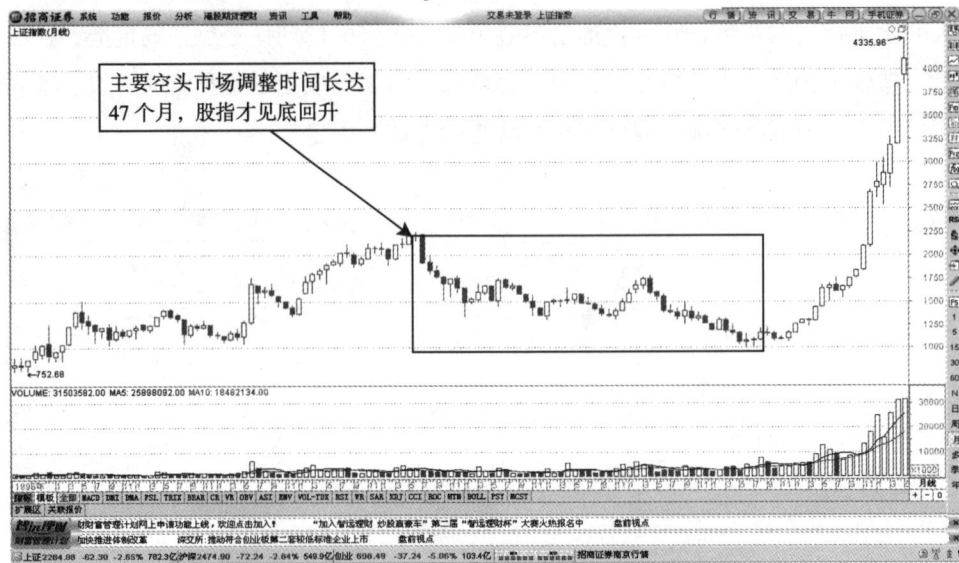

图 4-8　上证指数——持续 47 个月的漫长空头市场

如图 4-8 所示，上证指数月 K 线当中，股价的企稳回升走势在长达 47 个月的主要空头市场结束后才真正出现。对应的抄底时机，投资者不应该过早地去判断。如果还没有相应的止跌企稳的信号的话，投资者应该继续等待股指出现反转机会才行。在长达 47 个月的空头市场中，股指从高位的 2245.43 点大幅度下挫至底部的 998.23 点，累计下跌幅度达到了 55.5%。这表明，股指下挫的过程中，是漫长的时间加速了股指的见底走势。如果不是持续时间长达 47 个月的话，要想成功获利是不可能的。

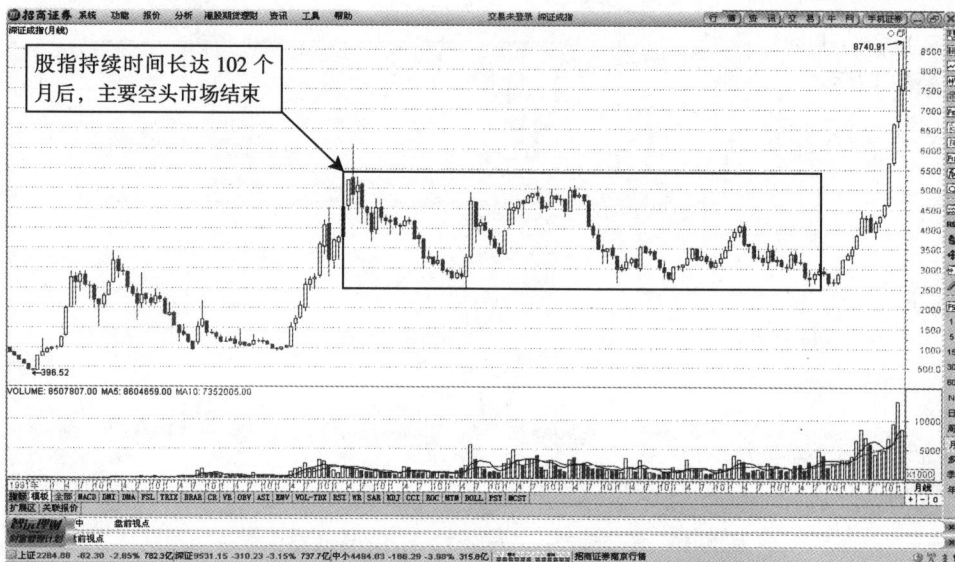

图 4-9 深证成指——持续 102 个月的漫长空头市场

如图 4-9 所示，深证成指的月 K 线当中，从股指见顶后的走势来看，持续横向弱势运行了长达 102 个月之后，主要的空头市场才真正结束。在股指的调整期间，投资者的任何操作都是不能够成功获利的。等待主要空头市场结束调整再采取行动，才是真正的获利操作手法。股指在主要的空头市场当中，运行趋势虽然比较弱，持续时间却是很长的。这表明，股指的调整过程是在以时间换空间中完成的。如果弱势调整的情况持续时间不是很长的话，调整想要真正结束是不可能的事情。就在股指跌无可跌的时候，投资者采取行动也就没什么可怀疑的了。这个时候，股指的下跌空间相对较深，重要的是持续时间比较长，一旦出现反转的信号，投资者应该尽快把握住才行。

3. 横向调整需要时间

不管怎样，横向调整的时候，一定需要较长的时间。个股的走势尤其如此，没有时间来支撑的调整是不够充分的。物有所值的股价，虽然调整之时下跌的空间不会很高，却会出现持续不断的横向运行状况。对于这类型的股票，主要的空头市场的运行是以横向运行的调整来完成的。把握住横向调整的突破点，自然可以获得高额回报了。

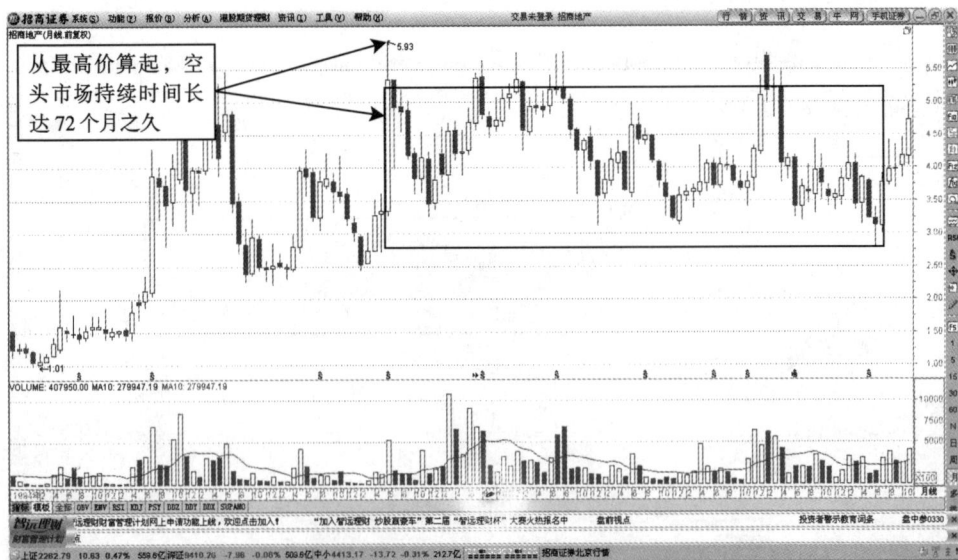

图 4-10　招商地产——持续 72 个月的漫长空头市场

　　如图 4-10 所示，招商地产的日 K 线当中，股价的横盘调整长达 72 个月之久。从最高价格算起的话，图中冲高回落的月 K 线中的大阳线后，该股正式开始了持续 72 个月的空头市场。在空头市场当中，股指的基本运行趋势一定是向下的。期间只能是短线操作，可以获得一些微不足道的利润，长期持股必然在空头市场中遭受损失。

　　4. 重要时间周期的作用

　　比较重要的时间周期，持续时间必然是非常长的。投资者在判断重要趋势的转折点的时候，应该做好准备才行。并不是说几十个月之前确认的波动周期，在相隔几十个月后会不起作用。周期循环的情况会不断地延续，投资者把握股价反转机会的可能性还是有的。重要的反转点位总是在漫长的调整后出现，投资者应该有所准备。

　　如图 4-11 所示，深赛格的月 K 线当中，从该股上市后画出的斐波那契的循环周期图，在持续时间长达 375 个月后，仍然能够准确地判断图中所示的主要多头趋势的底部，这不得不令人称道。在该股上市的时候，也许没人会相信这种波动周期有如此强大的生命力。但事实表明，斐波那契的循环周期中，到了 144 这

图 4–11 深赛格——持续 375 个月预测的重要底部

个 11 个循环周期（前期的循环周期有 1、2、3、5、8、13、21、34、55、89、144）的时候，反转真的出现了。

很多的投资机会就是在不经意间出现的，投资者却不能够忽视这样的反转点。有远见的投资者总能够将时间放在一个非常重要的位置上，用于准确地判断

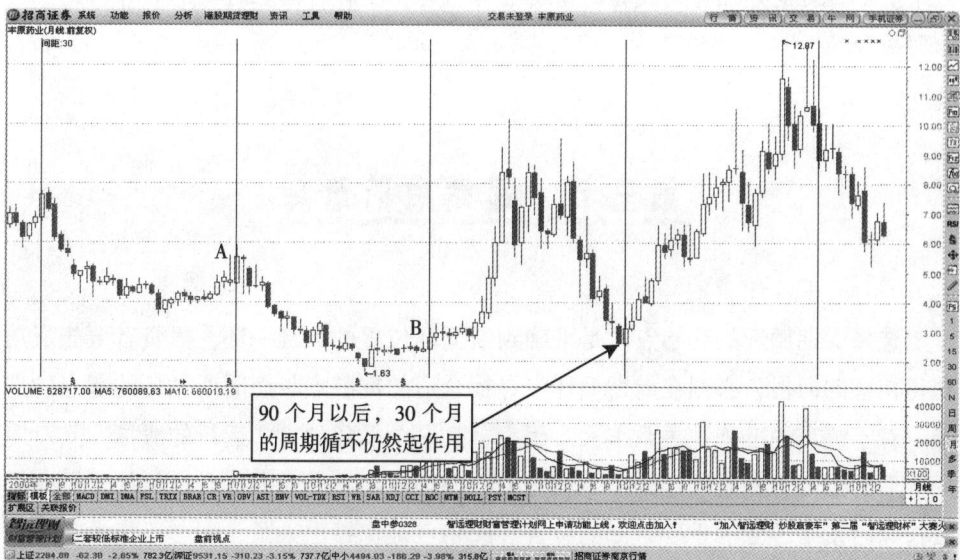

图 4–12 丰原药业——持续 90 个月后预测的重要底部

股指的折返点位。一旦时机成熟，这样的重要周期循环对投资者的操作具有很强的指导作用。

如图 4-12 所示，丰原药业的月 K 线当中，表明股价的运行周期在 30 个月的循环中进行着。而图中非常重要的主要多头趋势的起点，就是在 90 个月后出现的。90 个月的时间，也是 30 个月循环周期的第三个循环点。股价在这个位置出现折返的情况，恐怕没人会轻易忽视。

除了图中 30 个月后的折返点位，前期图中 A、B 所示的两个位置，同样是理想的反转走势中的抄底机会。可见，周期循环的时候，时间在股价反转中的作用是非同小可的。循环周期持续时间长并不可怕，提示给投资者的反转信号，作用还是有的。只是投资者应该做好相应的准备，一旦周期循环到位，判断好反转的方向，并且相应的调仓才可以真正获利。

小提示

在江恩时间法则当中，时间的作用是很难被轻易忽视的。股指的运行过程中，一定是在时间中延续的。即便是没有股指充分的波动，时机足够长的情况下，调整也能够得到充分释放。如此一来，循环周期理论中所说的重要循环的情况，都是与时间有密切关联的。时间不足的情况下，相应的循环很难起到相应的效果。把握好周期循环的股指的重要买卖机会，了解时间在这期间的作用是非常值得关注的。

第三节　起始点的选择

选择周期循环的起始点，是准确判断循环位置的关键一环。投资者要想成功获得相应的回报，必然在周期循环中寻找合适的突破点。而周期循环的起点的选择，对于测市的准确性关系很大。因为，某一个循环的方式运行的股指，其对应的今后的循环时刻是固定的。也就是说，循环周期起始点究竟会在何处，影响了股指今后发生转变的重要时刻的位置。起始点被选择出来了，那么股指的循环周期也就固定下来了。

在第一节的理论概述当中，关注周期循环起始点的选择，我们已经说过。基本的思路是，主要多头市场当中，起始点应该定在股指企稳过程中的谷底部位；而空头市场当中，起始点可以定在股指下跌之后的波峰的位置上。这样选择周期循环的起始点，有助于今后准确地判断周期循环发生转变的位置。可以这么说，周期循环之所以选择在波谷的位置上，是因为多头市场当中的谷底持续时间比较短，易于抓住真正的底部。而空头市场当中，波峰的持续时间也是比较短暂的，同样容易被把握住的。这样，在选择好恰当的波峰或者波谷作为周期循环的起始点后，后市股指的循环过程中的转折点就易于判断了。

特别值得一提的是，除了用股指的波峰和波谷分别代表周期循环的起始点外，投资者也可以利用量能变化的转折点来作为周期循环的起始点。大家都知道，量能在股指运行过程中的作用是非常大的。有什么样的量能，股指的运行趋势就会是对应的样子。而量能一旦发生突变，那么股指的运行趋势肯定是会出现相应的转变的。判断股指运行过程中的转变趋势，量能的突变地方是投资者采取行动的关键点。这样一来，选择量能发生突变的时刻作为周期循环也没有什么不妥的地方。

但是，究竟什么地方是量能发生突变的地方呢？投资者可以用100日的等量线来衡量量能变化的起始点。通常成交量的变化是具有连续性的，并不会一下子就跌破100日的等量线。或者说，成交量也不会在短时间内就瞬间突破100日的等量线，而是长时间内维持在该等量线以上。如此一来，投资者可以在成交量逐步变化，并且在跌破或者升破100日的等量线的时刻，作为周期循环的起始点。主要的多头市场出现的过程中，量能会从100日的等量线以下逐步回升至等量线以上。而量能突破100日的等量线的那一天，就可以当做是周期循环的起点。同样的情况是，一旦量能萎缩至100日的等量线以下，那么也是空头市场循环的起点。两者的判断上，都是以成交量稳定变化并且顺利突破100日的等量线来作为周期循环的起始点的。

1. 股指历史高位

从股指的运行情况来看，如果历史高位出现在了重要的转折点，那么可以作为空头市场循环的起始点。投资者要想把握住真正的股指运行的转折点，可以从周期循环的历史性高位来判断。空头市场周期循环的起始点，起始就是股指的历史性高位。不管循环是以什么方式来出现的，股指的历史性高位都是投资者判断循环的起始点。

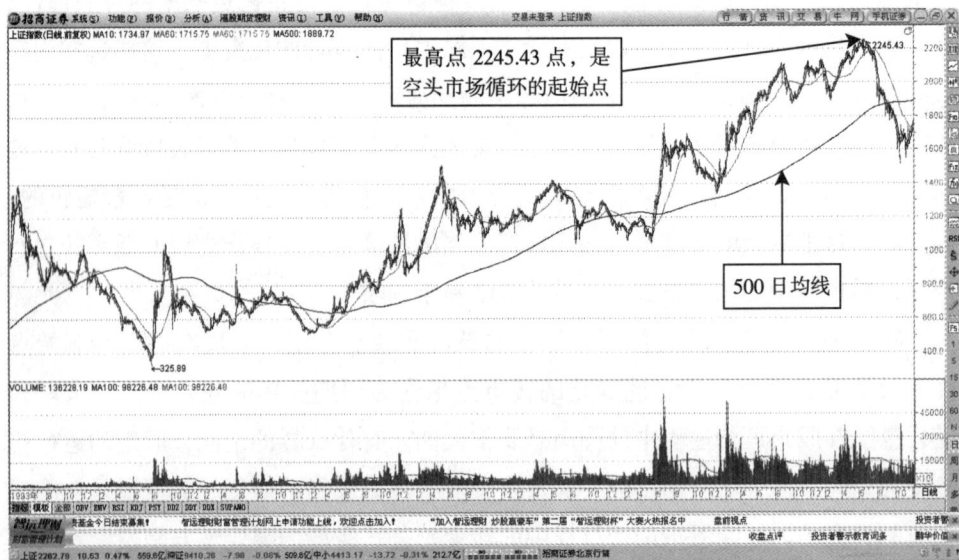

图 4-13　上证指数——2245.43 点的空头市场起点

　　如图 4-13 所示，上证指数的日 K 线当中，从历史性的走势来看的话，该指数从前期的 1993 年到 2001 年都处于主要的多头市场当中。股指在震荡的过程中不断地攀升，如果从 1994 年的 7 月 29 日的最低点位 325.89 点算起的话，股指的主要多头市场持续时间已经长达了 8 年之久。但是，由于股指最终再次跌破了 500 日的均线，表明主要的多头市场已经进入到了尾声。这个时候开始减仓的话，损失将会大大减轻。后市股价的运行趋势已经进入空头市场，判断空头市场周期循环的起点可以从图中 2001 年 6 月 14 日出现的最高点 2245.43 点开始算起。作为历史性的高位，是不会在空头市场中轻易突破的，投资者在空头市场的周期循环中抓住真正的底部还需时间。

　　如图 4-14 所示，上证指数的日 K 线当中，股指的下挫趋势已经非常的明确了，而空头市场的起始点就是 2007 年 10 月 16 日的最高点位 6124.04 点。从这一点位开始，股指开始逐步下挫，并且很轻松地突破 100 日均线的支撑。判断这一空头市场中期循环的起点，6124.04 点成为投资者不二的选择。后期股指下挫趋势的延续中，投资者便能够把握住真正的底部了。6124.04 点的重要性，已经是多年来 A 股市场的历史性高位了。相比 2001 年上证指数达到的最高点位

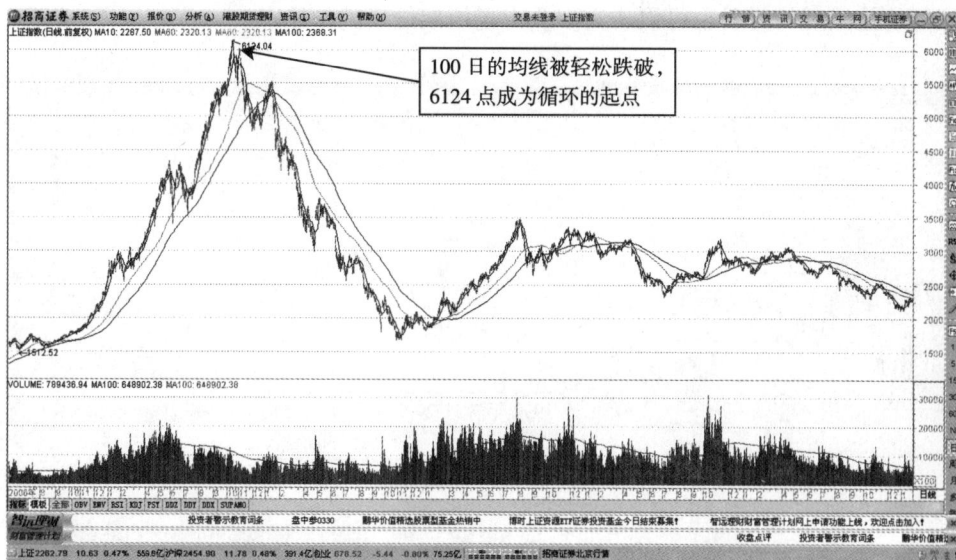

图 4-14　上证指数——2245.43 点的空头市场起点

2245.43 点，到达 6124.04 点涨幅已经高达 173%。如此高的涨幅出现在上证指数上已经很不容易。

小提示

判断股指的周期循环的起始点，历史性高位是无论如何不能够忽视的。即便循环的起始点没落在历史性高位上，投资者也能够在相隔时间不长的地方寻找到不错的起始点。准确判断股指的转折点，历史性的高位被跌破的时候，应该值得投资者关注。

2. 股指历史低位

股指运行过程中的真正底部，或者说是主要多头趋势开始的底部，是投资者判断多头市场中期循环的起始点。波谷的出现，是投资者看淡后市，不断减少股票买卖操作的表现。股指真正的底部，通常就出现在量能持续萎缩至低量的时候，这个时刻，也是投资者最为纠结的时刻。

如图 4-15 所示，上证指数的日 K 线当中，就在 1994 年 7 月 29 日出现的最低点 325.89 点成为主要多头市场的开始的起点。从周期循环的角度来看，投资者判断后市股指的运行趋势，这个点位可以成为起点。当然，距离该点位最近的底部价位出现的时日也可以成为多头市场周期循环的起始点。

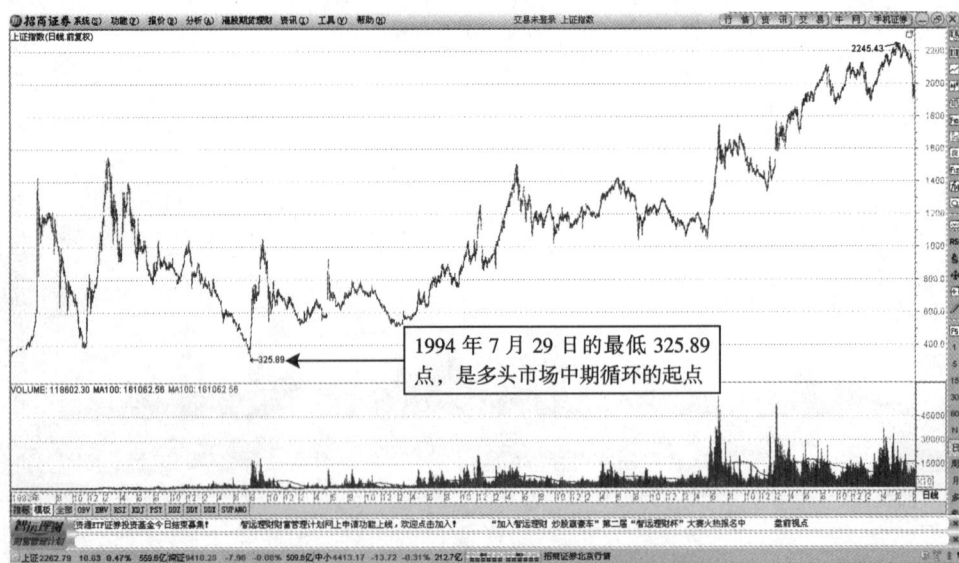

1994 年 7 月 29 日的最低 325.89
点，是多头市场中期循环的起点

图 4-15　上证指数——325.89 点的多头市场起点

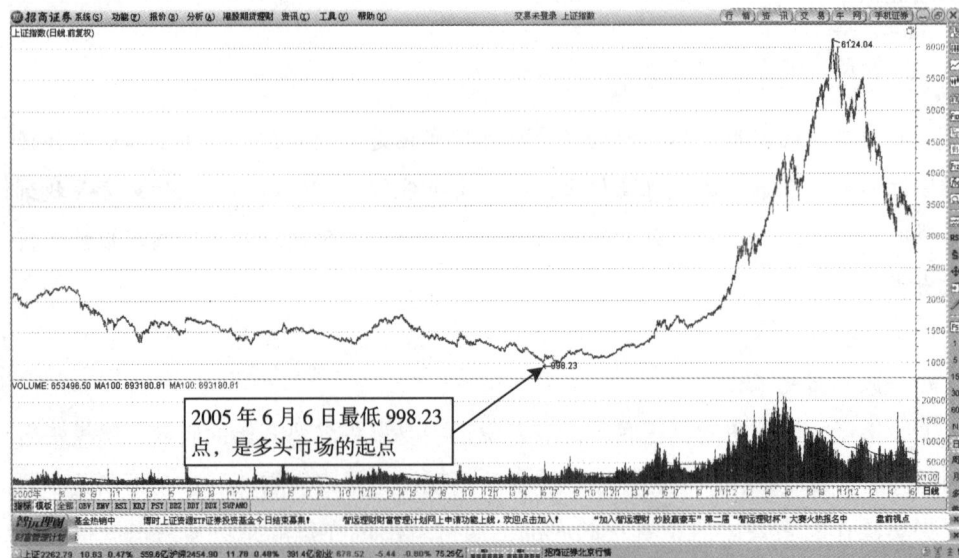

2005 年 6 月 6 日最低 998.23
点，是多头市场的起点

图 4-16　上证指数——998.23 点的多头市场起点

　　如图 4-16 所示，上证指数日 K 线中股价的变动趋势，基本上延续了主要多头市场的情况。股指不断地走强，多头市场前期的底部点位是最低 998.23 点。

后市股指翻倍拉升，呈现出难得一见的大牛市行情。选择前期最低点位，有助于投资者真正把握住主要多头市场起始点和终点，从而为获得真正的回报提供支撑。

　　3.量能发生转折的时刻

　　股指所处的历史性低点和高点成为周期循环的起点，并不令人惊讶。如果选择量能出现根本性转变的时刻作为周期循环的起始点，作用效果其实也是非常好的。毕竟，股指的运行趋势与量能的变化有着根本的联系。主要多头市场的延续，需要量能呈现出持续放大的趋势。而空头市场的出现，同样是在量能萎缩中进行的。如果量能在股指变动的过程中出现了根本的转变，那么投资者在这个时候采取行动，就没有什么不可以的了。

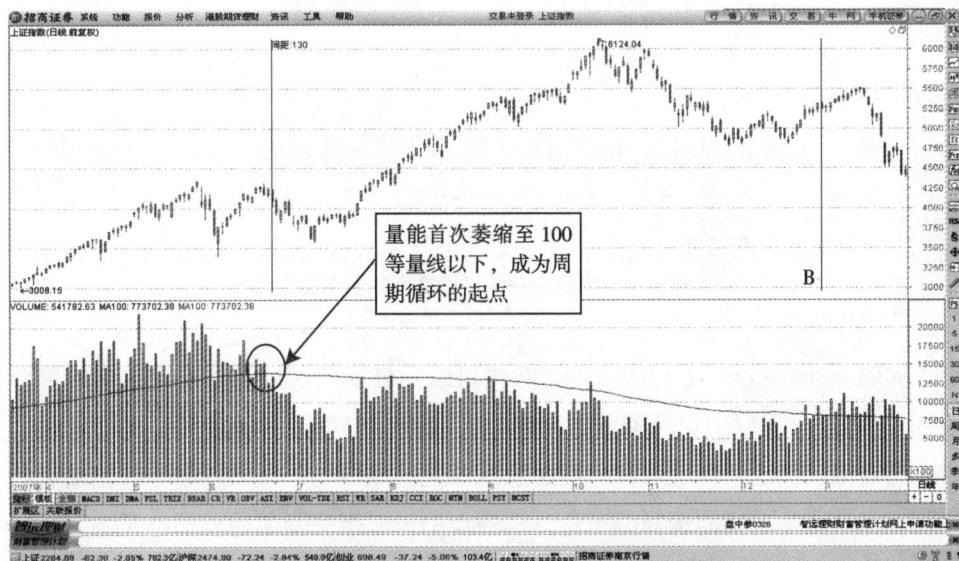

图4-17　上证指数——多头市场中的量能萎缩

　　如图4-17所示，多头市场中量能首次萎缩的时刻是趋势发生转变的起点。后市股指虽然也在缩量状态下继续创新高，却还是最终见顶最高6124点，并且进入到了主要的空头市场中。如此一来，判断空头市场持续的过程中的减仓时机，投资者可以从图中所示的量能首次萎缩至100等量线的时刻开始。毕竟，成交量在这个时刻出现了根本的转变，对股指今后的走势起到了决定性的作用。

　　除了起始点，周期循环每一个周期的终点，可以定在图中的量能再次位置在100等量线的时刻。也就是图中B所对应的量能，是周期首次循环的终点。总的来看，成交量既然已经回落至 100 日的等量线以下，并且股指也已经成功出现了顶部特征，那么成交量短暂放大至 100 日等量线的时刻，可以当做是主力的减仓拉升股指的操作。下跌趋势依旧延续，周期为循环的情况由此展开。

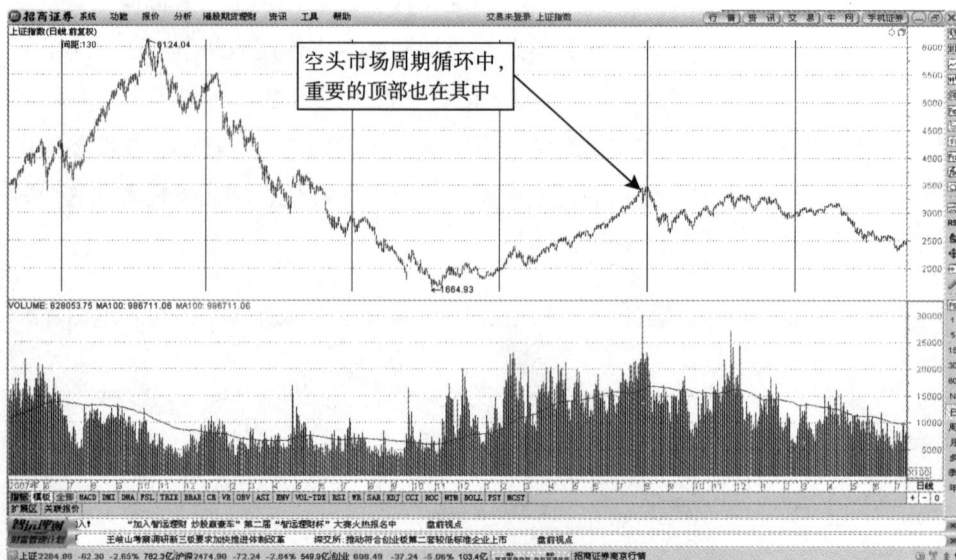

图 4-18　上证指数——循环周期同样预测历史高位

如图 4-18 所示，上证指数的走势中可以比较清楚地显示出来，前期的重要顶部 6124 点出现以后，后期的循环当中，股指比较重要的顶部又一次出现在了周期循环中。从这个角度来讲，使用量能变化的点位来作为周期循环的起始点与终点，还是非常不错的选择。毕竟，实战当中，股指的变化趋势都已经能够反映在这种趋势中，更何况个股的走势呢。

如图 4-19 所示，尖峰集团的周 K 线当中，股价运行的周期循环可以从该股的量能变化的起始点与终点来看。从前期高位，量能首次萎缩至 100 日的等量线的那一刻起，股指在缩量中进入到空头市场。而图中量能放大至 100 日等量线的起点，成为多头市场开始的位置。量能在两个方向上的变化，期间的时间间隔成为循环的起始点。

如图 4-20 所示，尖峰集团的周 K 线中，运行趋势基本上是在周期循环当中延续下来。股指在周期循环当中总能够出现持续性的行情。图中显示，b 段为该股的多头市场，c 段同样是短线调整之后的多头市场。而最后的 d 段的循环有些

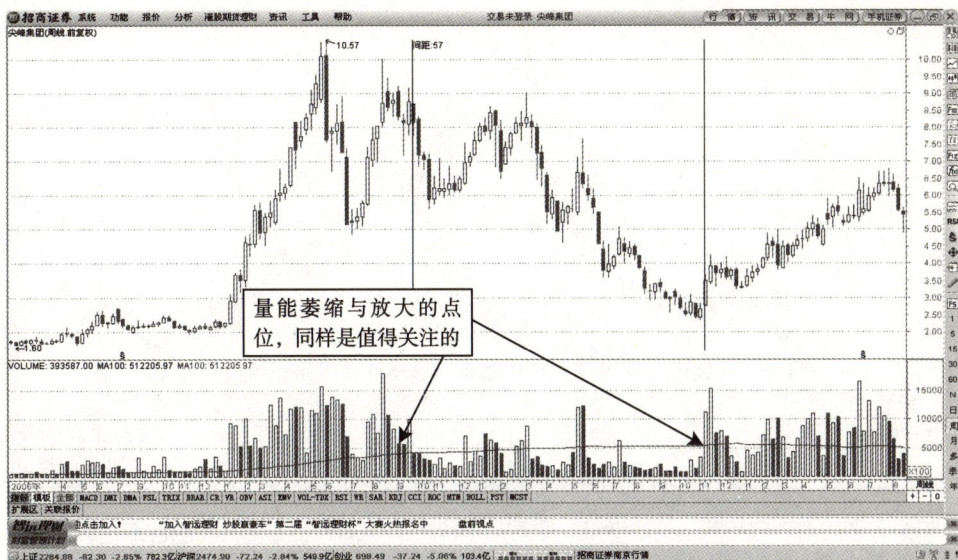

图 4-19　尖峰集团——周 K 线的量能突变的时刻

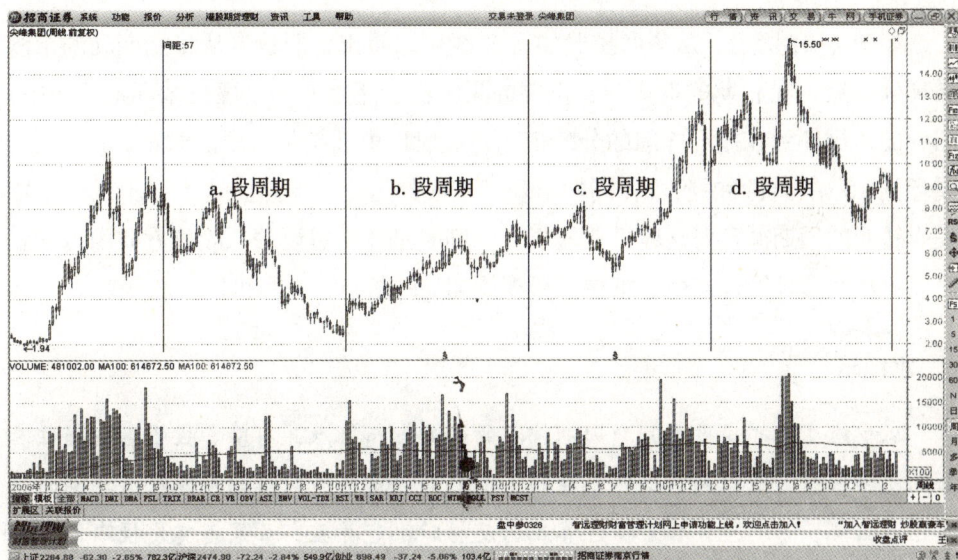

图 4-20　尖峰集团——股价变化趋势基本在循环当中

不同。股价在 d 段首次是冲高的走势，然后股价快速杀跌出现了循环中的净跌幅。d 段的股价反转情况表明，多头趋势在这个阶段出现了非常明确的反转。股价从这个位置开始，出现了持续的杀跌走势。

图 4-21　华联控股——日 K 线量能变化的循环

如图 4-21 所示，从华联控股的日 K 线可以看出，股价自从量能变动的 1 段循环确认后，在后期的走势中，重要的买卖机会还是一一呈现在循环走势当中。图中的 4 循环到 5 循环之间的分隔带正是该股历史性高位出现的时刻。而就在 9 循环到 10 循环转换的阶段，同样出现了该股的历史性低点。这不得不说，量能发生转变的周期循环对该股重要转折点的判断是非常重要的。股价方向的转变就可以出现在这种循环当中。把握好重要周期的转折点，自然可以成功获利。

小提示

　　从量能变化的角度来判断周期循环的起始点与终点，有助于投资者把握住真正的反转机会。量能判断反转机会的不足之处，是很多股票的量能没有特别的转变信号出现，不利于投资者抓住真正的反转时机。并且，如果是突发性事件引起的量能持续性转变，也不容易判断周期循环的起始点与终点。而对于那些稳定运行的股价，量价关系变化得当，更容易判断周期循环的走势。

第四节　短期循环——小时、周、月循环

　　短期的小时、周与月的循环，更容易满足投资者做中短线的操作的需要。股指在短期的变化过程中，相应的高低点出现的频率较高，更容易发生假的顶部和底部。对于真正的重要反转机会，投资者还需要认真的甄别才行。并且，短期循环的持续时间越是短暂，受到中长期循环的影响越深刻。股指的运行趋势毕竟脱离不了中长期的走势，短线循环如果能够与中长期的走势相互适应，那么延续的时间也会比较长。

　　1. 江恩看重的 1、2、4……18、24 小时循环

　　从短期循环来看，小时循环是比较短的一种了。即便是持续时间长达 24 小时，也才能成为以天为周期的循环。对于中短线操盘的投资者来讲，小时循环的作用还是值得肯定的。毕竟，要想准确把握股价的重要底部和顶部的机会，小时循环无疑能够做到。股价的短线运行趋势都可能在小时循环当中得到充分的反应。江恩看重的小时循环基本上是 1 小时的循环，到 2、4、6、8 等偶数时间为

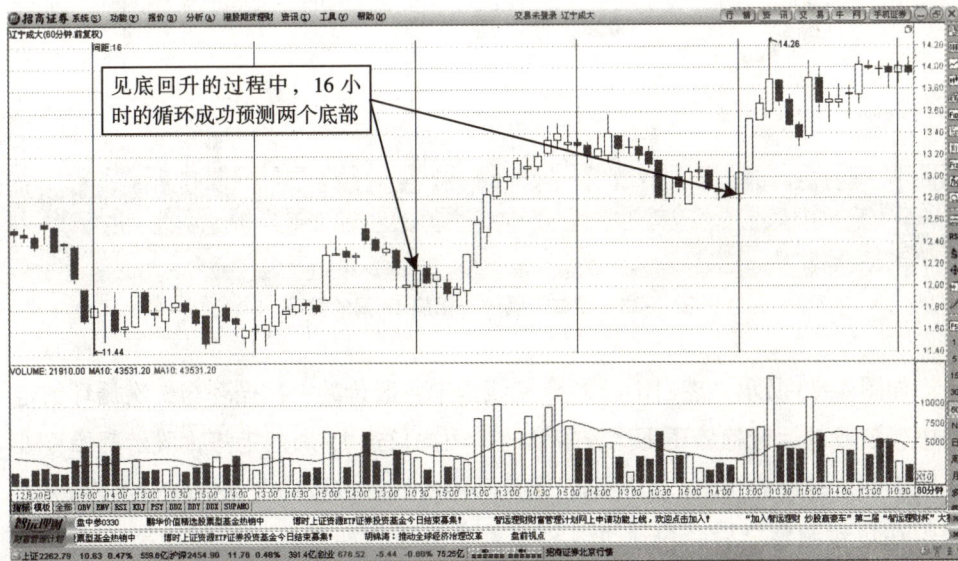

见底回升的过程中，16 小时的循环成功预测两个底部

图 4-22　辽宁成大——相隔 16 小时的循环

周期的循环。

如图 4-22 所示，从辽宁成大的 60 分钟 K 线中可以看出来，股价自从见底回升后，运用 16 小时的循环情况能够帮助投资者发现图中的两次比较重要的底部价位。虽然两个底部所处的价位不一定是最低点，对投资者的帮助却是显而易见的。股价回升的过程中，运用 16 小时的循环图的变化趋势，抄底和套顶的可能性是比较大的。

2. 江恩看重的 3、7、13、15 周循环

在短期循环当中，周 K 线的循环同样是比较重要的短期循环走势。运用周 K 线中的循环提供的买卖机会在主要的多头市场或者是空头市场获利的可能性是比较高的。毕竟，在周 K 线当中，发生中短期趋势的概率是比较高的。并且，如果结合相应的主要趋势中的折返走势的话，投资者判断买卖机会就比较容易做到了。

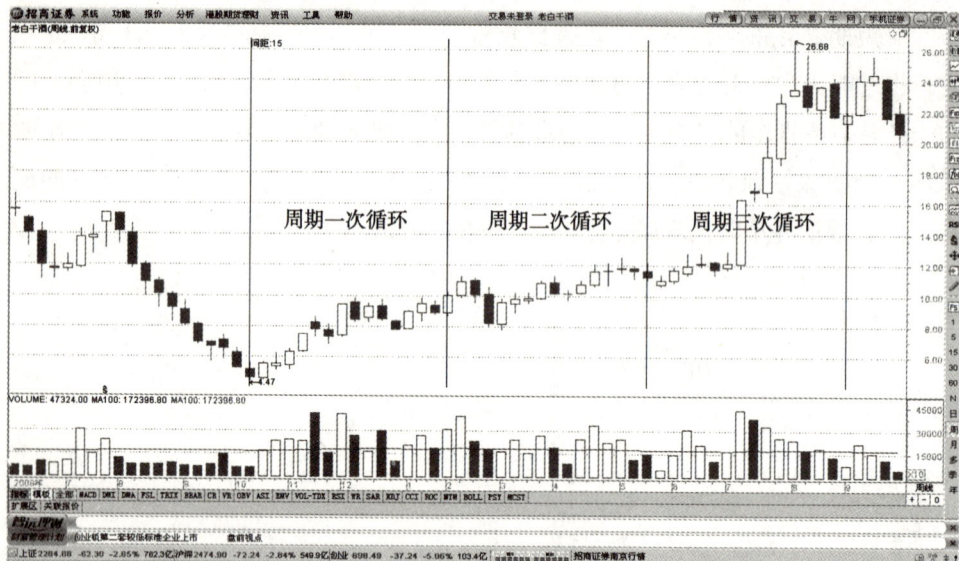

图 4-23　老白干酒——相隔 15 周的循环

如图 4-23 所示，老白干酒的日 K 线当中，股价的一次循环与二次循环的走势中，该股的运行趋势还是比较平稳的。两次长达 15 周的走势，股价都始终处于缓慢回升的趋势当中。而周期三次循环的时候，该股的上涨空间就比较大了。股价在短暂调整之后，快速进入到了飙升阶段。如果从三次周期循环底部的 12.00 元算起的话，达到 24.00 元附近的高位已经是高达 100% 的大牛股的走势

了。从周期循环的角度来看，循环到第三次的时候就出现了大涨的行情，说明前期的两次循环走势为股价的飙升创造了条件。把握住前两次周期循环的缓慢回升态势，在第三阶段中获利将不成问题。

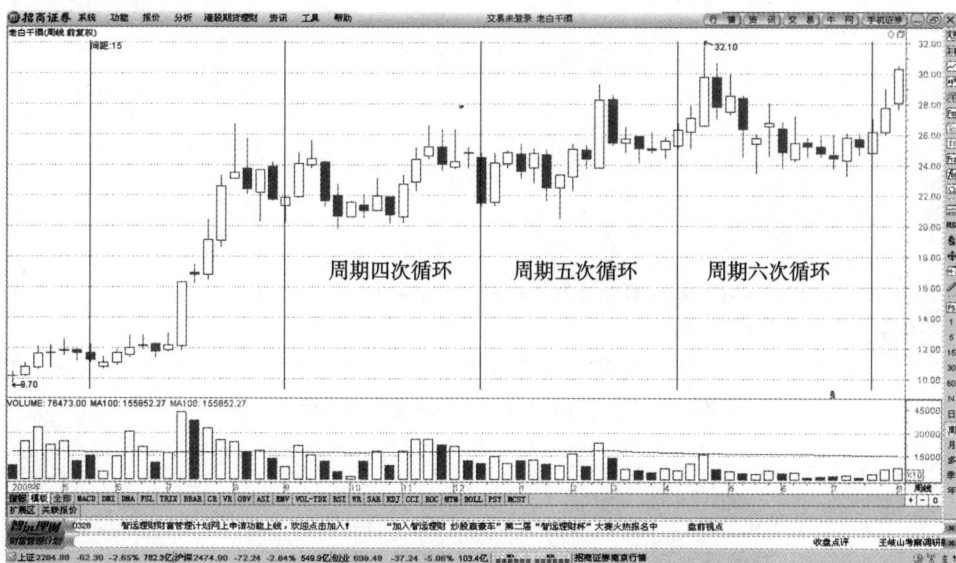

图 4-24　老白干酒——三次缓慢调整的循环

　　如图 4-24 所示，老白干酒的周 K 线中，前期三次 15 周的循环情况完成之后，该股进入到了持续三次的 15 周循环当中。股价在这个阶段上涨的幅度非常小，基本上是强势横盘调整的状况。这样看来，要想在这三个阶段获利是不可能的了。但是，考虑到前期该股持续两次 15 周循环后大幅度飙升的走势，三次周期横盘的调整结束后，没人能够忽视后期该股的表现。三次 15 周循环后，投资者有望迎来该股新一轮的拉升行情。

　　如图 4-25 所示，老白干酒的周 K 线中显示，第七次的循环当中，该股继续出现了飙升的行情。在这个阶段的循环中，股价从 25.00 元附近大幅度飙升到了高位的 47 元附近，累计涨幅也接近了 100%的程度。从周期循环的角度来看，该股在周 K 线中的表现无疑是持续调整周期完成后的大涨行情。两次强势调整，第三次循环周期飙升；三次强势调整，第七次循环周期飙升。从把握买卖机会的角度来看，这两次的股价的强势拉升可以简单地说成是"事不过三，事不过四"的循环后的正常上涨。

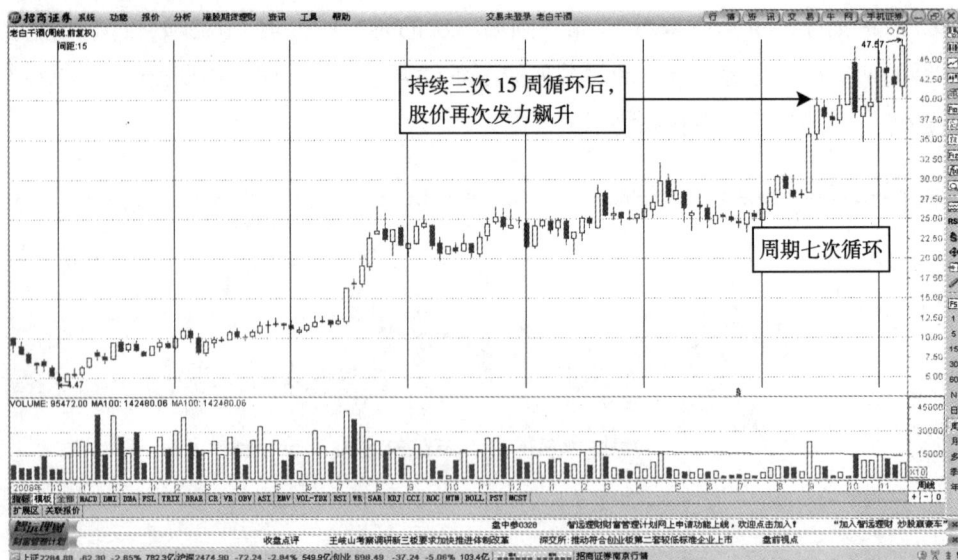

图4-25　老白干酒——三次循环周期后的飙升走势

3. 江恩看重的3、7个月循环

月K线的变化中，江恩还是比较看重持续时间长达3个月和7个月的循环的。毕竟，7这个数字在江恩理论中是比较重要的，而3个月的循环情况虽然不是很长，投资者也不能够轻易地忽视。如果投资者可以比较轻松地计算周期循环

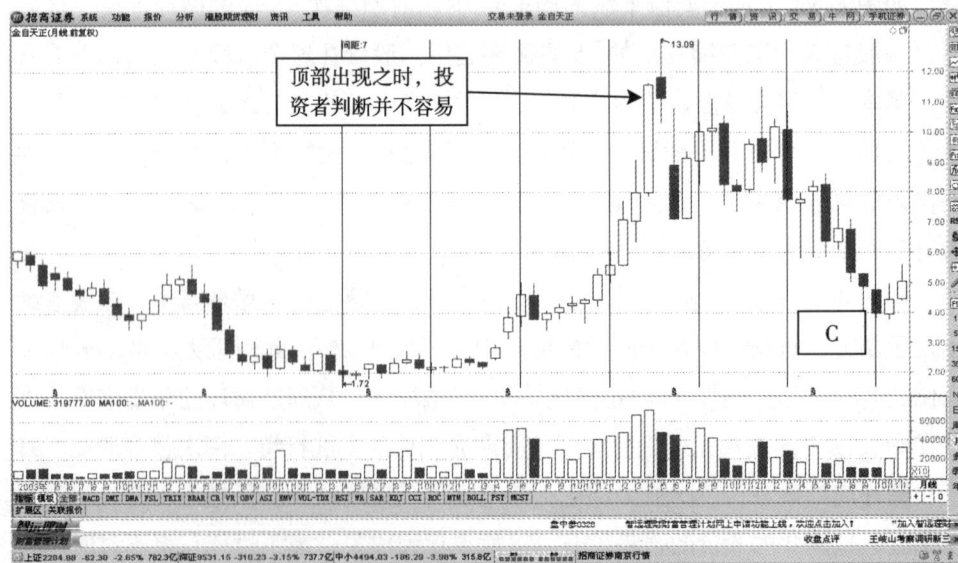

图4-26　金自天正——7个月的循环周期

的起点，进而预测股价的波动过程中的转折点，相信 7 个月的循环还是可以帮助投资者把握好反转机会的。

如图 4-26 所示，从金自天正的月 K 线中可以清楚地看出来，股价的持续 7 个月的循环情况，终于成功预测了该股的底部。图中所示的 C 位置就是该股主要多头市场结束后的最后一个重要的底部。而对于股价重要顶部的判断，则有些困难了。周期循环的重要反转点并没有处于该股的顶部。从这里看出，江恩持续 7 月的重要循环并不是对每一个反转点都非常有效果。

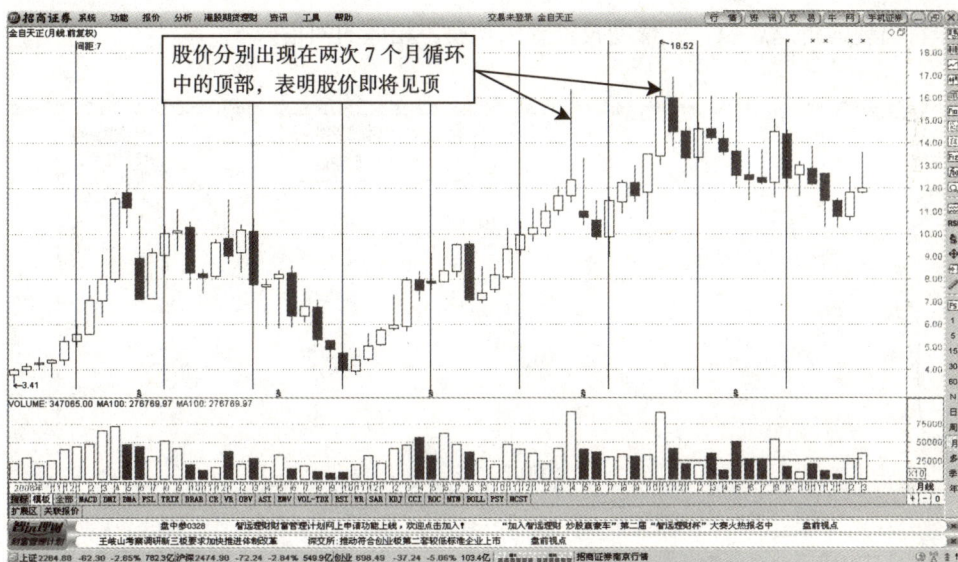

图 4-27　金自天正——7 个月的循环周期

如图 4-27 所示，不管怎样股价在 7 个月的循环中，出现了两次冲高回落的情况，是投资者不能够轻易忽视的顶部信号。自从图中所示的两次顶部出现后，股价开始逐步回落。这表明，持续时间长达 7 个月的循环，虽然并没有准确预测股价的反转点，但是，连续出现在周期循环中的短线顶部却向投资者提供了必要的预警信号。如果能够提前一步发现这种顶部信号，自然就可以避免损失扩大了。

4. 斐波那契的时间排序分析

斐波那契数字是比较重要的一组数，尤其在时间周期循环当中，用于判断股价的反转点作用效果是相当大的。有着很强的规律性的斐波那契时间数列，本身就存在着很强的规律性。如果当做时间周期来看待的话，投资者必将在投资中受益匪浅。斐波那契数列表明的循环周期的持续放大的变化中，非常重要的转折点通常都不会被遗漏。股指一旦在周期循环的转折点上出现重要的反转信号，那将是投资者在接下来一个斐波那契循环中操作股票的基本趋势。把握住这样的趋势，获利将是非常容易的。毕竟，短周期当中运用斐波那契的循环，实战效果还是可以的。

如图 4-28 所示，上证指数的日 K 线当中，股价的飙升趋势在图中所示的最高点 2245.43 点出现了反转的信号。股价从这个位置开始折返向下，并且进入到了漫长的空头市场中。周 K 线中股指的短期循环可以使用斐波那契周期图来预测即将出现的折返点位，并帮助投资者成功获得相应的回报。

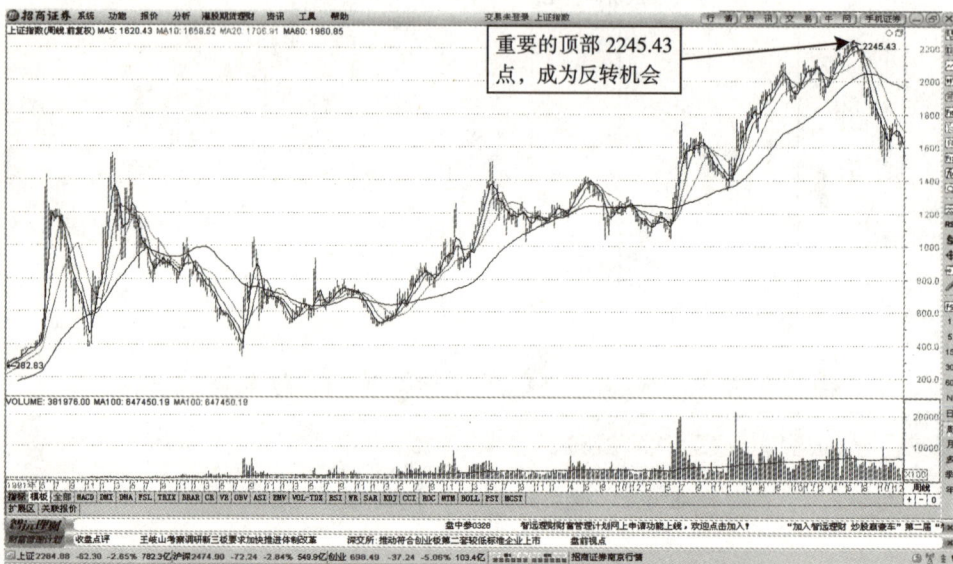

图 4-28　上证指数——2245.43 点成为反转的信号

如图 4-29 所示，上证指数的周 K 线中的下跌趋势是比较大的，持续下挫的过程中的重要转折点几乎都与斐波那契时间序列有关系。如此一来，要想成功获利，可以在该序列当中寻找合适的反转点。存在内在规律的斐波那契循环数值在表明股价的折返点上的作用是异乎寻常的。股指的折返前后的变现都说明了该数列指导投资者买卖操作的有效性。

如图 4-30 所示，上证指数比较重要的两个底部点位都已经呈现在了斐波那契循环的 233 和 377 循环的时刻上。虽然股指所在的底部并不是明确周期分割点

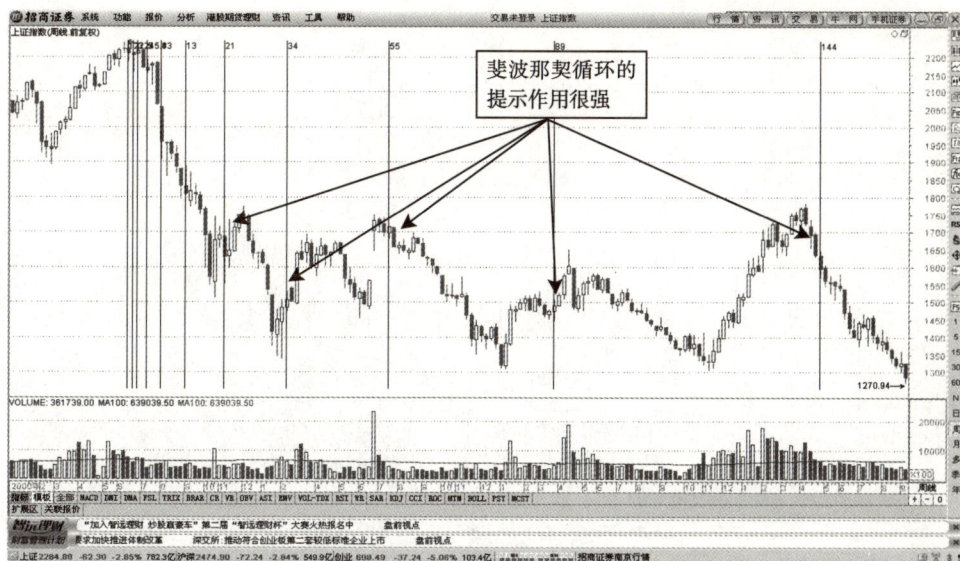

图 4-29 上证指数——提示出比较重要的反转点

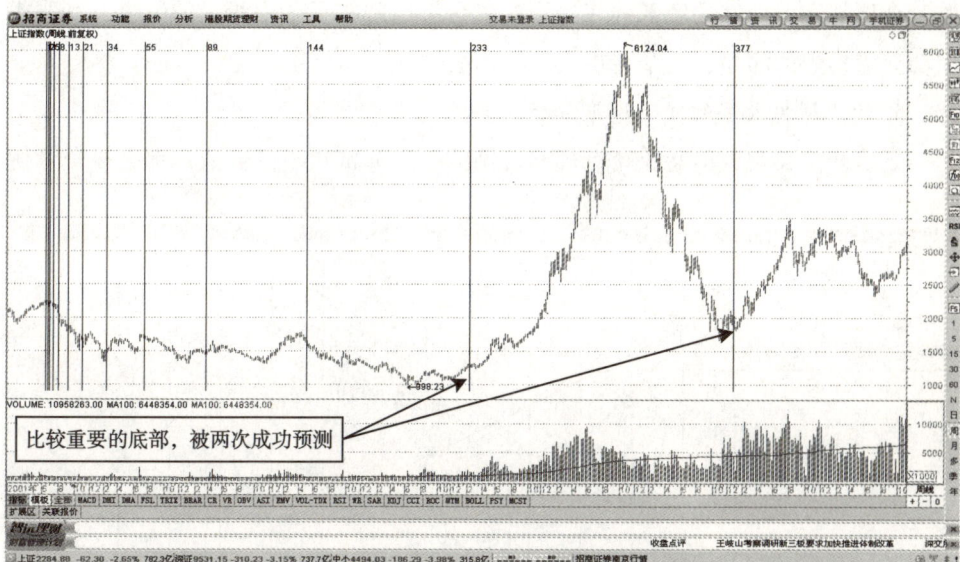

图 4-30 上证指数——历史性的底部就在循环当中

上，与周期分割点的距离是比较小的。从抄底个股的角度来看，图中所示的位置，股价的上涨幅度还是处于起始阶段，帮助投资者抓住抄底的机会并不困难。

如图 4-31 所示，上证指数的月 K 线当中运用斐波那契循环周期，同样可以准确地预测接下来的两个主要多头市场开始的起点。图中显示出，股指非常重要

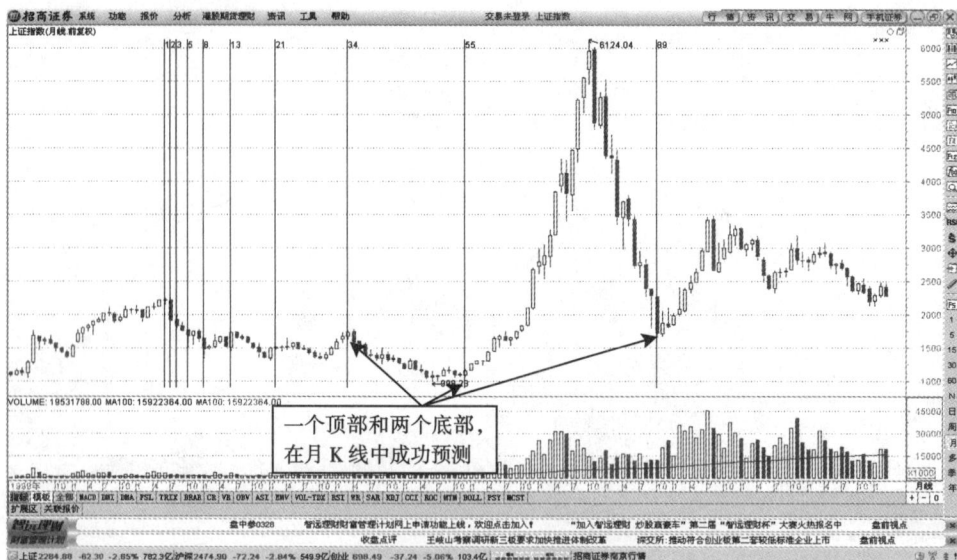

一个顶部和两个底部，在月K线中成功预测

图 4-31　上证指数——月 K 线中更加清晰

的一个顶部和历史性的底部抄底的两次机会都出现在了图中所示的位置上。要想成功获得相应的回报，两个转折点不得不去关注。

5. 斐波那契数字的波动周期分析

既然斐波那契数值是比较有规律可循的一组非常重要的数值，那么投资者挑

998.23 点到 6124.04 点的牛市三个重要调整信号，被逐一预测出来

图 4-32　上证指数——日 K 线的 144 天循环

选其中有代表性的数值作为股指循环的转折点来看待，对投资者准确判断相应的底部和顶部，帮助是非常大的。如果使用得当，准确把握历史性的买卖机会，可能性都还是有的。

如图 4-32 所示，上证指数的走势中，如果使用斐波那契数字中的 144 天作为循环周期的话，判断 2005 年底到 2007 年底的重要多头趋势的调整信号还是比较容易的。股指在被拉升至 6124 点的高位的过程中，期间的两个重要的调整走势如果被正确利用，投资者短线补仓买入飙升中的牛股，获利的潜力是非常大的。并且，图中股指飙升到了最高 6124 点的时候，该股 144 日的循环也能够正确预测到，说明投资者在多头市场中的加仓和减仓的机会都呈现在了眼前。每一次的调仓机会把握住的话，后期的利润就不难获得了。

💭 **小提示**

投资者要想正确选取有价值的时间周期，还需要正确地分析数字的意义才行。144 日得以准确地判断了牛市中重要的调整走势，在于该数字可以看作是 7 的平方的 3 倍。而 7 这个数字在江恩法则当中，使用价值很高。江恩对于实战当中 7 的作用是非常推崇的。既然如此，投资者把握好 7 这个数字的操作机会，本应该获得较好的利润。7 的平方是 49，乘以三倍就是 147，仅仅与 144 相差 3。实战当中，144 的作用由此得到了提升。可见，短期循环当中，准确地把握好比较重要的斐波那契数字，对于投资者准确抄底和逃顶的意义是多么的重要。

第五节　中期循环——年循环

中期循环在江恩看来是判断重要反转信号的基础。许多牛股的发力上攻信号都出现在了中期循环的过程中。股价的运行趋势之所以离不开中期循环，是因为该循环中折返情况还是比较多的，中期循环是连接短期走势和股指长期大趋势的重要纽带。因此，投资者要想获得远超过短期利润的收益，必然需要把握好中期循环的股指走势，才能够更好地获得相应的回报。中期循环的时间周期中，比较好的折返点通常有 1、2、3、5、7、10、13 等循环周期。运用这些时间周期，投资者可以比较轻松地把握股指和个股的走势，获得相应的回报。

1. 江恩看重的 1、2、3、5、7、10、13、15 年循环

江恩比较看重的中期循环周期虽然包括了从 1 年、2 年到 15 年的循环，但是考虑到上证指数自从 1990 年的 12 月 19 日出现以来，到 2011 年的持续时间也不过是十一年的时间。这么短的时间里，运用长达 15 年的循环来判断操作机会，是不可能实现的。但是中期循环当中相对较短的循环周期（例如 3 年、5 年、7 年）是可以运用到实战当中的。如果操作得当，把握住重要反转年份的可能性很大。

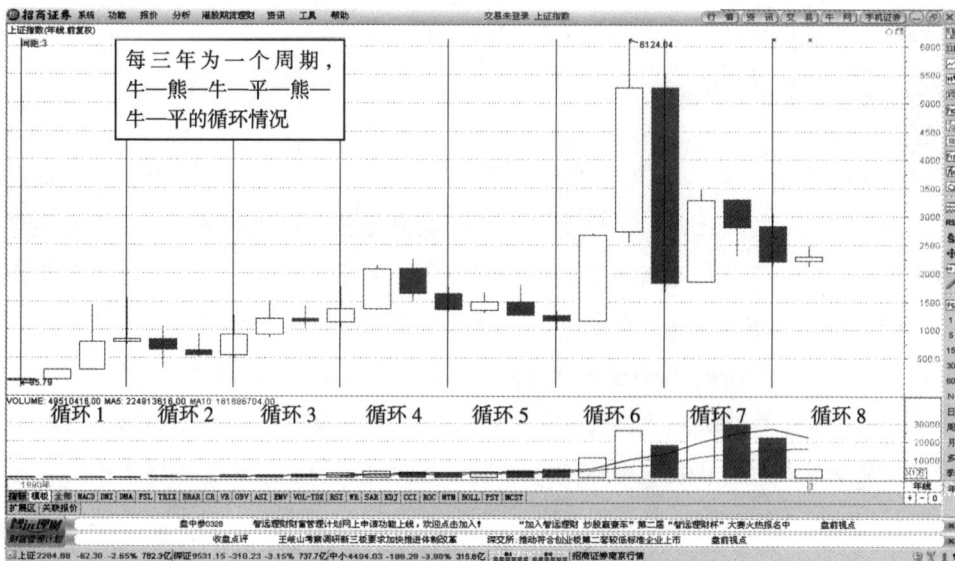

图 4-33　上证指数——年 K 线的 3 年循环

如图 4-33 所示，上证指数的年 K 线当中，股价的 3 年循环的情况对于投资者操作的实战意义非常强。图中显示，上证指数的三年为一个周期的循环走势，实战中是存在的。如果从最初的年 K 线算起的话，经历了持续 7 个为期 3 年的循环后，股指在每一个周期运行趋势基本上是：牛—熊—牛—平—熊—牛—平。也就是说，图中从循环 1 到循环 7 的每次为期三年的循环当中，分别对应的股市行情为牛市、熊市、平衡市、熊市、牛市、平衡市。接下来的三年中，股指的走势虽然还未完成，但是可以预期是一个 3 年的牛市行情。在 3 年为一个运行周期的循环当中，股指的趋势基本上是在熊市和牛市之间转换，而转换的中间环节就是

涨跌幅度并不大的平衡市。

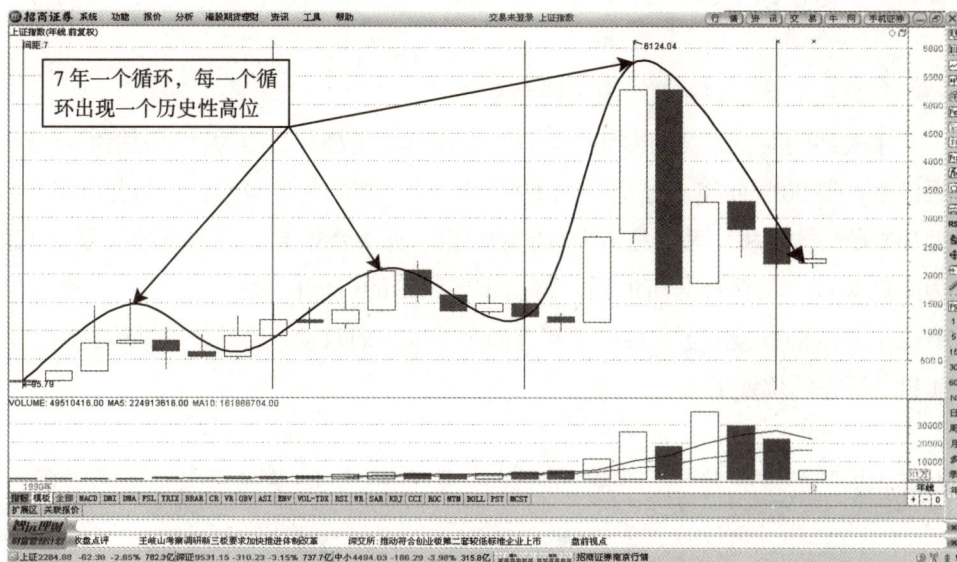

图 4-34　上证指数——年 K 线的 7 年循环

如图 4-34 所示，从上证指数为期 7 年的循环中看出，股指在 7 年的循环走势中，基本上会经历一次冲高回落的走势。但是收盘的时候，却在大趋势上呈现出上涨的走势。7 年为一个周期的循环中，股指上涨的起点是从循环的起点开始的。而该循环的终点可以定在周期循环的第 7 年之后。如此一来，准确判断为期 7 年的周期循环，投资者就比较容易做到了。每隔七年就有一个历史性的顶部点位出现，换句话说，每隔 7 年就会出现一个非常大的牛市行情。

小提示

从年 K 线的角度来分析股指的运行趋势，有助于投资者判断真正的大趋势究竟在何处出现。毕竟，年 K 线中出现的走势是不容易被轻易忽视的，更不容易被扭曲。如果在年 K 线当中存在循环走势，对于中短期循环的指导意义是非常强的。年 K 线中股指的多空变化早晚会表现在中短期走势当中，从这个角度来看，投资者把握住中短期将要出现的折返机会就比较容易做到了。

举例来说，如果年 K 线的循环当中，表面股指会出现走平的调整情况，那么在年 K 线的循环即将结束之时，股指如果还处于高位的话，很可能会出现加速下挫的情况。一旦这种走势出现，那么对股指的打击将是灾难性的。毕竟，从高位回调下来是需要很大的下跌空间的。如果不是杀跌的情况，是不可能办得到的。

2. 季度 K 线斐波那契的时间排序分析

年 K 线的斐波那契的循环，不容易发现真正的趋势。因为，上证指数自从出现以来，到 2011 年也不过是 11 年的时间。这么短的几年当中，运用斐波那契的循环判断买卖时机，其实是不大可能的事情。如果将年 K 线中的斐波那契循环改为季度 K 线中的循环分析的话，得出重要结论的可能性就比较高了。季度 K 线要比年 K 线的数量多了 3 倍（一年有四个季度）的数量，当然能够准确判断出买卖机会所在的位置了。

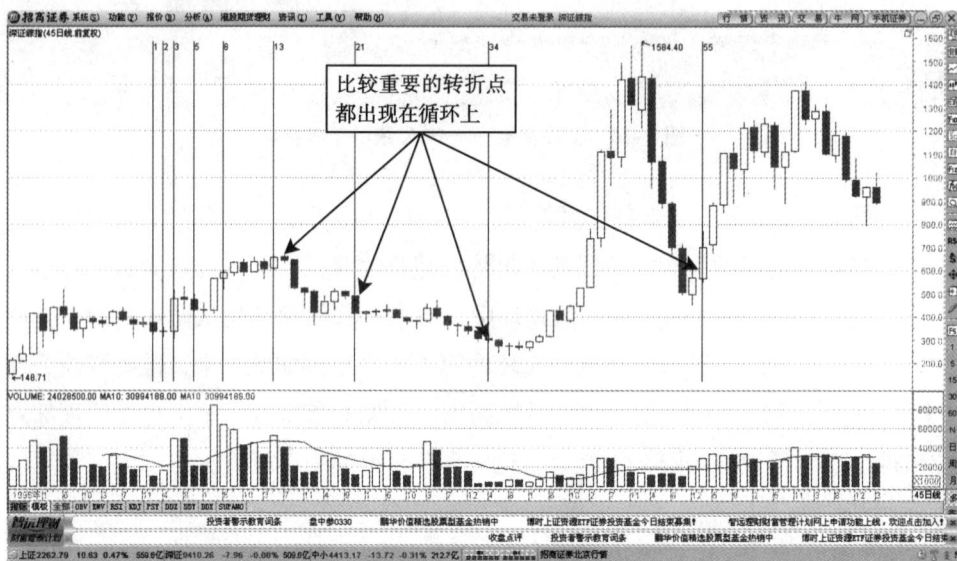

图 4-35　深证综指——季度 K 线斐波那契的时间序列

如图 4-35 所示，深证综指的季度 K 线的运行趋势中，选择一个历史性的底部（图中 E 所示的位置）作为斐波那契循环周期的起点，可以得到图中所示的划分走势。该图中所示的重要反转点位都出现在斐波那契的循环周期上了。由此可见，投资者在斐波那契的循环上寻找买卖机会的可能性还是很大的。毕竟，股指的确出现了相应的折返走势。把握好买卖时机，必然能够获得相应的操作机会。

3. 1、2、3、5、8、13年斐波那契周期分析

斐波那契的周期分析中，使用5这个数字作为年K线中的循环周期，同样可以得到意想不到的结论。5年持续时间已经算是比较长的了。相比1年、2年和3年的斐波那契循环，该循环更不容易出现假突破的情况。实战当中，运用持续时间为5年的循环来断定操作机会，指导意义也是非常大的。

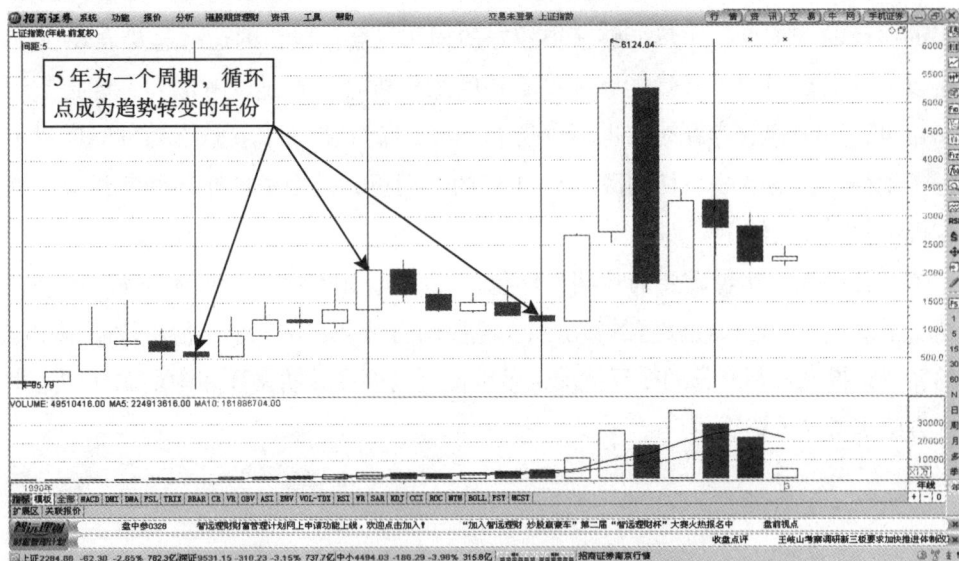

图4-36 上证指数——斐波那契的5年周期循环

如图4-36所示，上证指数的年K线当中，股指为其5年的循环走势在图中表现得非常清晰。股指每隔5年的时间就会出现一个趋势反转的年份。如果比较好地运用这个反转年份，投资者自然可以获得相应的回报。

小提示

从大的循环角度来看，运用斐波那契的数字来指导周期变化的操作点位，是投资者比较不错的方法。周期循环的股指，使用恰当的斐波那契数字来作为循环周期的话，指导意义非同凡响。毕竟，股指的运行趋势在长达几年的时间延续下来的可能性很大。忽视这一趋势的话，投资者必将遭受损失。以上所说的，运用斐波那契的时间数列以及斐波那契的特定数字来指导投资者的操作行为，获得的操作机会是比较好的。

第六节　长期循环——20年以上的循环

　　长达 20 年以上的循环，通常被称为长期循环。如果投资者能够准确判断 20 年的循环的转折点，必然能够获得较好的操作机会。股指的运行趋势表现在 20 年以上的循环当中，必然能够提供不错的操作机会。不过，考虑到上证指数到 2011 年底的时候，存在时间也不过是 11 年的时间，投资者在这么短的时间里考虑长期循环，显然是不切实际的。11 年的时间里，使用中期循环判断相应的操作机会就已经足够了。

　　江恩认为，比较重要的长期循环包括 20 年、30 年和 45 年的循环。股指在这三个阶段中会形成比较好的转折点。重要的行情会在这三个年份阶段出现相应的转变，投资者判断长期循环情况也可以使用前面在短期循环和中期循环中运用的方法来指导投资操作。

经 验 总 结

　　江恩中期循环理论中，重点关注的是股指在一定的时间周期中的运行情况。如果股指的运行趋势延续着，投资者按照不同周期循环的操作时机来判断买卖机会，就不会有错。通常，在对应的股指的 K 线图中，特定的循环周期对今后趋势的判断是非常有帮助的。对应的不同反转点会比较轻松地表现在周期循环时点上。只要周期循环的起点选择恰当，投资者把握好操作机会，获利的可能性是比较大的。不同的周期循环，在实战中灵活运用，便能够把握好操作机会。虽然每一个反转的点位不一定位于相应的周期循环上，判断操作时机还是可以做到的。

第五章 江恩周期循环的测量工具

从几何的角度来看，四方形与六角形的图形中，运用数字在这些形状中的走势，结合几何形态来判断股指的重要折返点，实战意义非常强。投资者如果能够比较熟练地运用江恩四方形，并且可以融会贯通到实战里，必然能获得较好的利润。江恩四方形是中期循环的测量工具，实际中股指的走势，是可以体现在四方形数字的循环中的。

本章从四方形的做法出发，帮助投资者充分理解该形态的做法和意义，并且结合四方形中特殊数字在指数和个股中的反转点的判断，帮助投资者成功获利。四方形数字关系看起来复杂，却有明显的规律性，在实战中指导投资者买卖活动的效果是不容置疑的。

第一节 江恩四方形做法与意义

1. 江恩四方形的绘制方法

江恩循环周期理论的重要工具就是江恩四方形。江恩四方形不仅形态上是四方形的，对应填入其中的数字也有一定的规律。四方形中数字的排列虽然没有什么理由，但是却能够在很大程度上指导投资者的买卖操作，是必须掌握的知识点。

四方形的绘制方法其实比较简单，但前提是投资者必须确定一定的历史高位和低点，才能够准确绘出江恩四方形：

首先，股指或者个股的历史性高位或者低点是必须有的条件。

其次，股指或者个股上涨或者是下跌的单位，这也是必须有的一个条件。股指上升或者下跌的单位是投资者自行制定的，是可以不断更正的一个数值。只要投资者选择合适，都能够作为单位。

真正绘出江恩四方形的时候，可以以中间的一个价位作为起点，按照逆时针的方向来逐步扩大数值的规模。时间一长，就能够得出比较多的四方形中的数字了。当然，如果需要的话，这种循环中的数字会不断地延伸下去，直到能够满足投资者的实战需要为止。

从四方形里看出，比较重要的阻力位置是四方形的纵轴对应的价位、横轴对应的价位，以及两条对角线对应的价位。

101	100	99	98	97	96	95	94	93	92	91
102	65	64	63	62	61	60	59	58	57	90
103	66	37	36	35	34	33	32	31	56	89
104	67	38	17	16	15	14	13	30	55	88
105	68	39	18	5	4	3	12	29	54	87
106	69	40	19	6	1	2	11	28	53	86
107	70	41	20	7	8	9	10	27	52	85
108	71	42	21	22	23	24	25	26	51	84
109	72	73	44	45	46	47	48	49	50	83
110	73	74	75	76	77	78	79	80	81	82
111	112	113	114	115	116	117	118	119	120	121

图 5-1　持续五个周期的江恩四方形

如图 5-1 所示，江恩的四方形的走势是从中部的 1 开始的，按照逆时针的方向，每次增加一个数字不断地向外循环。随着循环次数的增加，这种循环的数字会不断地扩大。投资者实战当中需要多少这样的循环，就可以计算出相应的循环。

101	100	99	98	97	96	95	94	93	92	91
102	65	64	63	62	61	60	59	58	57	90
103	66	37	36	35	34	33	32	31	56	89
104	67	38	17	16	15	14	13	30	55	88
105	68	39	18	5	4	3	12	29	54	87
106	69	40	19	6	1	2	11	28	53	86
107	70	41	20	7	8	9	10	27	52	85
108	71	42	21	22	23	24	25	26	51	84
109	72	43	44	45	46	47	48	49	50	83
110	73	74	75	76	77	78	79	80	81	82
111	112	113	114	115	116	117	118	119	120	121

图 5-2　江恩四方形的重要数值位置

如图 5-2 所示，如果 1 代表指数的点位或者是个股的价位，那么向外逐步循环的过程中，就会出现相应的多头趋势中的重要点位或者是价格。判断重要的阻力位置通常可以在四方形的对角线或者是横、纵轴线上。图中所示的位置，其实就是这些重要的阻力位的一部分，仔细研究江恩四方形的数字走向，并且判断相应的阻力位置，便可以很好地指导投资者的操作了。

2. 江恩四方形的意义

实战当中，江恩四方形的意义在于不断延伸的数字能够提供给投资者无限的股指调整点位。投资者可以根据这些不断出现的调整点位判断股指的运行趋势，从而得到折返点位。

按照螺旋形状延伸的江恩四方形的数字提供的重要反转点位，采取相应的调仓操作。江恩四方形的起点，是股指历史性的反转点位。从这个位置开始，股指将要出现调整的点位就会依次表现在四方形的对角线，横、纵坐标对应的点位上。如此一来，只要是投资者挑选出来的重要指数点位，都能够在江恩四方形上发现相应的调整机会。当然，实战运用的过程中，投资者还需要选择恰当的起始点位，并以合适的价格作为循环的单位，才能够得出比较好的价位。

江恩四方形的数字循环的过程中，增加的价位可以多一些。因为，从长期来看，股指的运行趋势是比较长的。单位价格如果增加太慢的话，江恩四方形反映的阻力位置可能过于频繁，相应地增加一些价位阻力效果会更好。根据指数数值的大小，以及指数波动趋势的强弱，采取恰当的单位数字，就能够在四方形上反映出比较重要的折返点，而滤去次要的折返位置。

3064	3057	3050	3043	3036	3029	3022	3015	3008	3001	2994
3071	2812	2805	2798	2791	2784	2777	2770	2763	2756	2987
3078	2819	2616	2609	2602	2595	2588	2581	2574	2749	2980
3085	2826	2623	2476	2469	2462	2455	2448	2567	2742	2973
3092	2833	2630	2483	2392	2385	2378	2441	2560	2735	2966
3099	2840	2637	2490	2399	2364	2371	2434	2553	2728	2659
3106	2847	2644	2497	2406	2413	2420	2427	2546	2721	2952
3113	2854	2651	2504	2511	2518	2525	2532	2539	2714	2945
3120	2861	2658	2665	2672	2678	2686	2693	2700	2707	2938
3127	2868	2875	2882	2889	2896	2903	2910	2917	2924	2931
3134	3141	3148	3155	3162	3169	3176	3183	3190	3197	3204

图 5-3　江恩四方形的相隔 7 点的五个循环周期

如图 5-3 所示，该江恩四方形的起点是上证指数的 2364 点。上证指数的 2364 点其实也是 2010 年 7 月 5 日的收盘点位。该点位正是持续新一轮半年牛市行情的起始点位。如果投资者能够把握该点位的反转机会，获利的可能性是较高的。而判断股指今后的折返位置，从江恩四方形中就能够看出来。考虑到图 5-3 的江恩四方形循环过程中，每一次点位升高的单位是 7 个点，最终经历了五个完整循环，达到了最高点位 3174 点。这样，该循环走势基本上包括了 2300 点到 3200 点的潜在折返点位，投资者照此还是可以得到相应的操作机会的。

2564	2562	2560	2558	2556	2554	2552	2550	2548	2546	2544
2566	2492	2490	2488	2486	2484	2482	2480	2478	2476	2542
2558	2494	2436	2434	2432	2430	2428	2426	2424	2474	2540
2570	2496	2438	2396	2394	2392	2390	2388	2422	2472	2538
2572	2498	2440	2398	2372	2370	2368	2386	2420	2470	2536
2574	2500	2442	2400	2374	2364	2366	2384	2418	2468	2534
2576	2502	2444	2402	2376	2378	2380	2382	2416	2466	2532
2578	2504	2446	2404	2406	2408	2410	2412	2414	2464	2530
2580	2506	2448	2450	2452	2454	2456	2458	2460	2462	2528
2582	2508	2510	2512	2514	2516	2518	2520	2522	2524	2526
2584	2586	2588	2590	2592	2594	2596	2598	2600	2602	2604

图 5-4　江恩四方形的相隔 2 点的五个循环周期

如图 5-4 所示，江恩四方形的相隔 2 个点的循环中，指数从循环的起点 2364 点，持续延伸到了五个完整循环处的 2604 点。2604 点-2364 点=240 点。240 个点，对于指数的走势其实帮助不大。相应的分割点过近，不能够提供有说服力的阻力位。从图中纵坐标上来看，有持续出现的 2364 点、2370 点、2392 点、2430 点、2484 点和 2554 点。这些点位中，即便是从 2364 点到 2554 点，相隔也不过是 190 个点。相隔比较短的情况下，提供的点位不足以作为相应的阻力位。

3. 江恩四方形判断指数回调点

如图 5-5 所示，在江恩四方形的走势中，是以 7 个点作为单位的循环。最终，指数出现了图中所示的循环。从对角线来看，有 2364 点、2420 点、2532 点、2700 点、2924 点和 3204 点的分割。因为 2364 点是上证指数重要的底部点位，以此作为起点的循环，能够成为重要的阻力线。

3064	3057	3050	3043	3036	3029	3022	3015	3008	3001	2994
3071	2812	2805	2798	2791	2784	2777	2770	2763	2756	2987
3078	2819	2616	2609	2602	2595	2588	2581	2574	2749	2980
3085	2826	2623	2476	2469	2462	2455	2448	2567	2742	2973
3092	2833	2630	2483	2392	2385	2378	2441	2560	2735	2966
3099	2840	2637	2490	2399	2364	2371	2434	2553	2728	2659
3106	2847	2644	2497	2406	2413	2420	2427	2546	2721	2952
3113	2854	2651	2504	2511	2518	2525	2532	2539	2714	2945
3120	2861	2658	2665	2672	2678	2686	2693	2700	2707	2938
3127	2868	2875	2882	2889	2896	2903	2910	2917	2924	2931
3134	3141	3148	3155	3162	3169	3176	3183	3190	3197	3204

图 5-5　江恩四方形 7 点为单位的五次循环

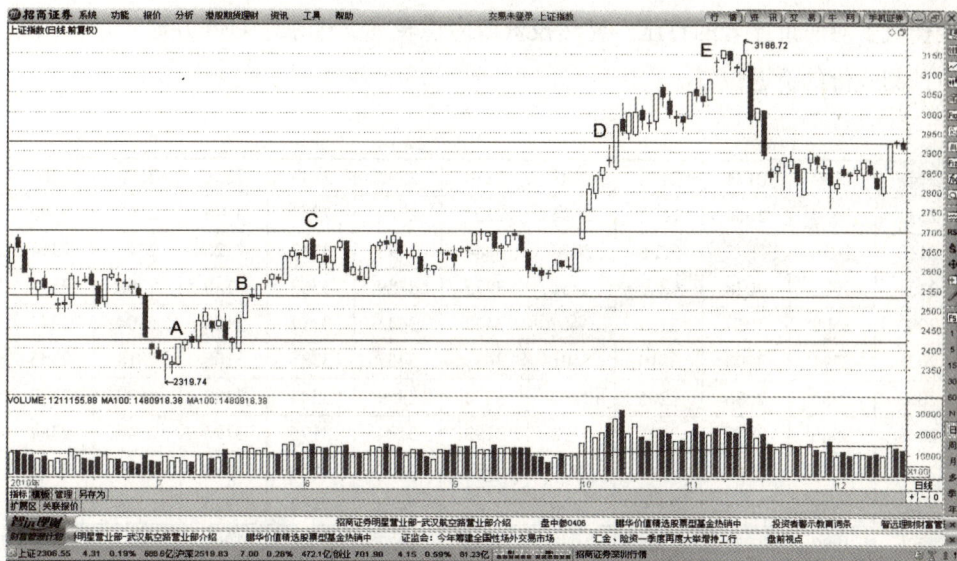

图 5-6　上证指数江恩四方形 7 点为单位的五次循环

如图 5-6 所示，江恩四方形涉及的重要点位，其阻力线出现在图中，明显地起到了相应的作用效果。其中，第一个阻力位置 A 和 B 中，股指短线调整的位置的确是在这个地方。说明江恩角度线提供的阻力还是非常好的。投资者提前在这个位置做好调仓的准备，就能够获得更好的仓位了。

而图中显示的 C 所说的位置的阻力是非常强的，股价在回升至 C 点所在的2700 点后，开始了持续两个多月的横向调整走势。考虑到前期股指的反弹幅度比较大，投资者也通过江恩四方形提前判断出来了这个位置的阻力，如果在股指调整之时减仓，就能够轻松获得利润了；等待股指调整至短线底部再考虑加仓，就能够持续获利了。

图中 D 所示的位置，股指调整力度并不是很大，只是在这个位置上出现了十字星的形态。即便是这样，江恩角度线上仍然是有所反应的。最后，从四方形持续五个中期的循环后达到了高位的 3204 点。这一点看起来没有什么特别的地方，却对股指产生了非常显著的阻力作用。图中显示，股指持续反弹至最高 3184.72 点，出现了明显的回落。而 3184 点与 3204 点相差仅仅为 8 个点的幅度。这在实战当中，8 个点是不影响投资者的调仓操作的。把握住这个位置的顶部减仓时机，投资者不仅可以获得短线高额回报，还能够避免损失出现。可见，江恩四方形在实战当中的作用是值得称道的。随意在四方形的对角线上寻找的点位，就已经构成了对股价显著的打压。显然投资者应该花大力气来学习四方形工具，以提前预测股价的折返位置。

2146	2160	2174	2188	2202	2216	2230	2244	2258	2272	2286
2132	2650	2664	2678	2692	2706	2720	2734	2748	2762	2300
2118	2636	3042	3056	3070	3084	3098	3112	3126	2776	2314
2104	2622	3028	3247	3261	3275	3289	3303	3140	2790	2328
2090	2608	3014	3233	3415	3429	3443	3317	3154	2804	2342
2076	2594	3000	3219	3401	3471	3457	3331	3168	2818	2356
2062	2580	2986	3205	3387	3373	3359	3345	3182	2832	2370
2048	2566	2972	3191	3192	3193	3194	3195	3196	2846	2384
2034	2552	2958	2944	2930	2916	2902	2888	2874	2860	2398
2020	2538	2524	2510	2496	2482	2468	2454	2440	2426	2412
2006	1992	1978	1964	1950	1936	1922	1908	1894	1880	1866

图 5-7　江恩四方形——14 点为单位的五次循环

如图 5-7 所示，在江恩四方形的走势中，起点为 3471 点，每隔 14 点到一个新的点位。经过五个完整的循环后，可以看出比较明确的点位。图中标注的对角线处的黑体部分可以作为指数空头市场中调整的重要折返点。如果股价真的在这些点位上出现了重要的折返的话，那么表明江恩的角度线还是比较实用的。下面，分别对 3471 到 2146 这几组数字来划分下跌当中的指数，看一下对应的点位的调整情况究竟如何。

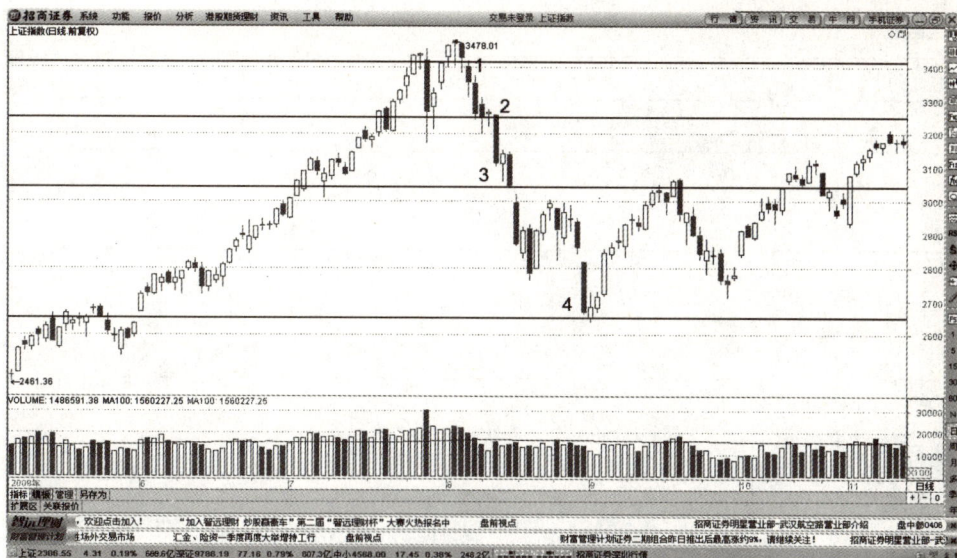

图 5-8 上证指数的阻力位置

如图 5-8 所示，从收盘价格上来看，上证指数在 2009 年 8 月 4 日成功见顶后，出现了非常明显的回落走势。在回落的过程中，利用江恩四方形来判断相应的支撑位置，图中显示了明显的四条支撑线。

图中 1 所示的位置，并未出现较大的反弹，是因为股指在这个位置的下跌空间并不是很大。投资者在这个位置是不需要调整仓位的，因此可以不考虑这个折返的问题。

图中 2 所示的位置，股指在这个位置上形成了探底回升的下影线非常长的阳线，表明这个位置的支撑要好得多了。股指的反弹是比较强的，但是仍然没有出现有效的折返走势。

图中 3 所示的位置，股价的折返走势出现了。一根探底回升的阳线锤子线，说明 3 所示的四方形对应的 3042 点的支撑还是有的，但是股指短线下挫的趋势较强，不足以支撑股价出现较大的反弹行情。

而最终在图中 4 所示的 2650 点附近，也就是四方形对应的 2650 点，股指真正出现了非常强的反弹。股指在这个位置的最低点位 2639 点，与 2650 点仅仅相差了 11 个点。由此看来，重要的支撑线已经表现在了江恩四方形当中了。投资者要做的事情，是提前绘出江恩四方形，并且使用恰当的起始点和相隔点位，计算出潜在的支撑线。

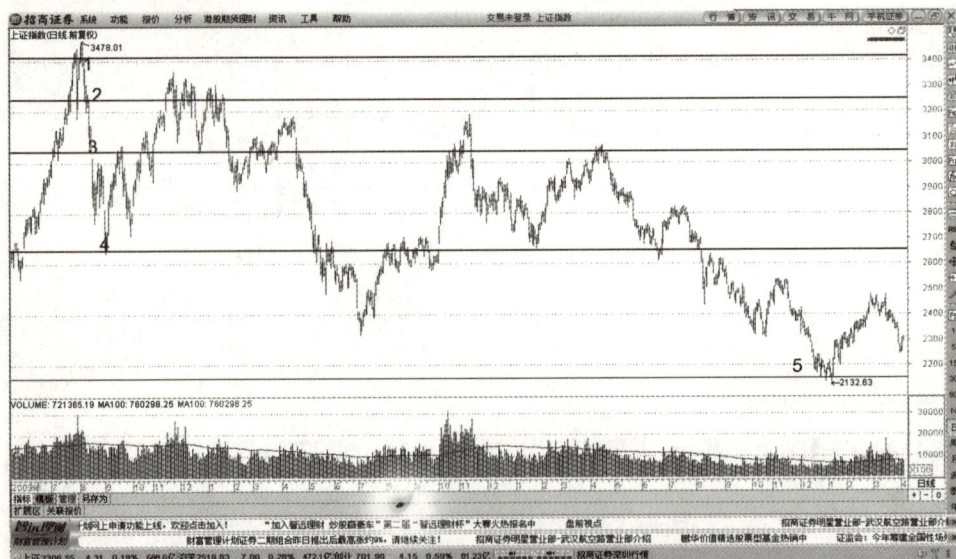

图 5-9　四方形的最后折返点——2146 点

　　如图 5-9 所示，前期股指见顶回落后，在长达两年零五个月的时间里，终于出现了看似底部的折返情况。图中 4 所示的点位，正是股指有效的折返点。就是在这一点上，股指受到非常强的支撑，并且出现了强势上攻的走势。而从股指上来看，反弹附近的最低点为 2132 点，而江恩四方形的支撑点为 2146 点，两者仅仅相差 14 个点。如果从指数收盘价格来看的话，指数最低点收盘价格为 2012 年 1 月 5 日的 2148.45 点，与江恩角度线仅仅相差 2.45 点。江恩四方形能如此精确地预测反弹点，投资者不得不采取相应的措施了。

2071	2085	2099	2113	2127	2141	2155	2169	2183	2197	2211
2057	2575	2589	2603	2617	2631	2645	2659	2673	2687	2225
2043	2561	2967	2981	2995	3009	3023	3037	3051	2701	2239
2029	2547	2953	3247	3261	3275	3289	3303	3065	2715	2253
2015	2533	2939	3233	3415	3429	3443	3317	3079	2729	22567
2001	2519	2925	3219	3401	3471	3457	3331	3093	2743	2281
1987	2505	2911	3205	3387	3373	3359	3345	3107	2757	2295
1973	2491	2897	3191	3177	3163	3149	3135	3121	2771	2309
1959	2477	2883	2869	2855	2841	2827	2813	2799	2785	2323
1945	2463	2449	2435	2421	2407	2393	2379	2365	2351	2337
1931	1917	1903	1889	1875	1861	1847	1833	1819	1805	1791

图 5-10　四方形的对角线反方向点——2351 点

如图 5-10 所示，从对角线的角度来讲，图中右下角的地方对应的 2351 点，其实也是该对角线上不可忽视的点位。同处于一条对角线，对下跌中的股指的支撑效果是不容忽视的。一旦股指回落至这个点位，投资者就应该关注股指的反转情况了。

图 5-11　上证指数——四方形的对角线反方向点——2363.95 点

如图 5-11 所示，股指回落的过程中，难得的一次较大的支撑作用出现在了收盘价格的 2363.95 点出现之后。图中股指在这个位置开始了持续地飙升。从江恩四方形的对角线中的 2351 点来看，与最低收盘点 2363.93 点仅仅相差了 12.93 点。如此精准的点位预测，在实战当中的意义是非常好的。显然，从四方形对角线上的点位来看，相应的支撑效果都已经表现了出来。相应的操作机会，投资者应该努力把握才行。

4. 江恩四方形判断个股回调点

如图 5-12 所示，相隔 0.15 元，从起始点的 11.1 元开始的四方形循环中，可以使用中间的横轴线对应的价位，作为投资者判断压力线的地方。如果这样的位置出现了相应的阻力，表明四方形显示的阻力位是不错的。

26.1	25.9	25.8	25.6	25.5	25.3	25.2	25	24.9	24.7	24.6
26.2	20.7	20.6	20.4	20.3	20.1	20	19.8	19.7	19.5	24.4
26.4	20.9	16.5	16.4	16.2	16.1	15.9	15.8	15.6	19.4	24.3
26.5	21	16.7	13.5	13.4	13.2	13.1	12.9	15.5	19.2	24.1
26.8	21.3	17	13.8	11.9	11.1	11.3	12.6	15.2	18.9	23.8
27	21.5	17.1	14	12	12.2	12.3	12.5	15	18.8	23.7
27.1	21.6	17.3	14.1	14.3	14.4	14.6	14.7	14.9	18.6	23.5
27.3	21.8	17.4	17.6	17.7	17.9	18	18.2	18.3	18.5	23.4
27.4	21.9	22.1	22.2	22.4	22.5	22.6	22.8	22.9	23.1	23.2
27.6	27.7	27.9	28	28.2	28.3	28.5	28.6	28.8	29.9	29.1

图 5-12　相隔 0.15 元的四方形角度变化

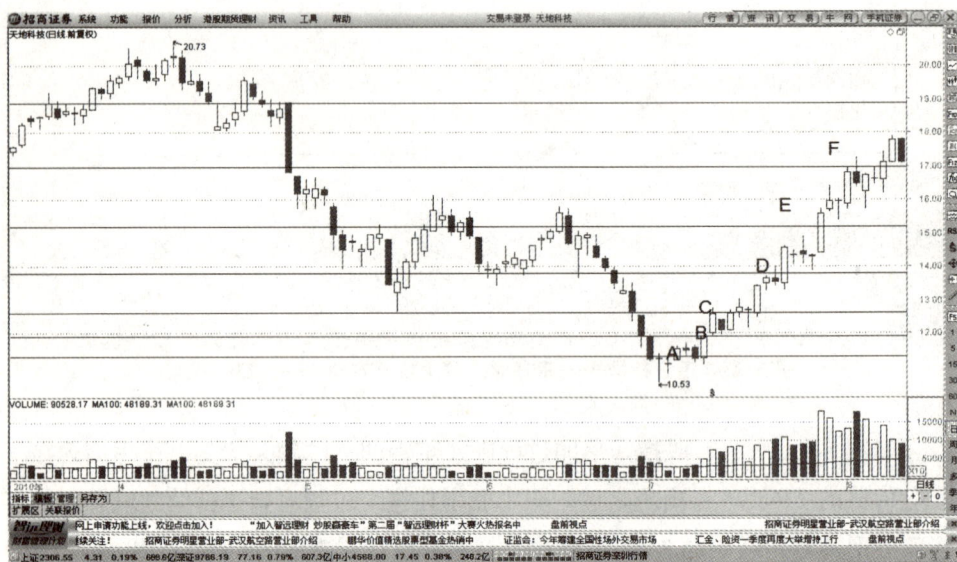

图 5-13　从 A 到 F 六条线的阻力位

如图 5-13 所示，从前面所示的四方形的价位看来，最初的价格 11.3 元、11.9 元、12.6 元、13.8 元、15.2 元的地方，是阻力位聚集的价位。但是图中显示出阻力的时候，虽然股价在这些价位的折返幅度并不是很大，却都出现了调整的情况，表明四方形的横轴线提供的折返点还是不错的。在相应的点位上采取措施，必然能够有所收益。

如图 5-14 所示，股价在从 G 到 J 的位置上，除了 H 点对应的调整比较小，其他各个价位出现的调整都比较明显。其中，股价最后见顶回落的位置，是图中

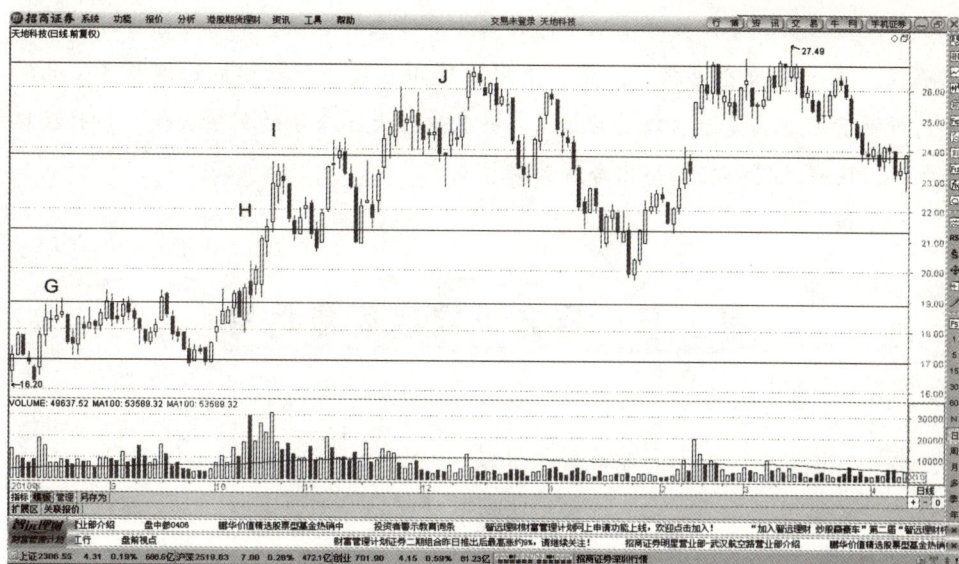

图5-14 从G到J四条线的阻力位

J所示的四方形中的26.8元的位置。从收盘价格来看，股价在2011年的3月9日出现了最高价26.98元，而如果与26.8元相减的话，两者仅仅相差0.18元。如此小的误差，能够出现在四方形中的价格与股价的实盘走势之间，显然投资者应该注意才行。价格之差比较小，说明四方形的预测功能是非常强大的。投资者可以率先发现将会出现调整的位置，并且做出相应的调仓动作，就可以提前减仓避免损失出现。

而图中G和I处的调整出现之时，其实也与四方形判断出来的18.9元和23.8元相差非常小。最后得出结论，江恩四方形里出现的重要价位，是可以作为投资者判断折返点的价位的。股价就是在这些点位上出现了相应的调整，投资者做出调仓决策，是非常明智的做法。江恩四方形对个股调整价位的预测是如此的准确，投资者努力把握好调仓机会，必然大获全胜。

小提示

从以上的例子来看，利用江恩四方形中的循环数字，应该算是比较合适的判断压力位置和阻力位的方法。不管是指数的运行的过程中还是个股的走向，都遵循了相应的价位出现调整的情况，不管是从四方形的对角线还是横向轴或者是纵向轴来取得数值，都能够提供不错的调整点。如果投资者还对江恩四方形有什么怀疑，应该在实战中试验一下从不同的四方形线上的取值，来验证该循环数字的准确性。有一点投资者应该清楚，使用江恩四方线来判断相应的调整点位的时候，投资者应该尽量选取合适的起点，并且选择大小合适的单位数值，作为循环的加数，这样才能够轻松得出合适的调整点。

第二节 四方形数字表的运用

除了江恩四方形的数字循环特征以外，投资者也可以使用江恩数字表的数字循环方式，来寻找相应的阻力位置。从数字循环的方式上来看，四方形是以从内到外的圆形循环的方式运行的，而四方形数字表则不同。四方形数字表是以类似"蛇形"的方式来循环的。这种循环方式，同样能够提供给投资者不错的阻力位置，帮助投资者提前发现调整将会出现的价位，以便投资者做好调仓的准备。用法上相似，四方形数字表也可以提供操作机会发生的点位，帮助投资者获利。

1. 数字表的绘制方法

江恩数字表的绘制方法也比较简单，是以垂直的方式将数字写在一起，并且持续地向下和向上循环。

9	18	27	36	45	54	63	72	81
8	17	26	35	44	53	62	71	80
7	16	25	34	43	52	61	70	79
6	15	24	33	42	51	60	69	78
5	14	23	32	41	50	59	68	77
4	13	22	31	40	49	58	67	76
3	12	21	30	39	48	57	66	75
2	11	20	29	38	47	56	65	74
1	10	19	28	37	46	55	64	73

图 5-15 数字表的走向

如图 5-15 所示，江恩数字表的走向是从左下角的 1 开始的。如果每一次增加 1 的话，从左下角的 1 的位置向上延伸至 9 后，数字再转向右下方的 10 处开始另一个循环列。这样，经过九次循环后，出现了图中所示的江恩数字表。

在这个江恩数字表中，可以作为股指运行过程中的阻力位置的地方可以是：对角线数字 1、11、21、31、41、51、61、71、81 这组数字和 9、17、25、33、41、49、57、65、73 这组数字；四方形中线上的数字：5、14、23、32、41、50、59、68、77 这组数字和 37、38、40、41、42、43、44、45 这组数字；四方形中心点上的数字 41。

2. 数字表在指数走势中的运用

11061	11661	12261	12861	13461	14061
10961	11561	12161	12761	13361	13961
10861	11461	12061	12661	13261	13861
10761	11361	11961	12561	13161	13761
10661	11261	11861	12461	13061	13661
10561	11161	11761	12361	12961	13561

图 5-16　从 10561 开始的数字表的走向

如图 5-16 所示，深证成指从 10561 点开始的江恩数字表中，每隔 100 个点就出现一个新的点位。经过六个循环后完成了 6×6 的江恩数字表，对角线上的数字成为投资者寻找股指真正支撑位的良机。把握好这些位置的操作机会的话，投资者还是能够及时发现减仓机会，避免损失出现。虽然只有持续 6 个循环的数字表，但在对角线的右上方出现了最高 14061 点，此点就是投资者操作的机会。

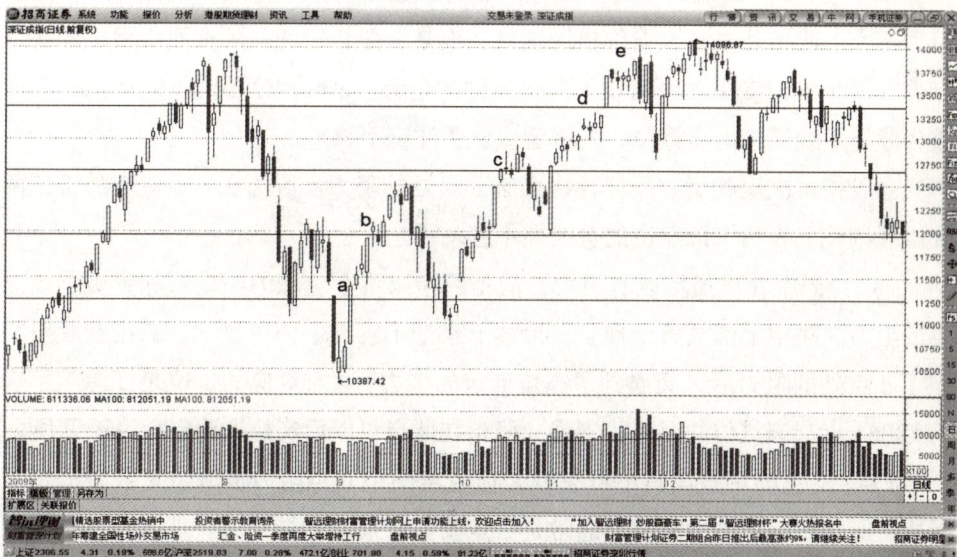

图 5-17　深证成指的多头市场调整位置

如图 5-17 所示，深证成指的日 K 线中，该指数成功见底短线最低点位 10387.42 点后，出现了反弹的走势。判断股指反弹的过程中将要出现的阻力位，可以从江恩数字表的对角线上寻找合适的操作机会。江恩数字表中对角线上的五个重要调整点位分别是 11261 点、11961 点、12661 点、13361 点、14061 点。依次标注在日 K 线当中，是图中对应的 a、b、c、d、e 点。下面分析这些点的调整情况。

a 点：图中显示，a 处的调整阻力虽然不是很大，股指却在向下调整之后出现了支撑。支撑线所在的位置，就是 a 点对应的 11261 点位。这个位置的支撑效果还是不错的，投资者不能在这个位置减仓，却能够在股价折返至 a 点的时候加仓，以便获得更好的短线利润。

b 点：b 点的阻力效果要好得多了，当股指反弹至 b 点对应的 11961 点附近的时候，出现了两根调整的十字星。但是，可能是股指反弹的力度还是不够，并且有短线上攻的惯性，股指并未出现较大的调整，投资者可以继续持股，等待下一个阻力位出现。

c 点：图中 c 点对应的点位，阻力相对要大得多了。股指在这个位置出现了非常显著的回落。并且，股指从 c 点对应的 12661 点快速回落后，在第一个数字表的地方出现反弹，c 点的阻力不容忽视。前期股指在 a 和 b 两个位置的反弹都是比较小的，c 点的短线调整正是抛售压力积累后的集中反映。虽然 a 点在前期阻力不大，股指并未在该点位出现调整，但是，股指短线从 c 点回落后，却在该点位获得了强力支撑，而出现了再次反弹的走势。a 点被轻易错过的调整，反而成为股指短线反弹的支撑位，投资者应该关注一下该点。

当股指再次反弹后，同样再次面临 c 点处的阻力。股指在 c 点对应的价位两次出现调整，表明了该点位的重要性不容忽视。

d 点：图中 d 点虽然也有阻力，但是股指以跳空上涨的阳线顺利突破了该点位的阻力。跳空上涨虽然出现了，持续下来却不容易。图中显示，股指在跳空突破了 d 点处的阻力后，又遇到了高位 e 点的阻力。e 点对应的价位是江恩数字表的 14061 点。该点位的阻力相当强，股指在此点位以后经持续调整后终于见顶。

e 点：e 点的调整虽然不可忽视，但也是图中 d 点阻力被跳空突破后的正常反应。股指跳空上涨的时候，通常是一定要回补前期的缺口的。那么遇到阻力回落也是很正常的事情。图中 e 点的阻力在这个时候出现，显然是有前期跳空阳线这一伏笔的。

13032	12102	11172	10242	9312	8382
13187	12257	11327	10397	9467	8537
13342	12412	11482	10552	9622	8692
13497	12567	11637	10707	9777	8847
13652	12722	11792	10862	9932	9002
13807	12877	11947	11017	11087	9157

图 5-18　从 13807 开始的数字表的走向

如图 5-18 所示，是从 13807 点开始的数字表。从该点位开始，每隔 155 点计算一次数字表中的点位。最终，指数点位从 13807 循环到了对角线上的最低 8382 点。判断股指下跌过程中重要的支撑点，可以从对角线上的数字中找到。操作的过程中，投资者可以在股指跌至对应的点位后，采取短线加仓获得短线利润的操作，以便减少损失。

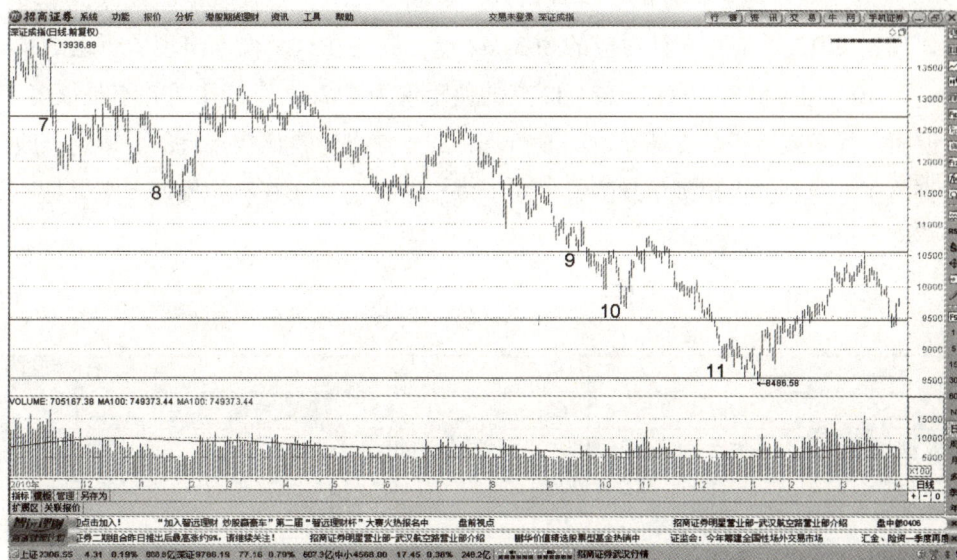

图 5-19　深证成指的空头市场调整位置

如图 5-19 所示，深证成指的日 K 线中，数字表中对角线上的点位 12722 点、11637 点、10552 点、9467 点和 8382 点，分别对应着图中的 7 线、8 线、9 线、10 线、11 线。

7 对应的点位：股指进入到空头市场后，在遇到 7 对应的点位后，股指并未出现反弹的走势，说明该点位的支撑效果不是很好。但是，在股指跌破 7 那个位置后，反弹遇到阻力。这表明支撑线已经转化为压力线，阻碍股价短线继续反弹。

8 对应的点位：股指回落后的首次反弹点位出现在了图中 8 所对应的点。这表明，8 所对应的点位的支撑效果良好，股价短线反弹的力度是值得肯定的。在这个位置上，投资者可以把握一些强势个股的做多机会，能获得不错的短线利润。

9 对应的点位：同样的 9 对应的点位的支撑效果也不尽如人意。这个点位，作为后期股指在 10 对应的点位反弹后的阻力位置，发挥了阻碍股指反弹的效能。

10 对应的点位：图中 10 对应的点位，股指反弹力度虽然不高，反弹的走势却是比较明确的。操作上，投资者可以顺着反弹机会，获得个股短线反弹的利润，或者是做短线获得一定的收益。

11 对应的点位：长期空头市场当中，要说比较有效的反弹，还是出现在了图中 11 所对应的点位上。股指在这个位置反弹走势比较快，说明 11 对应的 8382 点的支撑还是非常好的。仔细研判一下股指在这个位置收盘的最低价格可以发现，2012 年 1 月 6 日对应的 8634.42 点，股指在这个位置出现了折返的情况。而 10 对应的 8382 点与 8634.42 点的差距仅为 252.42 点，相差并不是很多。这说明，数字表所说的支撑点，与股指真正的支撑点还是比较接近的。毕竟，股指真的在这些点位上出现了反弹，这对于梦想着提前加仓获利的投资者来说是一大利好。

3. 数字表在个股中的运用

8.46	9.66	10.86	12.06	13.26	14.46
8.26	9.46	10.66	11.86	13.06	14.26
8.06	9.26	10.46	11.66	12.86	14.06
7.86	9.06	10.26	11.46	12.66	13.86
7.66	8.86	10.06	11.26	12.46	13.66
7.46	8.66	9.86	11.06	12.26	13.46

图 5-20 从 7.46 开始的数字表的走向

如图 5-20 所示，起点的 7.46 元是道博股份短线底部的最低收盘价格。如果从该价位开始，以每隔 0.10 元来计算数字表中的价位，就得到了图中的价格走势图。反弹的过程中，数字表中对角线上的价格可以作为投资者判断调整的点位。把握好这些点位的操作机会就能够成功减少短线损失。该表格中，数字持续的时间为六个周期，到达了最高点 14.46 元。

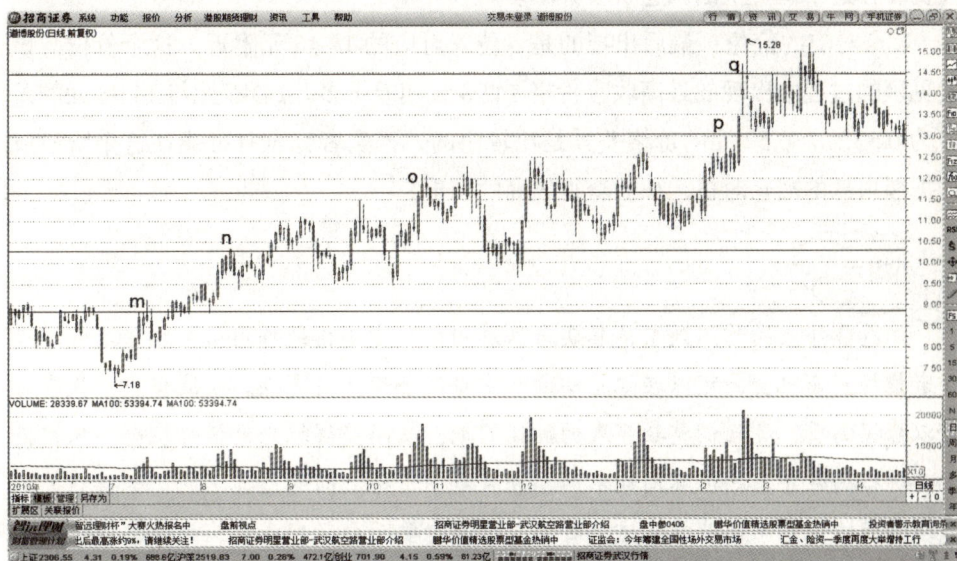

图 5-21　道博股份多头市场调整位置

如图 5-21 所示，道博股份的日 K 线当中，股价明显出现了从 m 到 q 的阻力线。投资者判断阻力的来源，可以从这些点位上看到。m 点到 q 点对应的点位分别为 8.86 元、10.26 元、11.66 元、13.06 元和 14.46 元。

m 点对应的价位：图中 m 点对应的价位中，该股出现了明确的调整。一根下跌的阴线，表明 m 点对应的 8.86 元阻力还是比较强的。但是，经过短暂的调整，股价仍然继续企稳回升。

n 点对应的价位：n 点对应的 10.26 元的价位上，股价调整的力度相对大了一些。该股在这个位置上出现了两个短线的底部才开始逐步回升。这样，n 点出现调整之前，投资者可以提前减少持股数量，以便收回前期获得的利润；等待股价调整至短线底部后再加仓买回股票，做一个高抛的差价，成功赚取一定的利润。

o 点对应的价位：图中 o 点对应的价位附近，该股不仅出现了双顶回落的走势，还在接下来的三个月当中持续横向调整。在股价持续三个月的横向调整期间，投资者可以发现几个非常明显的底部。这个位置上，投资者短线高抛低吸更容易获得成功。股价的频繁波动，为投资者创造了不错的机会，获得尽可能多的利润比较轻松。

p 点对应的价位：图中 p 对应的价位附近，该股受到的阻力并不是很明显。投资者在这个位置上的调仓机会并不多。

q 点对应的价位：最后出现的是 q 位置对应的 14.46 元附近。这个价位与该股见顶的过程中出现的最高收盘价格 14.98 元相差不多。14.46 元与 14.98 元的差值为 0.52 元。0.52 元的价格差异是比较小的，投资者完全有可能在这个阶段成功把握顶部的减仓时机，从而获得较高的回报。

小提示

江恩数字表的作用效果，其实与江恩四方形中价格的作用效果相差不多。投资者把握买卖机会，可以在江恩四方形中寻找合适的买卖点。实战当中，投资者可以根据需要，灵活调整数字表的循环周期，从而获得较好的操作机会。根据投资者选择的数字表的循环周期不同，并且不同价格之间的差也不同，会得到并不合适的阻力位。而也就是在这个时候，投资者要明白数字表对应的价格不一定都会出现调整。并且，不同的阻力位置上，股价调整的幅度也会有很大的区别。认真对待这些区别，投资者便能够很好地把握好操作机会了。

第三节　由四方形想到的联系

1. 江恩四方形与平方作用

如图 5-22 所示，江恩四方形的由上至下倾斜的右下角对角线是 1、9、25、49、81、121、169。对于这些数字，投资者简单想象一下就会联想到，它们其实分别是 1、3、5、7、9、11、13 的平方。这样一来，江恩四方形对角线上的数字，为我们提供了一个分析的绝佳工具。

这个工具的用法，就是某一个价位的以及对应的该数字的二次方的价位，将是股价发生反转的位置。

也就是说，如果一个多头趋势以某价位为起始点的话，那么这个多头趋势会在这个价位的二次方上结束；相反，如果一个空头趋势以某价位为起始点的话，那么这个空头趋势将会在这个价位的平方根上结束。

145	144	143	142	141	140	139	138	137	136	135	134	133
146	101	100	99	98	97	96	95	94	93	92	91	132
147	102	65	64	63	62	61	60	59	58	57	90	131
148	103	66	37	36	35	34	33	32	31	56	89	130
149	104	67	38	17	16	15	14	13	30	55	88	129
150	105	68	39	18	5	4	3	12	29	54	87	128
151	106	69	40	19	6	1	2	11	28	53	86	127
152	107	70	41	20	7	8	9	10	27	52	85	126
153	108	71	42	21	22	23	24	25	26	51	84	125
154	109	72	43	44	45	46	47	48	49	50	83	124
155	110	73	74	75	76	77	78	79	80	81	82	123
156	111	112	113	114	115	116	117	118	119	120	121	122
157	158	159	160	161	162	163	164	165	166	167	168	169

图 5-22　六个循环的江恩四方形

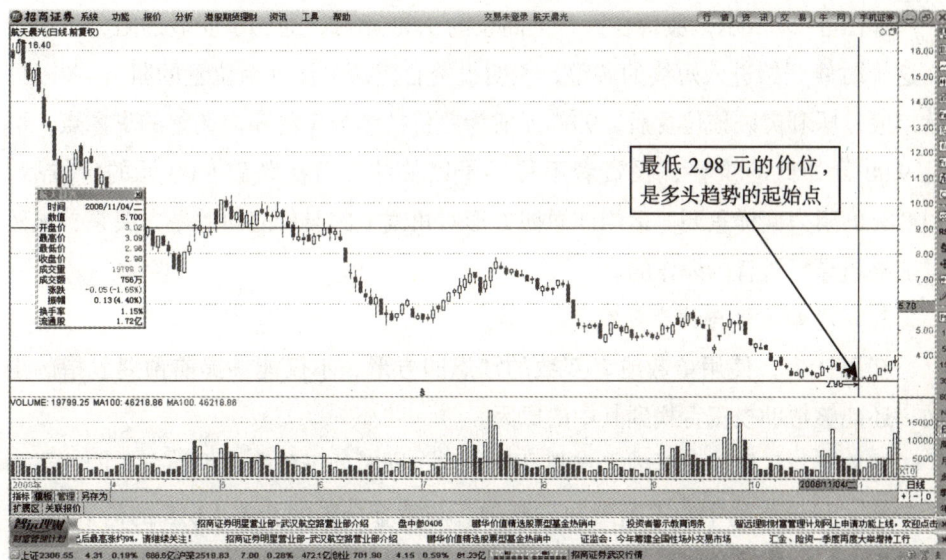

图 5-23　航天晨光的多头趋势循环

　　如图 5-23 所示，从航天晨光的日 K 线中看出，该股底部的企稳过程中的最低收盘价格为 2.98 元。该价位与 3.00 元相差无几，因此可以看做是 3.0 元。3.0 元经过平方后是 9.0 元，是投资者应该关注的价位。判断从 2.89 元开始后股指结束的位置，可以是 9.00 元。下面看一下后市股价的折返位置是否与之相关。

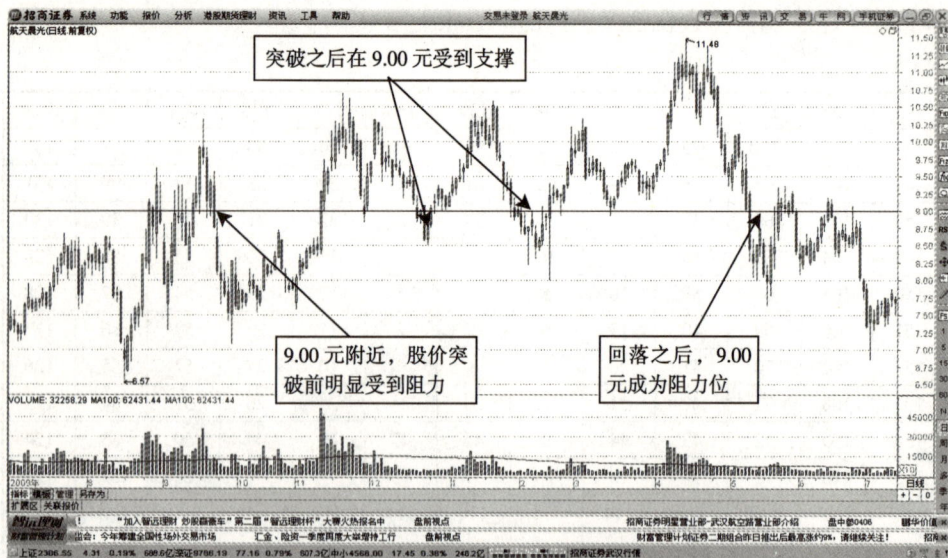

图 5-24 航天晨光股价达到 9.00 元遇到阻力

如图 5-24 所示，股价在回升至高位的 9.00 元后，遇到了明显的阻力。股价在这个时候开始进入短线的调整，表明投资者应该关注这个位置的阻力。并且，后市股价顺利突破该位置后，9.00 元成为股价持续半年的横向调整的支撑点，可见 9.00 元如此的重要，投资者不得不予以关注。再次跌破 9.00 元的价位后，9.00 元的阻力同样重要。运用江恩四方形对角线上的股价之间的平方关系，显然是能够指导投资者的操作的。

2. 江恩四方形与神奇数字

江恩认为，使用单数或者双数的江恩四方形，不仅能够提前预期股指的走向，还能够帮助投资者找到其中的原因。

四方形与江恩四方形的起点都是相同的，同时处于价格的中心点。四方形中的数字，从价格的中心不断地向外延伸。与黄金分割的相差 1.618 的倍数不同，江恩四方形的数字是以等差数列来排列的。数值在相隔的每一个点位上，相差都为一个等差数字。

神奇数字，也就是我们所说的斐波那契数列 1、2、3、5、8、13、21、34……其波动情况能够体现在江恩四方形当中。特别是中心起始点为 1 的江恩四方形，以等差 1 的方式增加的数字，全部覆盖了黄金分割的所有数列。判断股指即将出现的阻力位置的时候，显然，四方形中的数字如果同时也是黄金分割对应

— 136 —

的数字的话，对股指运行的影响将是非常大的。这样，判断股指受到阻力的大小，投资者就可以从黄金分割数字所在的纵向、横向或者是对角线上寻找了。

145	144	143	142	141	140	139	138	137	136	135	134	133
146	101	100	99	98	97	96	95	94	93	92	91	132
147	102	65	64	63	62	61	60	59	58	57	90	131
148	103	66	37	36	35	34	33	32	31	56	89	130
149	104	67	38	17	16	15	14	13	30	55	88	129
150	105	68	39	18	5	4	3	12	29	54	87	128
151	106	69	40	19	6	1	2	11	28	53	86	127
152	107	70	41	20	7	8	9	10	27	52	85	126
153	108	71	42	21	22	23	24	25	26	51	84	125
154	109	72	43	44	45	46	47	48	49	50	83	124
155	110	73	74	75	76	77	78	79	80	81	82	123
156	111	112	113	114	115	116	117	118	119	120	121	122
157	158	159	160	161	162	163	164	165	166	167	168	169

图 5-25　四方形中斐波那契数字所在位置

如图 5-25 所示，四方形中斐波那契数字所在的位置已经被清晰地标注了出来。对应的对角线或者是横纵坐标上显示的数字，都是投资者应该关注的折返点。把握这些折返点的操作机会的话，必然能够获得较好的买卖机会。四方形本身就有这样的预测功能，相应的对角线等地方，都是比较理想的操作点位。与黄

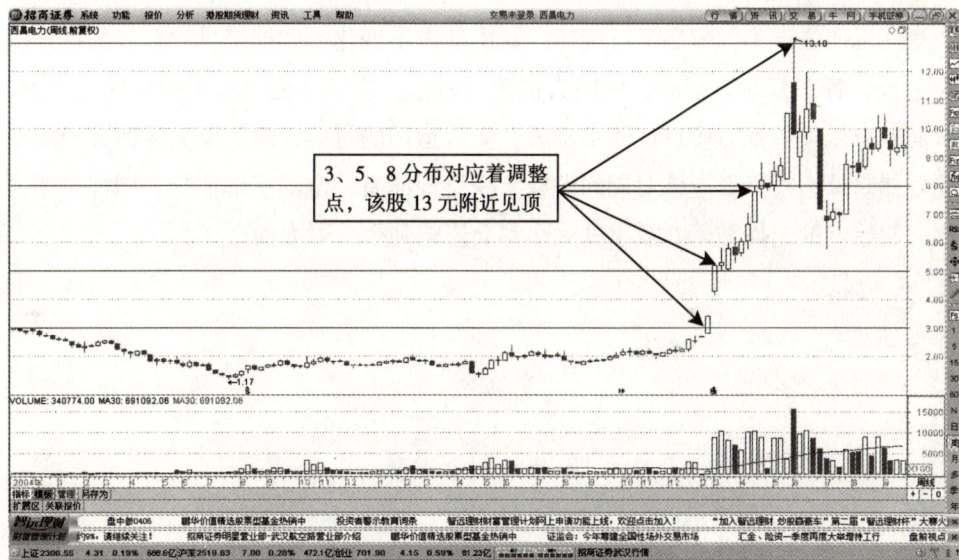

图 5-26　西昌电力的斐波那契数字调整位

金分割重合的过程中，相应的点位的操作机会是绝不能轻易错过的。

如图 5-26 所示，西昌电力的日 K 线当中，该股从底部的低点 1.17 元企稳回升后，逐渐进入到了主要的多头趋势当中。多头趋势当中，股价遇到的阻力位置是图中所示的 3 元、5 元和 8 元的地方，显然是明显的阻力位。3 元的价位调整并不明显，但是 5 元和 8 元的阻力就比较明确了。考虑到该股的多头趋势是比较明确的，期间虽然在 5 元和 8 元的地方遇到了阻力，但是调整的力度并不是很大。

小提示

江恩四方形的数字中，斐波那契数字与之重合的价位，对相应股指或者个股的支撑是毋庸置疑的。倘若投资者要想提高短线操作的胜算的话，应该从四方形数字中寻找尽量多的黄金分割数字所在的对角线或者是横纵轴，才可以获得较好的阻力位。从江恩四方形可以看出，比较多的黄金分割线出现在从左下到右上方的对角线上。以该对角线上的数字作为判断阻力的价位，是不会错的。

经 验 总 结

江恩四方形不仅形态上有规律，其中的数字变化更能够提供比较好的操作机会。投资者在判断股指潜在的阻力位置的时候，应该率先制作出相应的四方形，从而获得调整位置对应点位就不难了。实战运用的时候，除了要关注四方形的变化规律以外，投资者应该对期间的数字变化规律有一定的了解才行。同样是四方形，起始点的选择和等差数字的大小都会影响到今后阻力的选择。

第六章　江恩角度线

江恩角度线也被称为甘氏线，是实战当中用处广泛的技术分析工具之一。江恩角度线，是江恩理论当中比较重要的组成部分，可以帮助投资者直观地分析股指的变化情况，提前预测将会出现的折返点，帮助投资者把握较好的操作时机。结合了时间与价格两者的江恩角度线，不仅简洁易懂，而且实战效果良好，能给投资者提供实际的帮助。

江恩角度线因为能够反映时间与股价的关系，并不同于投资者使用的趋势线和普通角度线。从判断操作机会上来看，江恩角度线比趋势线更具有前瞻性。通过本章的学习，相信投资者对于江恩角度线的画法、优势以及实战运用都会有更好的认识。只需要很短的时间，投资者便可以轻松把握江恩角度线，为判断实战中的操作机会做好准备。

第一节　角度线的波动率

1. 波动率的不同理解：单位时间价格变动幅度、频率

对于波动率的理解，通常会有两种版本：第一种认为波动率就是单位时间价格变动的幅度；第二种认为波动率是市场在一段时间里运行的周期。两种不同的说法，其实都是有一定的道理的。但是，江恩理论中所说的波动率，是单位时间里价格变动的幅度。

波动率指标当中，涉及的单位时间是非常重要的。因为，不同的周期的 K 线走势图中，单位时间是大不相同的。日 K 线当中的单位时间，通常指的是一天的时间，而周 K 线和月 K 线中的单位时间，分别指的是一周和一个月的时间。这

样，波动率相同的时候，可能会因为投资者分析的时间周期不同而有一些明显的差别。

在比较波动率的时候，单位时间内价格变动的幅度，其实是应该以股价的涨跌比率来判断的。因为，不同的股票对应的价格是不一样的。相同时间内的价格涨跌幅度相同，对应的涨跌比率却不一样。对比江恩角度线的波动率，也只能统一使用股价单位时间内的涨跌比率了。

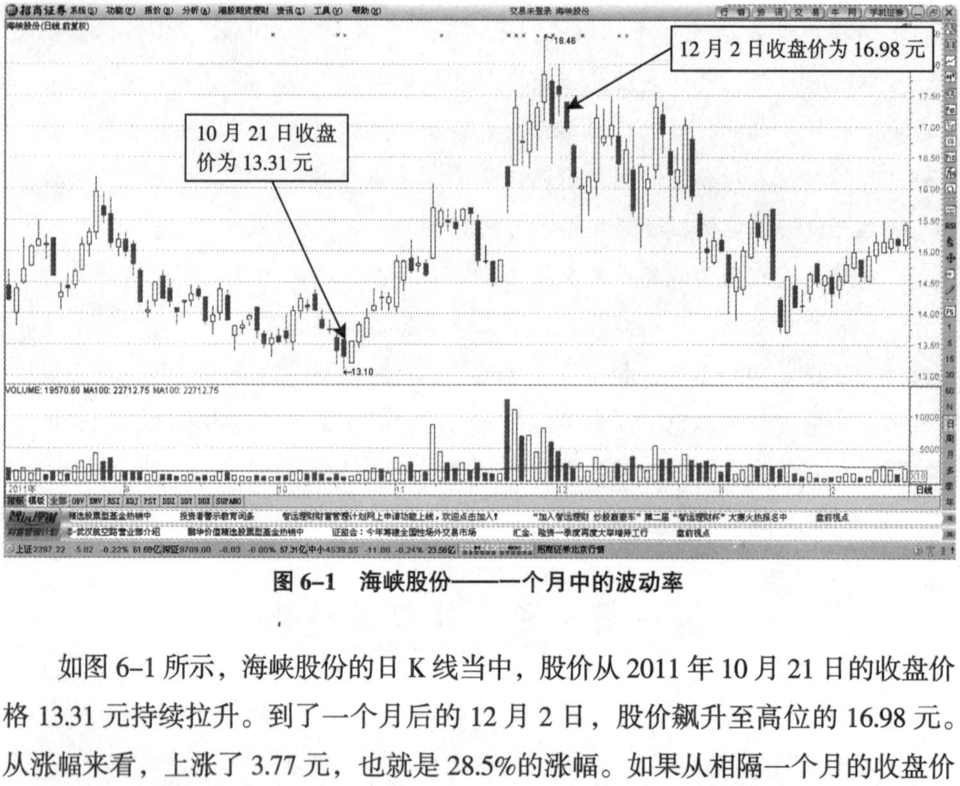

图6-1 海峡股份———一个月中的波动率

如图6-1所示，海峡股份的日K线当中，股价从2011年10月21日的收盘价格13.31元持续拉升。到了一个月后的12月2日，股价飙升至高位的16.98元。从涨幅来看，上涨了3.77元，也就是28.5%的涨幅。如果从相隔一个月的收盘价来计算江恩角度线的波动率的话，结果为：上涨百分比/持续时间 = 28.5%/30 = 0.0096。

如图6-2所示，理工监测的日K线的复权线当中，该股从前期10月21日的底部最低价格41.51元持续一个月飙升至12月2日高位的收盘价格51.80元。持续一个月的涨幅为24.8%，股价在此期间波动幅度为10.29元。从股价上涨的比率来看的话，持续一个月的时间里，波动率计算结果为：上涨百分比/持续时间 = 24.8%/30 = 0.0083。

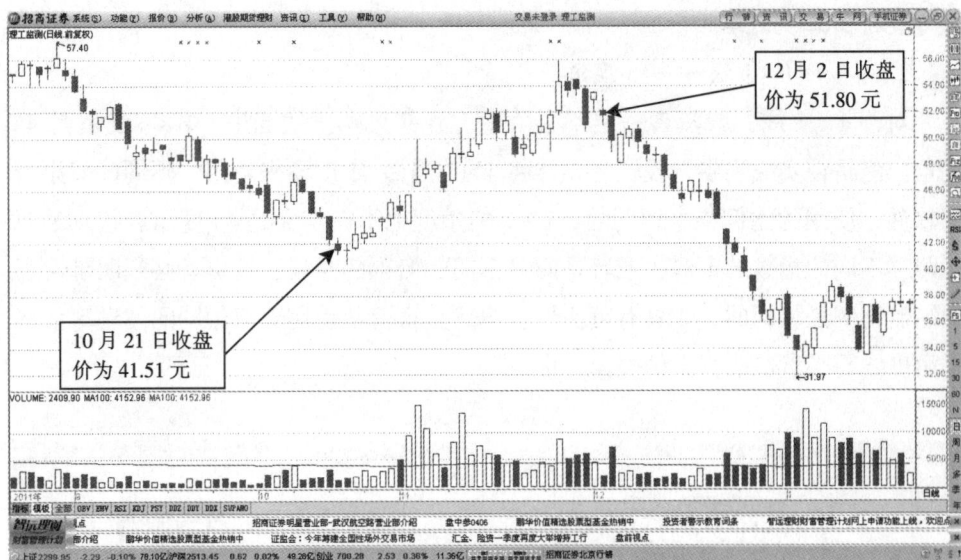

图 6–2 理工监测——一个月中的波动率

从上面两个例子可以看出，对比两组数据所得到的波动率，显然可以得出海峡股份的波动率高于理工监测波动率的结论。从涨幅比率来看，海峡股份的波动率为 0.0096，而理工监测的波动率仅仅为 0.0083。两只股票的波动率之差为 0.0013，显示出海峡股份在一个月的时间里，运行趋势是比较强的，股价单位时间里飙升的幅度更大一些。

小提示

波动率的数值大小，在一定程度上影响了股价的运行趋势。使用江恩角度线的时候，投资者应该首先明确两只股票的波动率如何，才能够判断两只股票运行趋势的强弱。计算波动率的时候，股价的涨跌比率与股价运行时间的比值，是波动率的计算方法。切不可使用股价的涨跌幅度除以时间来计算波动率，否则结果必然是错误的。上面这两个例子中，如果使用涨跌幅度除以时间来计算波动率的话，海峡股份的波动率为 3.77 元/30 天 = 0.126 元/天；理工监测的波动率为 10.29 元/30 天 = 0.343 元/天。比较两者的关系可以看出，海峡股份虽然在一个月里上涨了 28.5%，明显地高于理工监测的 24.8% 的涨幅，但是表现在波动率上，却是 0.126 与 0.343 的情况，显然与股价的上涨比率不同。得出来的结论不可能正确表现江恩角度线的波动率大小。并且，判断两只股票运行趋势强弱的时候，也不可能得出正确的结论。

2. 江恩的 1×1 线——45 度角

对于 1×1 线，投资者一定不会陌生。在江恩角度线当中，1×1 线就是 45 度角。但是在实战当中，投资者不能将 1×1 当做 45 度角来使用。不同的股票行情软件，使用的比例是不相同的，1×1 的角度也不一定会是 45 度角。特别是对比两种不同的指数的走势，或者是两只不同的股票的时候，投资者必须明确两者的绘制比例是相同的，才具有可比性。不然，盲目地使用看似相同的波动率的江恩角度线，必然造成很大的失误。

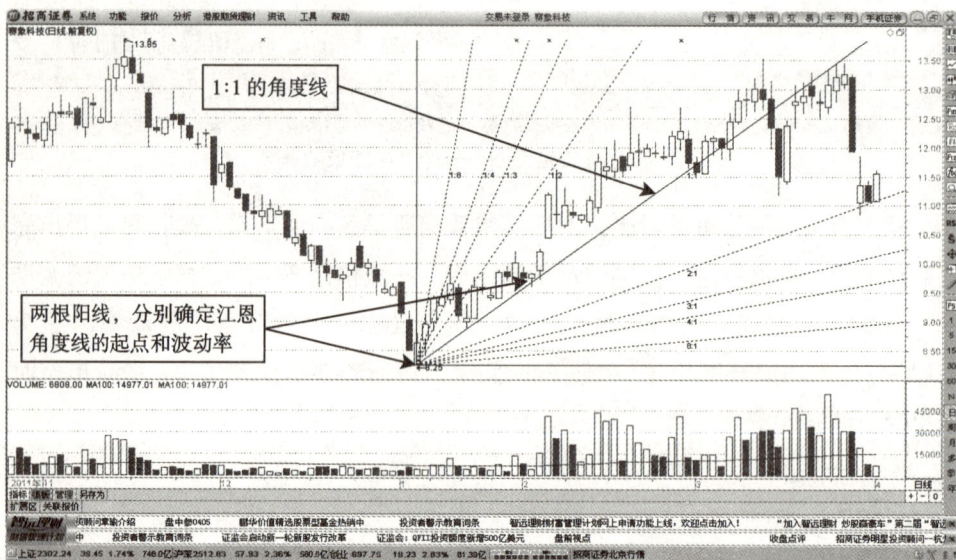

图 6-3 赛象科技——低点确定 1：1 的波动率

如图 6-3 所示，赛象科技的日 K 线中，从该股多头市场中的反转看出来，江恩角度线就出现在两个不同的反弹阳线的最低价确定之后。成功连接两根阳线的最低价格后，投资者便能够得出一条向右上方延伸的江恩角度线了。其中，图中所指的一条角度线为 1×1 的角度线。该角度线是图中江恩角度线的起点，与股价反转后的阳线共同确认出来。在江恩看来，该 1×1 的角度线是判断该股运行趋势发生变化的依据。如果 1×1 的角度线上股价可以企稳，再次站稳 1：2 甚至 1：3 的角度线后，股价运行强度更大了。

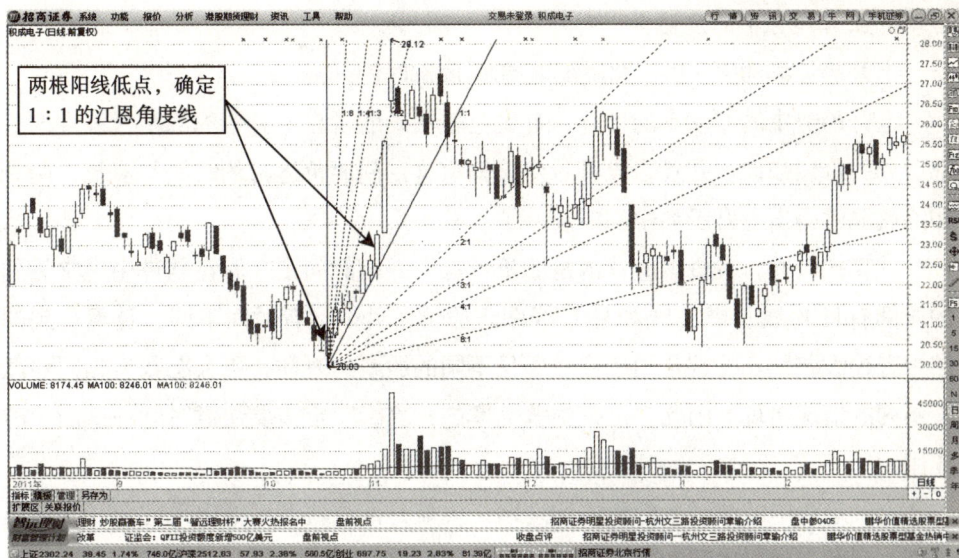

图6-4 积成电子——1∶1的波动率有些不同之处

如图6-4所示，积成电子的日K线中，同样的方法可以确定该股的江恩角度线。图中显示的1∶1的角度线，是投资者必须要把握住的45度角的江恩角度线。虽然该角度线与前面说的赛象科技有所区别，两者的角度看起来不太一样，但是对于积成电子今后的运行趋势的判断，该角度线就可以说是45度的角度线了。所谓的1×1的角度线，其实对于两只股票的判断并不容易。但是，对于单一股票的总体走势来看，图中所示的具有反转意义的两根阳线确认的1×1线，就可以认为是45度角度线了。

小提示

45度的江恩角度线，在实战运用当中，其实是与个股的反转意义的阳线或者阴线的起点有关系。因为，从波动率的计算公式可以看出来，波动率本身就是涨跌比率与时间的比值。涨跌比率与时间，其实是两个不同的概念。从单位的角度来看，是不能够被削减掉的。而波动率又不可能是时间与时间，或者是涨跌比率与涨跌比率的比值。这样，投资者绘出江恩角度线的45度线的时候，只要有两根阳线的最低价位或者阴线的最高价位就可以了。

3. 上升趋势中的波动率

上升趋势波动率＝相邻两底部之差/两底部时间间隔

上升趋势中的波动率的计算，首先应该明确股价在上升中的两个代表性的底部所处的价位如何。并且，投资者应该知道这期间股价运行的时间是多长，两者相除就能够得出上升趋势中的波动率了。

计算的时候，投资者应该清楚股价走势所处的时间图。看盘软件中经常见到的时间有日 K 线、周 K 线和月 K 线图。股价所处的运行时间不同，计算得到的结果有很大差别。特别是用于比较两只不同的股票的时候，更会有数值相同而意义不同的情况出现。因此，上升中波动率的计算，一定需要注意时间在这当中的作用。

上升趋势中的波动率的价格的选取，应该是两个典型底部出现的阳线的最低价格。而两个价格之间的时间间隔，就是波动率计算的时间间隔。

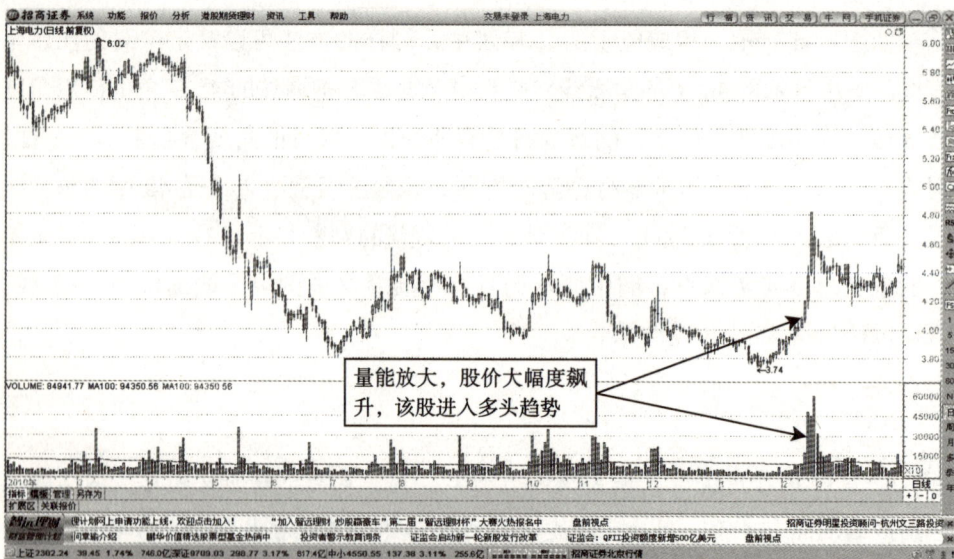

图 6-5　上海电力——量价齐增表明趋势反转

如图 6-5 所示，上海电力在底部放量拉升之前，股价都处于持续回落的状态中。一旦放量拉升，并且股价回升至前期持续调整形态的上方，那么套牢盘会大为减轻。也就是这个时候，该股进入到了多头市场中。此种情况采用江恩角度线的方式判断股价的运行趋势，是不会有错的。

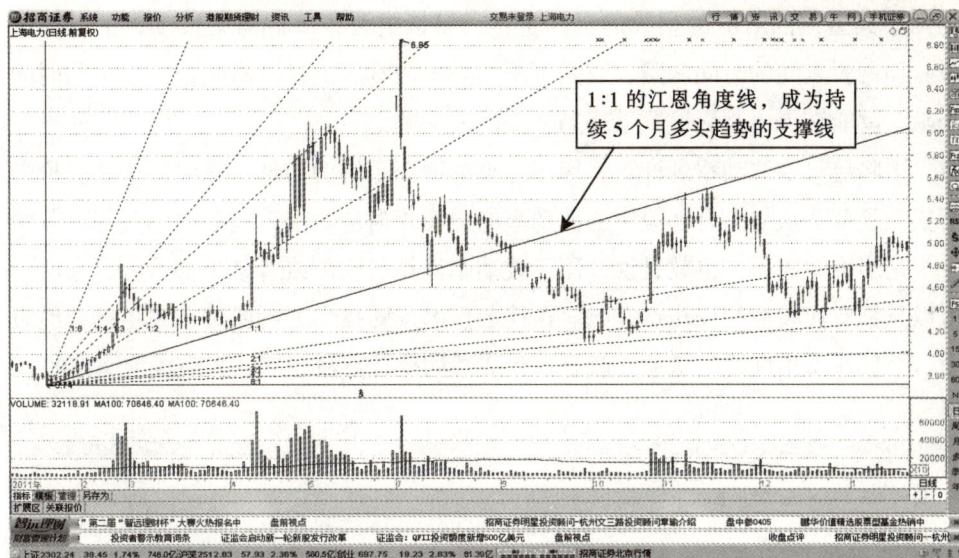

图 6-6　上海电力——江恩角度线

　　如图 6-6 所示，图中股价的运行趋势在长达五个月的时间里都维持在江恩角度线上。暂且不提该角度线的其他作用，仅从该角度线的支撑效果来看，就能够提供比较好的支撑。显然，多头市场中的江恩角度线可以提供不错的趋势。不同波动率的江恩角度线，可以把支撑线划分为另外的八个分割线，更能够帮助投资者把握操作机会。

小提示

　　1：1 的江恩角度线虽然重要，其他波动率的角度线在股价上涨趋势出现变化的时候也是不容忽视的支撑线。特别是股价加速上行与见顶回落之时，江恩不同波动率的角度线对股价短线的支撑如果被成功突破，那么支撑和压力之间就会出现微妙的转变。这个时候，新的趋势也就到了。投资者应该努力判断不同的支撑点，才能够把握股价运行过程中的赢利机会。

　　4. 下降趋势中的波动率

　　下降趋势波动率＝相邻两顶部之差/两顶部时间间隔

　　下降趋势中的波动率指标的计算，与上升趋势中的波动率计算相似。不同之处在于，下降趋势中选取的价格是两个相邻的代表性的顶部价位。由下降趋势中的两个典型顶部对应的阴线的最高价位，可以成为下降趋势中波动率的计算价位。而两者之间的时间间隔，就是下降趋势中波动率的计算时间。波动率与时间相除，就能够得出某只股票下降趋势中的波动率。

下降趋势中波动率的计算，用于计算的两个不同的顶部，其中一个是股价的历史性顶部。这与上升趋势中的波动率的底部相对应。上升趋势中的底部，其中一个是历史性底部。也就是说，用于波动率计算的底部或者是顶部价位，起始点可以从具有代表性的反转点开始。在代表性的反转点中，判断波动率更具有说服力。今后江恩角度线的延伸，就是在代表性的反转点波动率计算完成后结束的。

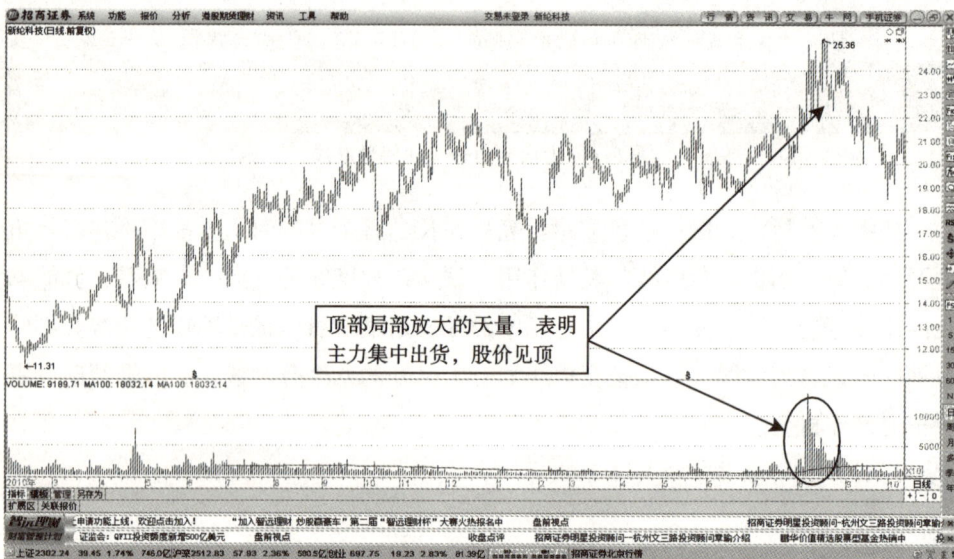

图 6-7　新纶科技——顶部放量成为反转信号

如图 6-7 所示，新纶科技的日 K 线中，股价长期多头市场结束的点位就是图中量能集中放大至天量的顶部出现之时。主力要想成功出逃，放量集中减仓是常用的手法。这个时候，投资者可以根据量价关系准确判断出顶部，并且运用江恩角度线来测试今后股价将会出现折返的点位，为今后的操作赢得先机。

如图 6-8 所示，新纶科技的下挫趋势比较明确，仅凭借江恩角度线的 1∶1 线就能够准确地判断股价的中短线的见顶点位。这样，有助于投资者在做短线操作的过程中成功减少损失。除了图中的 1∶1 的江恩角度线以外，投资者还能够根据 1∶4、1∶3、1∶2 的江恩角度线来判断股价将会出现折返的位置，从而为回落打下坚实基础。

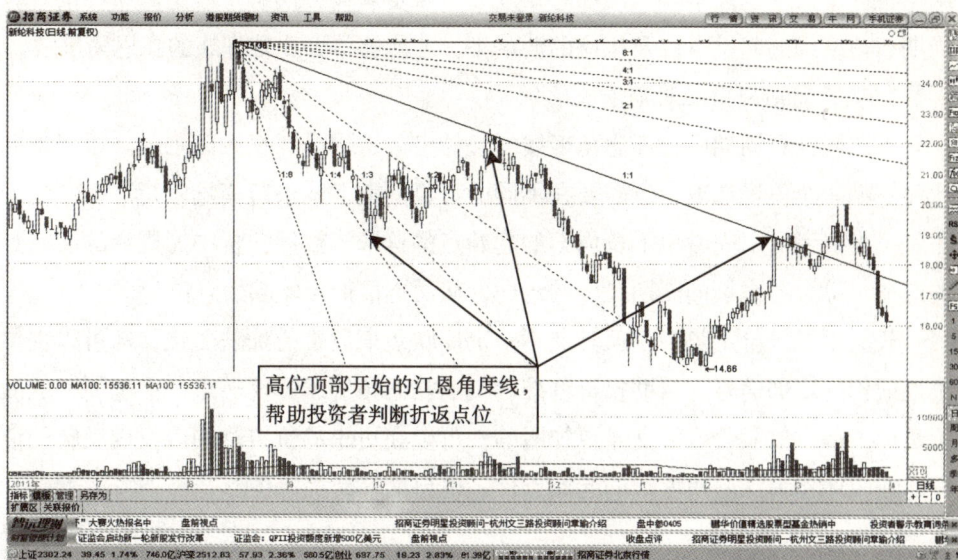

高位顶部开始的江恩角度线，
帮助投资者判断折返点位

图6-8 新纶科技——空头市场中的江恩角度线

💭 小提示

　　1∶1的波动率，显然就是江恩角度线的45度角了。判断股价下跌趋势中出现折返的点位，可以从1∶8到1∶2的波动率当中寻找合适的支撑点。如果股价真的可以受到支撑的话，股价通常不会跌至1∶8的地方才出现反弹走势。如果是这样的话，投资者判断股价反弹的点位就比较容易了。下跌趋势当中，波动率的选择是由股价有代表性的阴线来决定的。如果阴线已经得到了确认，那么股价的下跌趋势将会得到确认。江恩角度线的波动率，无非是在准确判断1∶1的角度线后，对角度的1/2、1/4、1/8等的划分。准确判断划分点，其实是比较容易的。股价的折返点位究竟出现在何处，判断起来就比较困难了。

第二节　江恩角度线的画法

　　正确勾画出江恩角度线，必须有先决条件。在江恩角度线的画法中，投资者应该懂得不同周期的角度线是不同的。而江恩角度线起始点的选取不同，得到的结论也有很大差别。准确画出江恩角度线，投资者需要明确个股走势所在的计算周期、角度线的起始点以及相应的波动率，才能够得到比较理想的江恩角度线。

1. 从长周期到中短周期依次绘制

不同的计算周期中，江恩角度线的起始点的选取是有很大区别的。投资者究竟要在哪一个位置选取，还需要在不同的计算周期之间进行衡量才行。基本的方法是，投资者可以先看一下长周期的起始点的选取，然后分析中短周期的起始点的选取。综合考虑不同周期股价的走向，从而选取恰当的起始点位。

长周期的股价走势中，反转点不一定反映短期股价的涨跌变化，却可以提供长期股价的顶部信号，帮助投资者准确判断江恩角度线的反转点。中短周期的股价走向，提供的股价反转信号更加明确，可以在更小的价位范围内发现反转的信号，相应地作为江恩角度线的起始点位，也更加容易把握住。

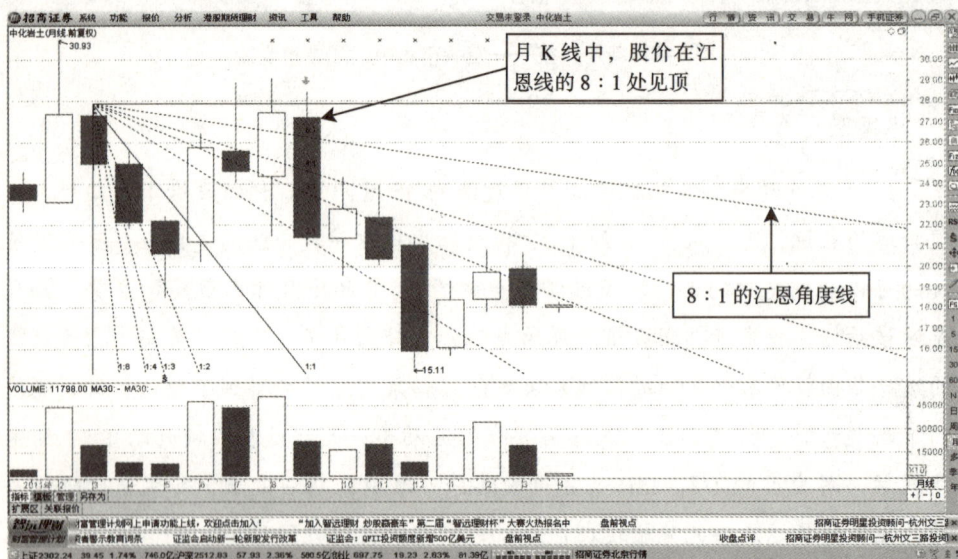

图6-9　中化岩土——月K线中的江恩角度线

如图6-9所示，中化岩土的月K线中，股价的运行趋势明显是震荡向下的。图中阴线作为江恩角度线的起始点，可以得出不同波动率的角度线。从后期股价走势来看，该股在图中反弹至8∶1的江恩角度线，才再一次向下回落。

总的来看，该股的江恩角度线选择在图中阴线高位，却不能够更精确地选择到更高的位置,因此,股价才能够顺利反弹至江恩角度线的 8 : 1 的角度线上。如此判断月 K 线中股价的走向,其实还是有很大的弊端的。比如,选择到不够准确的江恩角度线的起点,以及后期股价运行趋势的不受控制等。

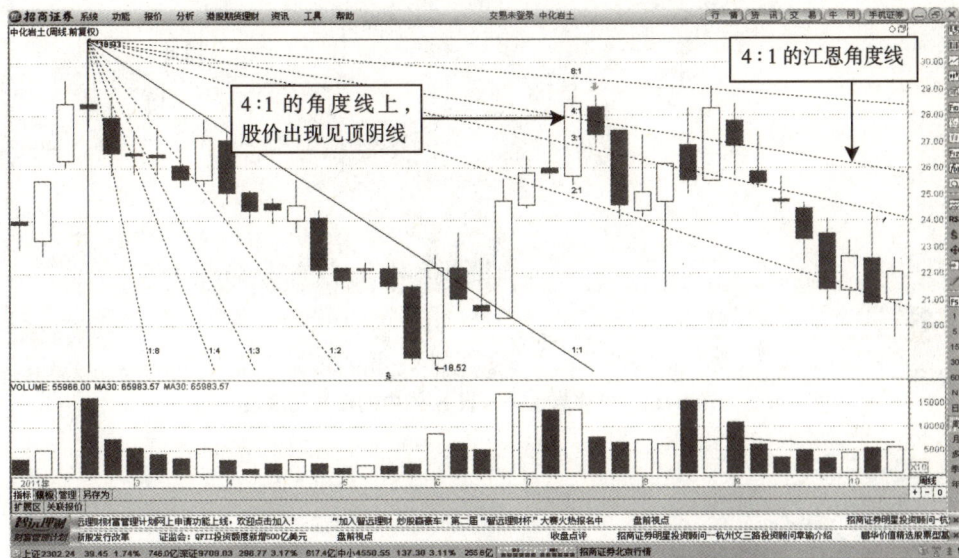

图 6-10 中化岩土——周 K 线中的江恩角度线

如图 6-10 所示,同样是中化岩土的走势,周 K 线中江恩角度线起始点的选择上就比较精确了。图中显示,阴线的最高位作为江恩角度线的起点,已经提供了比较好的操作机会。因为起点选择得比较高,江恩角度线可以从真正的高位向下延伸,股价反弹之后达到了图中的 4 : 1 的角度线,就开始了持续回落的走势。这样看来,周 K 线中江恩角度线能够更为精确地绘出来,并且可以为投资者提供更好的操作信号。

如图 6-11 所示,中化岩土的日 K 线的走势虽然与周 K 线的走势有些不同,但是从江恩角度线的标注来看,其作用是相差不多的。股价的下跌趋势比较明确,并且能够提供比较好的操作机会。图中显示,江恩角度线的起始点,与周 K 线中确认的起点相差不多。并且,后市股价反弹后再次回落的位置,同样是处于 4 : 1 的角度线上。

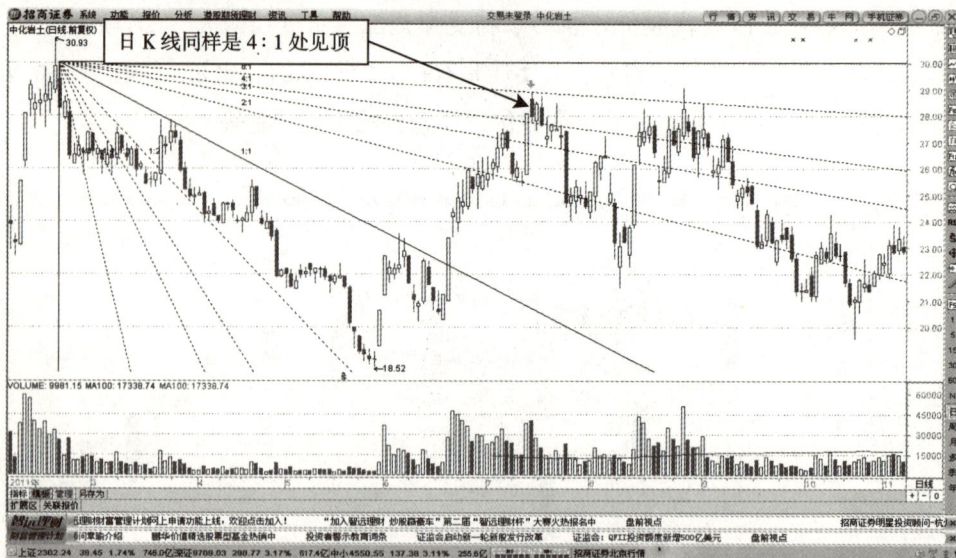

图6-11 中化岩土——日K线中的江恩角度线

小提示

　　不同周期的K线图形，对于江恩角度线的走向的影响是比较大的。特别是长周期与短周期的K线走势，江恩角度线的起始点可能会相差很多。这样，对于今后股价折返点的判断上，就会有些不同之处了。长周期的K线形态，如果收盘时的阴线最高价位比较低的话，那么江恩角度线会整体向下移动。通常来看，短周期的K线涨跌幅度比较有限，对空头市场中江恩角度线起始点的影响也比较有限。股价下挫的过程中，投资者更容易判断相应操作机会。很多时候，股价的压力和支撑点都能够一一显示在不同的江恩角度线上，从而帮助投资者把握操作机会。

　　2. 价位的高低点作为起始点

　　对于江恩角度线的起始点位，投资者可以定在股价的高位或者是低点。通常来看，江恩角度线的高位和低点是股价反转的重要起始点，能够成为江恩角度线的开始的位置。比较重要的价位高位或者是低点，股价的多空双方的力量发生了根本变化，反转走势将会不断确认，投资者用于判断股价支撑和压力点的江恩角度线，可以逐渐被画出来。

在股价反转走势的真正底部，是江恩角度线开始的地方。多头市场当中，江恩角度线正是起始于股价底部，并且向右上方不断地延伸着。而股价的历史性的高位，或者说是中长期行情的顶部价位，是向右下方延伸的江恩角度线的起始点。江恩角度线有了起始点位，绘出江恩线也就近在咫尺了。角度线与波动率相结合，就构成了江恩角度线的两个重要因素。

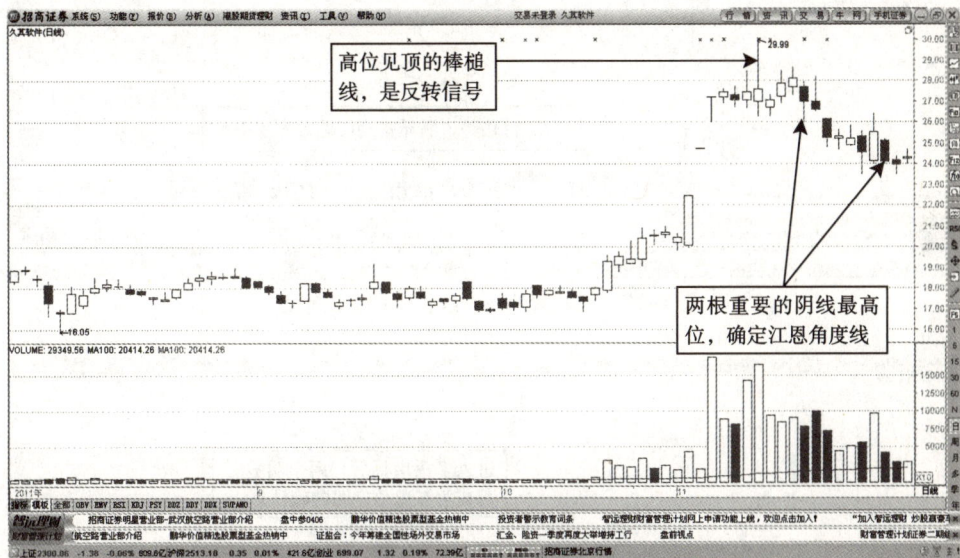

图6-12 久其软件——阴线高位的选取

如图6-12所示，久其软件的日K线当中，该股大幅度上涨的过程中曾经出现了两次跳空拉升的涨停板。如此强劲的上涨却在图中的高位棒槌线出现后开始见顶。从量能上来看，高位棒槌线完成之后，股价开始了逐步缩量下挫的情况。下跌中的两个明显阴线分别能够确定江恩角度线的起始点和1:1的角度线的方向。江恩角度线的确认，无非是起始点和1:1的角度线的方向。两者一经确认，下跌趋势中江恩角度线就能够在行情软件中制作出来了。

如图6-13所示，久其软件的日K线中，股价的下跌趋势比较明显。并且，每一个高位或者是低点的出现，好像都被江恩角度线预先计划出来了。实战当中，江恩角度线的这种预测功能，是非常难得的。如果投资者能够结合空头市场和多头市场的两种江恩角度线来判断股价将会遇到的阻力位置和折返点，那么对今后的操作帮助很大。

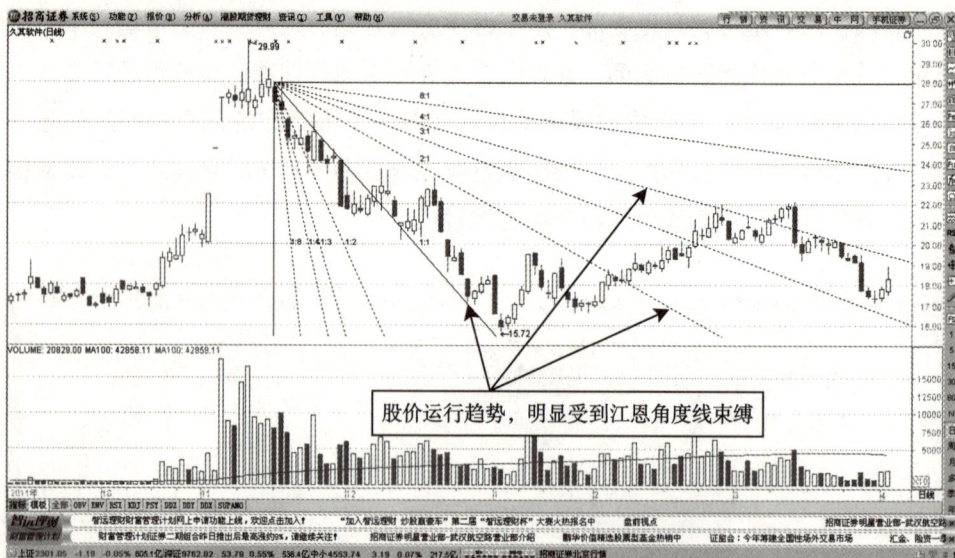

图6-13　久其软件——股价走势受到束缚

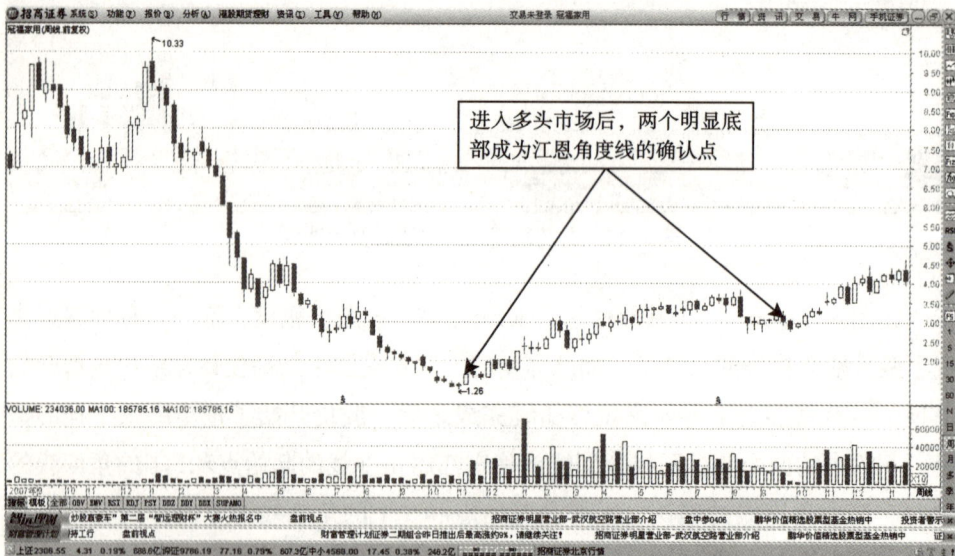

图6-14　冠福家用——周K线反转后的两个阳线底部

　　如图6-14所示，冠福家用的周K线当中，股价的基本运行趋势出现了转变，股价从空头趋势转变到了多头趋势中。而图中指示的两个重要反转阳线就是这一多头趋势的起点。江恩角度线可以从最初出现的阳线最低点开始，另外一根阳线低点用于确认该多头趋势中江恩角度线的1∶1的方向，便可以确认相应的江恩角度线了。

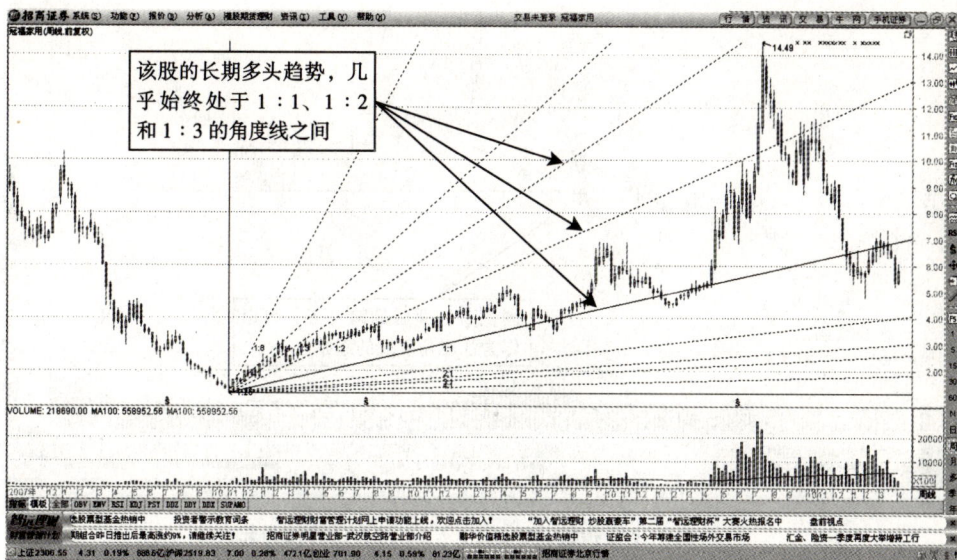

图6-15　冠福家用——江恩角度线束缚下的多头趋势

如图6-15所示，后市股价的运行趋势受到了江恩角度线的极大影响。股价的走向虽然持续着多头行情，却没有脱离1∶1、1∶2和1∶3的角度线。判断买卖时机，可以从股价沿着角度线之间频繁运行的时候发现相应的操作机会，进而获得利润。

3. 重要时间作为起始点

除了从股价的方面来判断江恩角度线的起始点外，重要的时间也是江恩角度线的起始点。只不过，在实战当中准确判断比较重要的时间是很困难的事情，不像股价的高位和低点那样容易判断。实战当中，对于江恩角度线的起始点，投资者也可以选择在股价具有反转意义的高位和低点。因为，既然股价在某一价位发生了反转，那么反转点的价位一定是重要的时刻。采用重要的反转价位作为江恩角度线的起始点，没什么不合适的。相反，如果投资者真的要从重要的时刻中选取江恩角度线的起始点，实战操作性是比较差的，不容易发现这样重要的时刻。

如图6-16所示，2010年10月8日上证指数所处的点位，可以作为江恩角度线的起始点位。就在这一天，上证指数成功脱离了前期的高位，出现了短暂飙升的势头。2010年10月8日，是国庆节长假后的第一天，股价延续节前的回升势头，继续大幅度上涨，显然可以作为江恩角度线的起始点位。指数短线的走

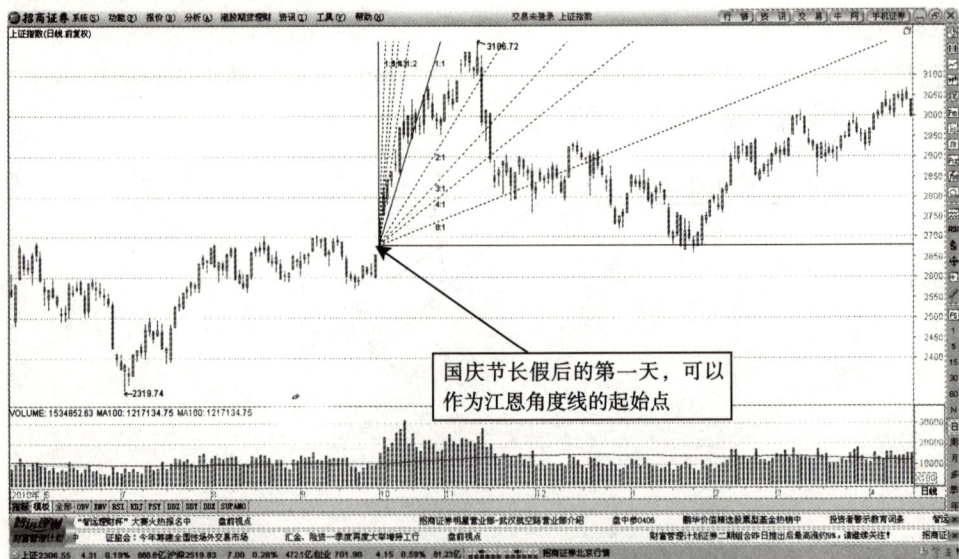

国庆节长假后的第一天，可以作为江恩角度线的起始点

图 6-16　上证指数——2010 年 10 月 8 日可作为起点

向，必然能够在江恩角度线中发现一些端倪。起始于国庆节长假后的第一天的江恩角度线，显然具有这样的作用。

4. 准确计算波动率

江恩角度线波动率的计算是该角度线成功绘制的重要基础。起始点的选取固然重要，但是没有计算出相应准确的波动率也不可能得出准确的江恩角度线。通过波动率的计算，投资者可以知道股价运行过程中的阻力或者支撑来源，是完全不同的。不同的波动率会得出差异性很大的江恩角度线。要想准确地判断股价的预期反转点，或者是判断趋势的延续，波动率指标必然需要准确地度量才行。

第三节　江恩角度线与普通角度线的区别

1. 江恩角度线——是时间价格对应的关系

与普通的角度线相比，江恩角度线的运用更加具有实战性。江恩角度线不是简单的具有一定角度的线，而是在股价与时间逐一对应的情况下，出现的用于判断股价支撑于压力以及与其走向的多重射线。江恩角度线对应的个股，涨跌趋势是可以相互比较的。因为，不同个股中江恩角度线都是时间与价格对应的情况下产生的。角度正负不同的江恩角度线对应的趋势一定是不同的。角度正负相同的江恩角度线，不仅趋势相同，股价走势的强弱状况也是相似的。

2.普通角度线——角度相同，趋势强弱不一定相同

普通的角度线，虽然看起来有相似的角度，表明的趋势强弱却不尽相同。因为，从K线图中标出来的普通角度线中，股价与时间的对应关系并不是一对一的。也就是说，单位时间里，股价的涨跌幅度有很大的差别。

前面我们说过，江恩角度线的45度角是股价与时间1×1的关系。而对于普通的角度线就不是这种情况了。普通的角度线中，即便是1×2或者是2×1的关系，对应的角度线同样看似是45度的。也就是说，角度线的变化，其实并不是单位时间内股价波动的幅度。股价的K线走向会因为价格的不同、价格变动过程中的时间间隔有差异，而表现在角度线上看是同样的角度，却不能够相互比较。相同的普通角度线，对应的角度虽然相同，但是趋势强弱可能会有很大的差别。

图6-17　深物业A——多头趋势中的上涨

如图6-17所示，从深物业A的日K线中可以清楚地看出，股价的上升趋势比较明确。图中是该股见底最低价6.56元后的上升趋势线。判断该趋势线的坡度，可以衡量一下该股的上涨势头的强弱，帮助投资者获得相应利润。从上涨幅

度的角度看的话，该股在三个月的时间里，从 6.90 元飙升到了 9.20 元附近，上涨幅度为 33.3%。也就是说，该股平均每个月的涨幅为 11.1%，超过一个涨停板。

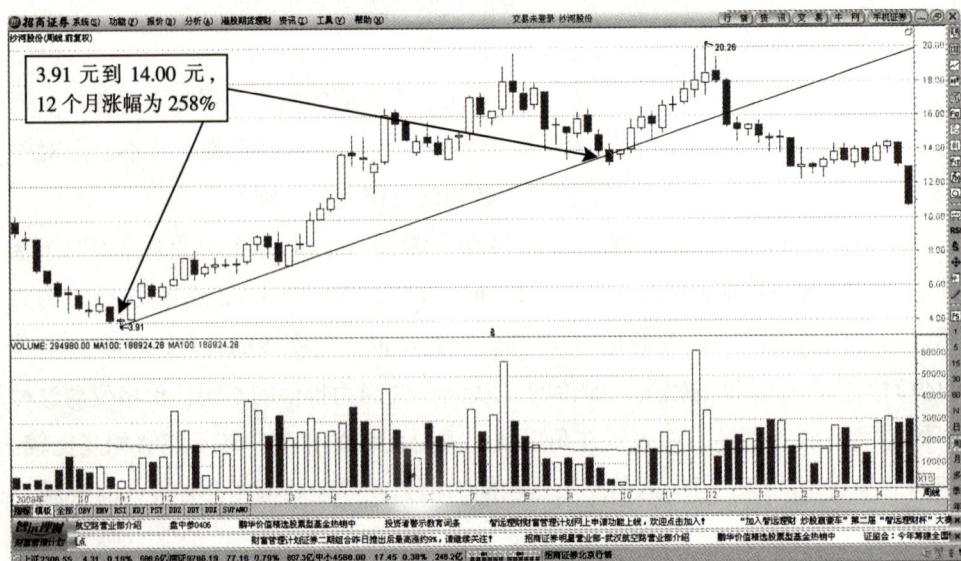

图 6-18　沙河股份——相似的趋势线

如图 6-18 所示，沙河股份的周 K 线中，从该股上升的趋势线来看，好像与前面所说的深物业 A 并无两样。趋势线的角度是相似的，看起来两只股票在多头趋势中上涨的势头是势均力敌的。但是，投资者如果仔细分析一下就可以知道，二者的运行趋势的强弱是有很大差别的。这种差别的明显存在是有损于投资者准确判断两只股票的走势的。

沙河股份从底部的 3.91 元飙升至 14.00 元附近的过程中，持续时间长达 12 个月。就在 12 个月的时间里，股价累计上涨了 258%，平均每个月的上涨幅度为 21.45%。沙河股份的上升趋势显然要强于深物业 A 很多。原因很简单，股价的每个月的上涨幅度中，沙河股份比深物业 A 高出 21.45%-11.1%=10.34%。多出来的 10.34% 反映出沙河股份的确是更强势的牛股，投资者应该尽量参与这样的股票来操作，更容易获得较好的回报。

回过头来看，两只股票的趋势线的角度的确非常相似。所以采取趋势线来判断两只股票走势的强弱，不能够得出准确的结论。甚至在趋势线出现较大偏差的情况下，还会帮倒忙。

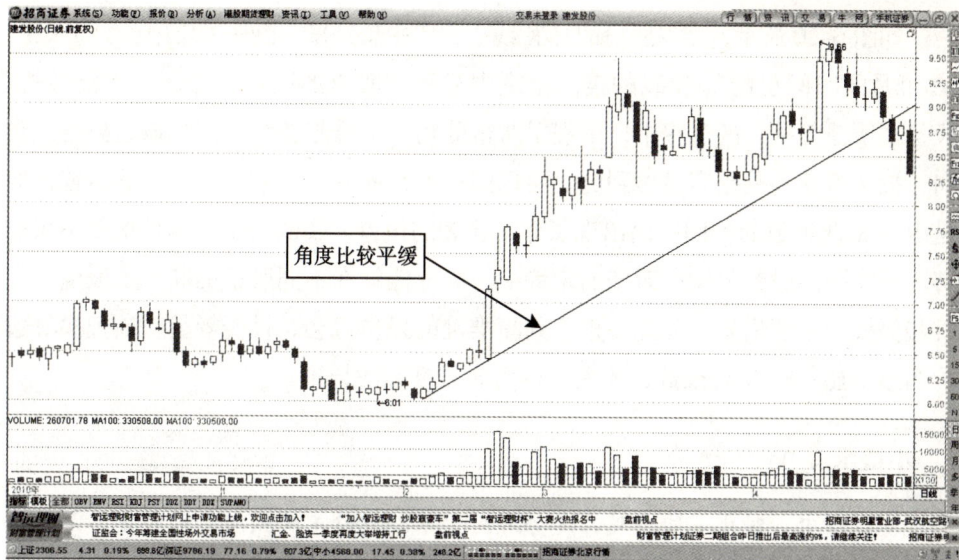

角度比较平缓

图 6-19　建发股份——6 个月的日 K 线图

如图 6-19 所示，建发股份的日 K 线当中，图中显示的是该股的多头行情中的趋势线。从该趋势线的起始点算起，图中总计显示出来了 6 个月的该股的日 K 线走向。趋势线在其中表现得并不十分陡峭。如此一来，判断该股的走势不是想象那么强势的。但是，同一只股票的走势，如果换一下显示的 K 线数量，会不会发生变化呢？我们看图 6-20。

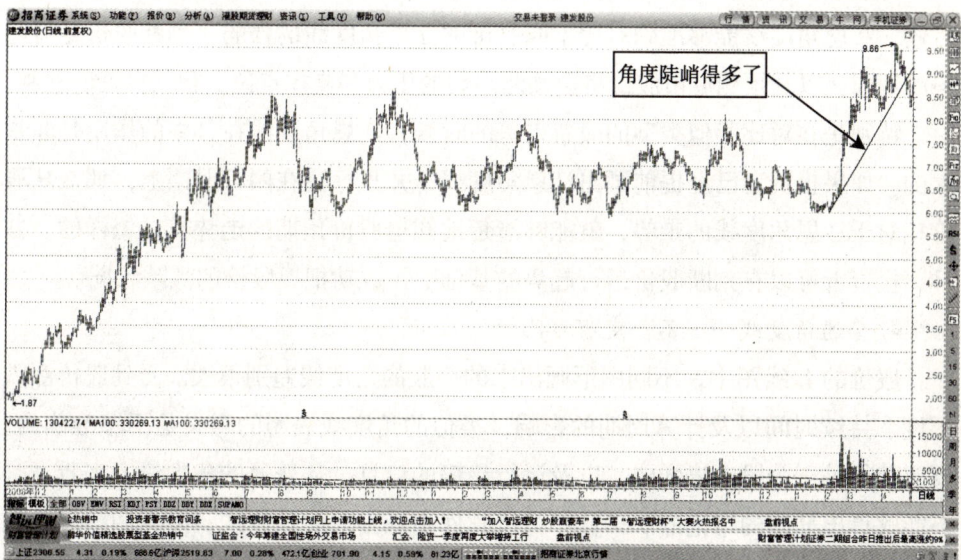

角度陡峭得多了

图 6-20　建发股份——30 个月的日 K 线图

如图 6-20 所示，建发股份的日 K 线中，图中总计显示出来了长达 6 个月 × 5 = 30 个月的时间里的日 K 线的走向。图中显示，股价的运行趋势还是比较强的。股价短线强势飙升的过程中，出现了非常陡峭的上升趋势线。把握该趋势线的走向，投资者获利是很容易做到的。两幅图虽然是同一只股票同一时期的走势，但是因为 K 线根数的不同，而出现了非常显著的偏差。实战当中，这种偏差不仅能够表现在一只股票的同一时期的走势中，同样能够在不同股票的同一个坡度的上升趋势线中表现出来。如此一来，判断准确的操作机会，投资者就应该把握好股价图形中显示的 K 线根数，才能够得出比较准确的结论。

小提示

实战当中，对比不同个股的趋势线用于判断股价走势强弱的时候是不足以得出正确结论的。处于个股 K 线走势图的时间周期不同，股票价格图形的善变，投资者是不可能轻易得出准确结论的。特别是在两只股票的计算周期存在较大的偏差，并且图形显示上有波动的时候，投资者比较两只趋势相似的股票，甚至会得出错误的强弱结论来。

3. 江恩角度线——有可比性

江恩角度线在画法上与普通的角度线有很大的区别。在判断股价运行趋势的时候，江恩角度线能够准确对比不同股价的江恩角度线的强弱，判断股价运行趋势的不同，以及预测后市股价将会预测出现的压力和支撑点位，帮助投资者获利。

特别是在对比相似类型的股票走势的时候，江恩角度线在其中的作用是非常大的。如果投资者已经提前画出江恩角度线，并且标注在两只股票上，那么从股价相对于江恩角度线的走势，就能够清楚地知道股价预期的走势将是怎样的。并且，投资者可以在判断股价运行趋势的基础上，成功把握股价的涨跌状况。

4. 普通角度线——不一定有可比性

股价的 K 线图中，不同图形画出来的个股的角度线差别很大。受到股价涨跌幅度、持续时间以及计算周期的影响，类似的角度线表明的意义是不够准确的。要想获得关于个股走势强弱，以及运行趋势的信息，从普通的角度线上来看，是不能够得出准确的结论的。毕竟，行情软件中画出来的角度线，随意调整显示的 K 线数量，就能够轻松地促使角度发生较大变动，得出来的两组个股的角度线，虽然运行方向大体一致，却不具有可比性。肉眼发现的不同个股类似的角度线，表明的意义是有很大差别的。

5. 普通角度线——容易造成不同股价的趋势的错误对比

既然角度线不能够作为不同股价运行趋势的对比，那么如果投资者使用角度线来判断股价的两种不同走势的话，必然会得出错误的结论。角度线看起来是相似的，却不一定有相似的作用效果。特别是在判断股价的运行趋势的时候，相似的角度线，说明股价的运行趋势大体一致，却没有什么可比性。错误的操作机会往往都是在这个时候出现的。如果是在同一个周期的 K 线图中的两种不同的股价，对应的运行趋势可以相互比较。但是，不同的 K 线周期，使用相似的角度线来比较两种股票的走向，其结论是值得怀疑的。

第四节　角度线与趋势线的比较

角度线与趋势线相比较，有很大的差别。趋势线的做法中，重点是两种反转点位的把握，而江恩角度线的做法要复杂一些，并且股价在江恩角度线中的对应关系是有讲究的。

1. 趋势线容易勾画

趋势线是股价运行趋势的体现，从画法上来看，通常只要有两种不同的价位出现，就可以画出趋势线。多头市场当中，连接价位的两个不同的底部就能够得出相应的趋势线。而空头市场当中，只要结合两个不同的价位的高点就可以得出相应的趋势线了。比较典型的趋势线，起点是主要趋势反转之时。多头市场中的趋势中，具有历史性反转意义的底部价位通常可以作为趋势线的起点。而空头市场当中，历史性的反转意义的价格顶部同样能够成为下跌趋势线的起点。连接两个不同趋势线的起点，投资者自然可以画出相应的趋势线来。

如图 6-21 所示，水晶光电的周 K 线当中，股价的回升趋势被确认的时候，是在图中两个明显的反弹阳线出现之后。这两个明显的阳线是股价回升趋势中短线底部企稳的首个阳线。如果连接这两根阳线下方的最低价位的话，便是该股周 K 线中的上升趋势线了。后市股价的基本运行趋势是不会脱离该上升趋势线的。

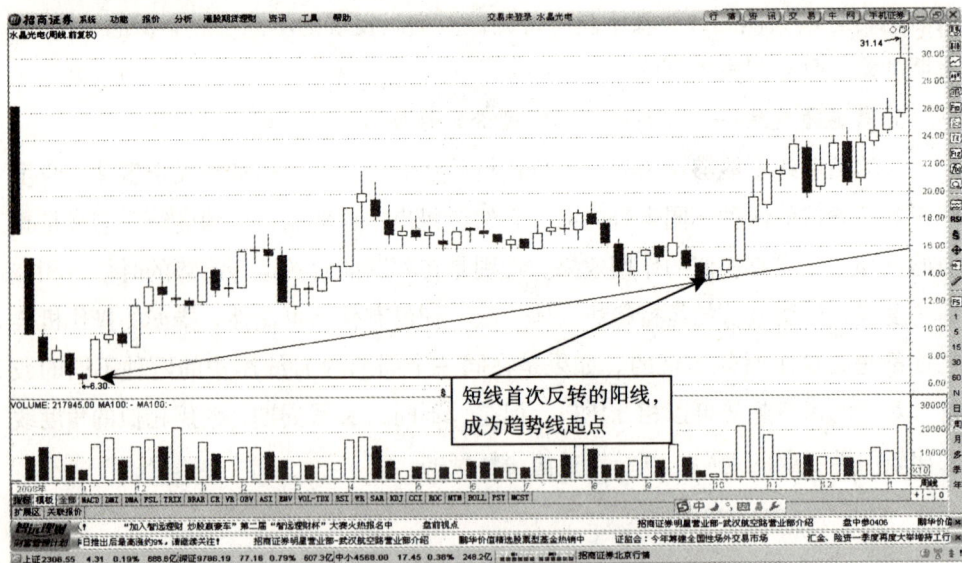

图 6-21　水晶光电——周 K 线上升趋势线

投资者把握好机会，便能够持续赢利了。

　　相比较使用江恩角度线水晶光电的上升趋势线确定起来更为简便。该趋势线只要两根阳线选取得当，连接阳线最低点就是趋势线了。江恩角度线显然要比这个上升趋势线复杂得多，实战运用的时候，其实与趋势线有很大的区别。

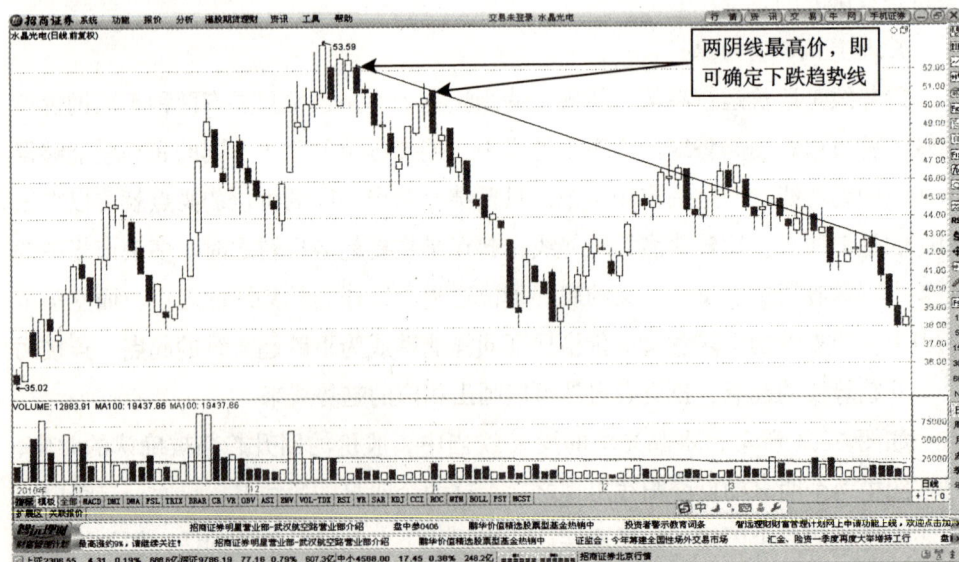

图 6-22　水晶光电——日 K 线下降趋势线

如图 6-22 所示，水晶光电的日 K 线当中，该股的下挫趋势出现在了两根阴线出现以后。图中两根阴线是下跌趋势中依次出现的，表明股价的下跌趋势不可能回转了。与上升趋势线相似，两根阴线的最高价位就能够确认股价下跌的趋势线了。在下跌趋势线的作用下，股价的持续回落的走势会不断地延续下来。上升趋势线和下跌趋势线，两者的确认只需要两根阳线即可。江恩角度线的确认，需要确定股价反转的起点，以及趋势线的一个价位点。江恩角度线的 1∶1 角度线被确认之后，电脑自动生成了不同的角度线。这种生成的复杂角度线，显然要比趋势线更难以勾画。

2. 完整的形态之后出现趋势

趋势线的重要特点是，完整的趋势一定是在价格形态出现之后。也就是说，没有趋势的真正转变，趋势线也就无从谈起。只有当股价的运行趋势真正出现之时，才能够说股价的趋势已经存在了。趋势线被成功绘出来的时候，总的来说是提醒趋势的延续或者是趋势的转变信号。股价触底反弹或者见顶回落后，延续这种反转趋势一段时间，就可以使用趋势线来判断股价的运行趋势了。大的趋势是不容易出现转变的，使用趋势线来指导投资者的买卖操作，显然是一种有效的方式。把握好股价的运行趋势，即便出现反转信号的情况下，投资者也能够发现股价突破趋势线的走势。根据突破点做出相应的买卖操作，是不会有错的。

3. 不能够提前预测趋势

趋势线的实战作用在于判断股价的运行趋势是否延续，以及如果股价出现反转信号的话，帮助投资者第一时间发现相应的突破点。即便是这样，趋势线在判断股价的运行趋势的时候，也是不具备相应的预测效果的。股价的运行趋势是不可能提前表现出来的，趋势线一定是出现在趋势形成之后，而不是趋势出现之前。

正是基于此，使用趋势线的时候才有很多的限制。投资者虽然能够在趋势延续的时候进行相应的操作，但是股价究竟会在什么位置上出现反转，或者说反转之后可能的折返点位如何，就不得而知了。相比趋势线不能够预测趋势的缺陷，江恩角度线却能够在很大程度上进行弥补。因为，江恩角度线已经提前划分出来相应的角度线，能够提前预测相应的反转点，更好地帮助投资者把握操作机会，从而为获利做好充分的准备。

4. 江恩线复杂难懂

江恩线确实比趋势线复杂难懂得多，这一点不难理解。仅从江恩线的绘制方法上，投资者就可以看出来，江恩线的起点的选取以及波动率的计算，都是些复杂的事情。趋势线只要有两个一定时间间隔的代表性价位，就可以做出。而江恩角度线的做法中，投资者还必须知道江恩角度线的波动率。就算是从江恩角度线的起始点的确认来看，投资者会遇到不同周期的起始点的不同，并且重要时刻上作为江恩角度线起始点的情况，也是投资者不容忽视的地方。实战当中，成功运用江恩角度线的前提，是必须要掌握好江恩角度线的确定起始点以及波动率的情况下，准确画出江恩角度线，才能够指导投资者的买卖操作。江恩角度线一经得出，在判断股价运行趋势的延续以及支撑或压力位的时候，是有很强的指导意义的。

5. 江恩角度线具有前瞻性

股价特有的运动规律已经能够表现在江恩角度线当中，江恩角度线一旦被成功做出来，就是不可更改的。但是，江恩角度线虽然不能够进行中途的更改，却能够很好地指导投资者的买卖活动。实战当中，这种指导作用是比较有效果的，相应的操作机会一定能够得到体现。判断股价预期会出现的压力以及支撑的位置，江恩角度线的前瞻性也是非常强大的。在股价的反转走势完成后不久，运用波动率来做出的江恩角度线已能预测股价今后的走向。实战当中，通过股价相对于江恩角度线的走势，投资者可以发现相应的操作机会已经体现在某一时刻。这样，江恩角度线对股价预期走势的研判是趋势线不能相比的。趋势线固然是重

图6-23 正邦科技——江恩角度线

要，却不能够提供股价反转的操作机会。只重视现有趋势，却不能够预测潜在股价涨跌方向的趋势线，对投资者的实战作用将大打折扣。

如图 6-23 所示，正邦科技的日 K 线当中，该股的多头趋势中的江恩角度线已经被标注出来。自从该角度线被绘出来后，股价的运行趋势就再也没有脱离该角度线。在股价从底部反弹之后，首次出现阻力的位置，正是图中 A、B 所示的 1∶1 的角度线所在的位置。而该股出现冲高回落走势后，图中所示的 C、D 位置正是 3∶1 的角度线所在的位置。股价在这个位置受到支撑而逐步反弹，其实也在意料当中。毕竟，股价不大可能连续跌破所有的江恩角度线的支撑而破位大幅度下挫的。而股价从 3∶1 的江恩角度线反弹后，受到阻力的位置正是 2∶1 的江恩角度线处。股价再次回落后，图中所示的 E 同样是 3∶1 的江恩角度线所在的位置。

最终，股价在图中的 F 处出现了真正的顶部，并且持续跌破了 2∶1 和 3∶1 的角度线，并且在 4∶1 的角度线上受到了非常强的支撑。股价从 4∶1 的角度线反弹，图中 G 的位置就是反弹的位置。经过再次反弹的走势后，股价在图中 H 位置遇到了阻力，而快速地从 3∶1 的角度线上回落下来。

由此可见，股价将来的运行趋势在很大程度上受到了江恩角度线的指引。换句话说，江恩角度线对投资者操作股票有很大帮助，这些帮助表现在对股价将会出现阻力和支撑位置的预测上。频繁出现在江恩角度线上的反转走势，表明了江恩角度线是十分有效的工具。该工具可以帮助投资者预测将要出现的反转，把握好更多的操作时机。

6. 江恩角度线成功束缚股价的运行规律

投资者如果能够在股价出现反转后不久画出江恩角度线，那么股价今后的运行轨迹基本上已经预测出来了。特别是在历史性的低点以及高位出现以后，投资者不仅能够绘出上升趋势中的江恩角度线，还能够准确地勾画出下跌趋势中的江恩角度线。通过两者的结合，得出相应的操作机会就比较容易做到了。上升趋势中的江恩角度线可以帮助投资者预测潜在的支撑线的出现的位置，而下跌趋势中的江恩角度线具备同样的作用效果。两者结合起来看的话，投资者便能准确把握股价支撑以及压力的汇聚点，从而判断出股价将会出现重要反转的点位。提前预测股价将要出现的折返点，投资者可以率先调整仓位，为今后的买卖活动做好准备。

7. 江恩线是主动的预测，而趋势线则相反

从江恩角度线提前预测出股价将要出现的支撑或者压力位来看，趋势线是不

具备这样的功能的。趋势线的作用仅仅是在股价反转之后绘出相应的支撑线或者是压力线，作为股价运行趋势得以延续的信号。从另一个角度来看，这种趋势的指示作用是不足以帮助投资者把握潜在的反转信号的。等待趋势反转之后确认趋势线，那时的买卖信号早已经过时。相应的操作机会早已经在趋势线确认的过程中消失殆尽了。运用江恩角度线来判断股价的走势，投资者便能够判断股价走势的预期方向，并且提前做出相应的调仓准备来应对将要出现的趋势转变。

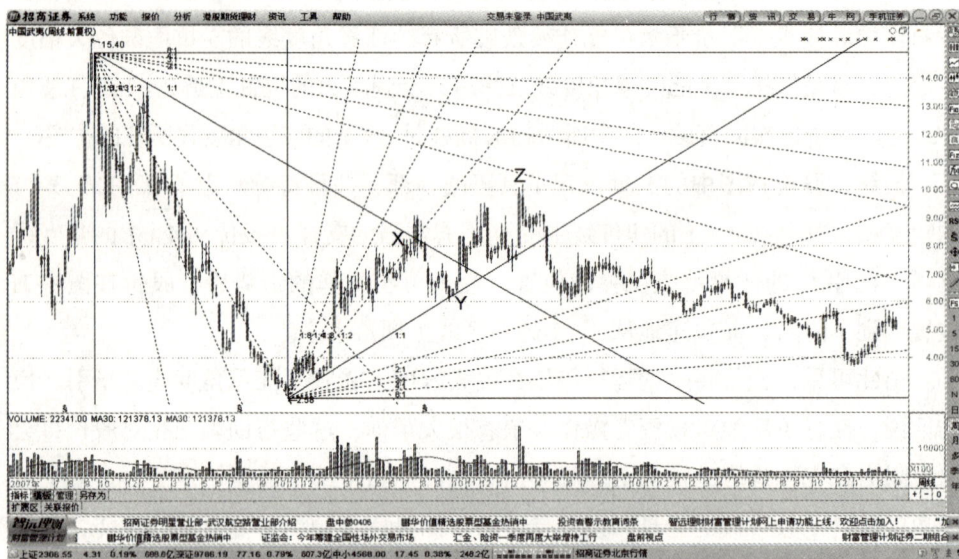

图6-24 中国武夷——江恩在不同趋势中的角度线

如图 6-24 所示，中国武夷的周 K 线当中，股价的主要多头趋势和空头趋势中，两种江恩角度线都已经标注在图中了。从该图中看出，股价在回升的多头趋势中，X 位置正是江恩不同角度线密集分布的地方。这个 X 位置出现了密集的江恩的支撑线和压力线，最终，股价在这个位置遇到阻力开始回落。

而股价回落后不久，多头趋势中的江恩角度线又一次在图中起到了应有的作用。股价在图中 Y 所示的位置开始反弹走势，正是因为受到了江恩角度线的支撑。最终，股价的多头趋势真正结束的点位是图中所示的 Z 位置。就是这个位置，空头市场中的江恩角度线开始发挥效能。股价受到空头市场中江恩角度线的打压，开始了逐步回落的走势。

回过头来看，江恩角度线对股价走势的指引是非常明确的。在股价并未出现折返走势之前，江恩角度线就已经成功预测出相应的走势出现的位置，这不得不让人佩服。

小提示

　　江恩角度线的预测功能，其实是多空两种趋势中的角度线在起着作用。空头市场中确认的江恩角度线，对股价运行起到了相应的压制作用。而多头趋势中的江恩角度线，却在很大程度上支撑了股价的这种强势特征。有了压力和支撑线，股价的运行趋势自然能比较轻松地预测到了。尤其是重要的江恩压力线和支撑线密集的地方，股价的走向会受到相当大的影响。

第五节 江恩角度线的应用

1. 上证指数多头市场的江恩角度线

　　上证指数的运行趋势在很大程度上支撑了个股的走向。投资者准确判断出指数的走向，以及将要出现的折返点位，对买卖操作的意义是非常大的。通过指数

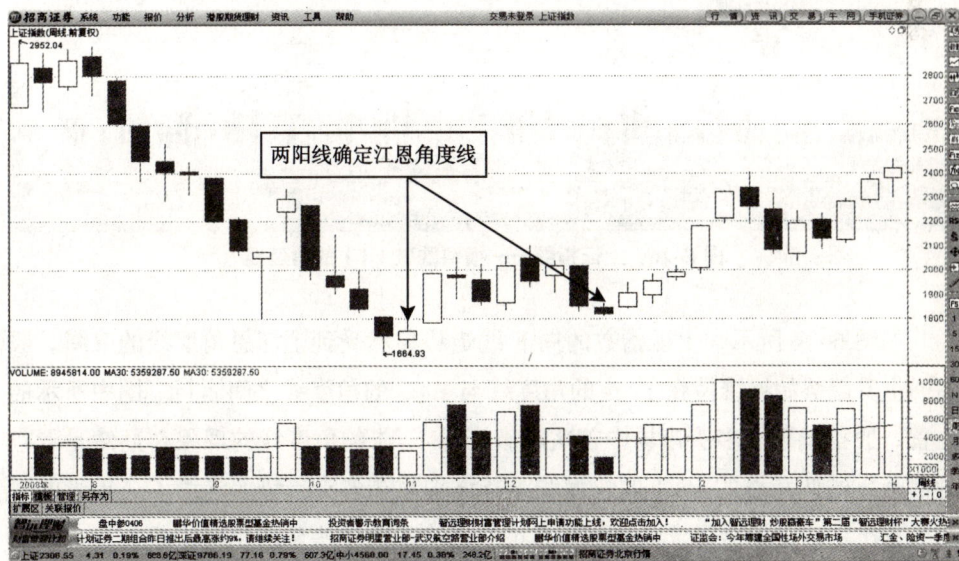

图6-25 上证指数——江恩角度线的起点

的历史性底部和顶部的江恩角度线，能够帮助投资者判断将要出现折返的点位，以及何时股指会出现相应的折返。从趋势预测的角度看，江恩角度线能够在实战中发挥强大的预测效果。如果指数的走向能够清晰地表现在江恩角度线上，那么个股的走势也就一目了然了。考虑到江恩角度线也是具有方向性的，从最近的高位和低点引出的江恩角度线，能够从多空两个方向预测股价的运行情况，对于投资者判断操作机会至关重要。

如图 6-25 所示，上证指数的周 K 线中，股指从底部的 1664.93 点企稳回升后，出现了两个短线的底部回升的阳线，成为江恩角度线的起始点。既然已经是多头趋势，量能维持在等量线以上，判断股指的江恩角度线就可以在这个时候做出来了。后市股指的走势将会在很大程度上反映在江恩角度线上。

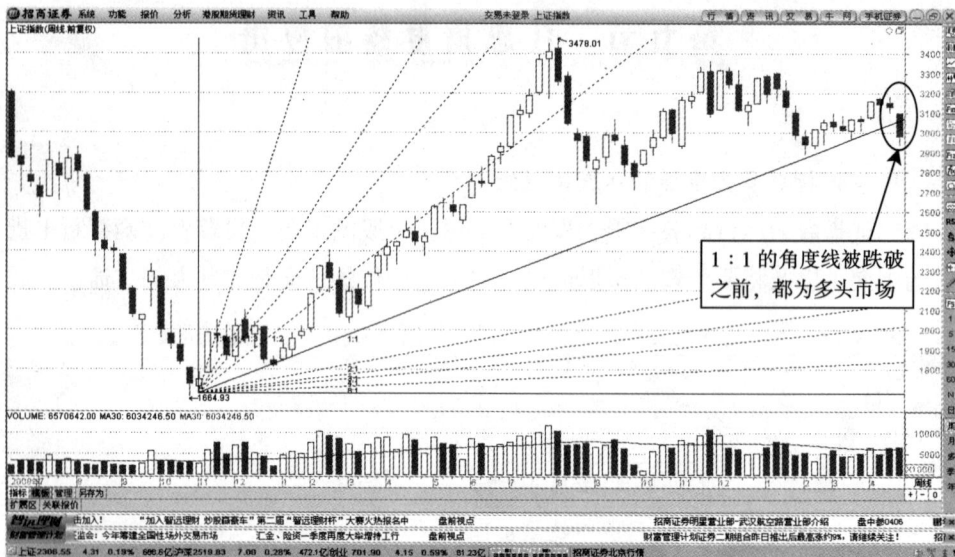

图 6-26　上证指数——指数跌破 1∶1 的角度线

如图 6-26 所示，上证指数的周 K 线走势显然受到了江恩角度线的束缚。股指的上升趋势始终维持在 1∶1 的角度线与 1∶2 的角度线之间运行。图中所示的位置，股指出现了多头市场中首次跌破江恩 1∶1 的角度线的现象，显然是看空的信号。既然江恩的 1∶1 的角度线维持该指数在多头趋势上延续了一年半的时间，首次跌破必然会寻求新的江恩角度线的支撑。空头趋势由此出现，后市将会看跌。

投资者不可轻易忽视周 K 线中跌破江恩 1∶1 的角度线的情况。考虑到 1∶1 的角度线对于股价维持多头行情十分的重要，并且，股指的周 K 线对于趋势的重要性是不言而喻的。既然股指能够在周 K 线中成功地跌破了该趋势线，那么后市股价继续下跌就没什么奇怪的了。

推测上证指数今后的走向，从江恩角度线的 1∶1 的角度线到 2∶1 的角度线是有一定的空间的。并且从股指的幅度来看，是一段很长的空间，必然需要股指较大的跌幅，才能达到调整的目的。这样，股指在首次跌破了 1∶1 的角度线后，股指将会出现狂泻的下挫走势。

再考虑江恩角度线之间的波动空间大小，投资者判断股指波动空间的时候，可以从不同角度线对角度的分割大小来看。上升趋势中的江恩角度线，2∶1 的江恩角度线对 1∶1 的江恩角度线的划分是一半的关系。而之后的 3∶1、4∶1 和 8∶1 的角度线，对江恩角度线的划分分别为 1/3、1/4、1/8 的关系。这样一来，2∶1 到 1∶1 的角度线之间的部分，自然是投资者短线操作的机会了。股指在这个空间大幅度下挫之后，反弹的高度是比较高的。下面这个例子就能够看得很清楚。

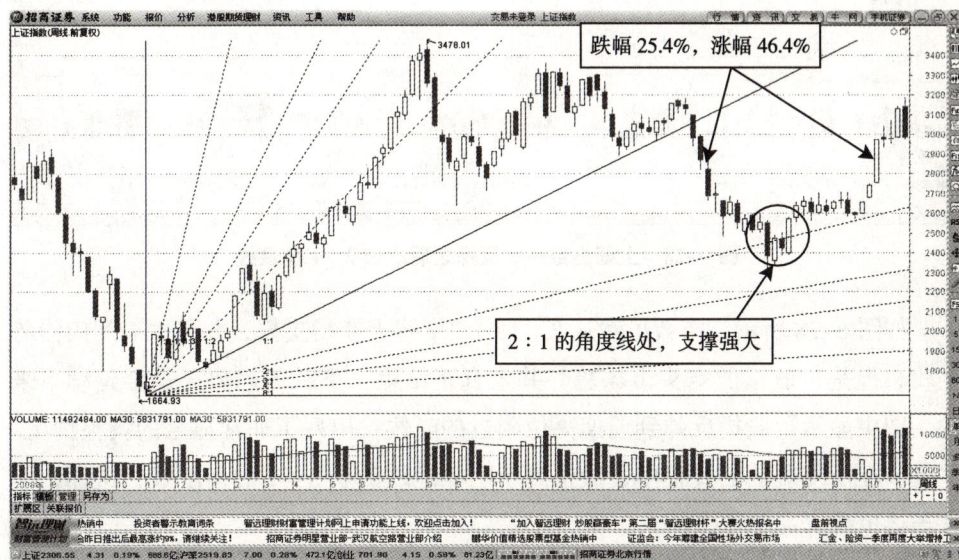

图 6-27　上证指数——指数在 2∶1 处受到支撑

如图 6-27 所示，上证指数的周 K 线中的下挫走势如期而至，股指短时间内疯狂下挫至2∶1的角度线附近才出现了真正的支撑。前期股指跌破1∶1的角度线的那一刻，显然就是减仓的重要机会了。继续持仓的投资者，必然遭受股指较大跌幅的打压而损失惨重。股指在跌破1∶1的角度线，并且向2∶1的角度线运行的过程中，下跌空间高达25.4%，而之后反弹的高度又达到了46.4%。显然，股指在跌破2∶1的角度线后，下跌和反弹的比率都是很高的。投资者如果能够在第一时间减仓，并且在股价回落至2∶1的角度线之时加仓的话，其中的利润将是非常丰厚的。多少的强势牛股已经在股指大幅度反弹的过程中成功翻倍，投资者不可忽视这样的获利机会。

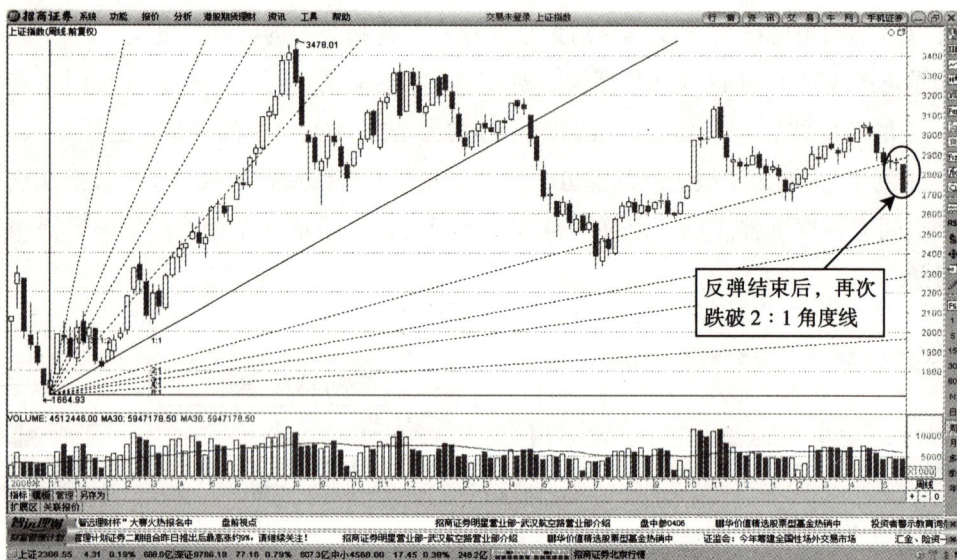

图6-28　上证指数——反弹之后跌破2∶1角度线

　　如图6-28所示，指数虽然从2∶1的角度线上获得支撑，并且短时间内强势上攻，但是，股指的空头市场趋势并未真正结束，下跌的趋势还是会延续下来的。图中显示，股指反弹到前期高位附近的时候，出现了非常显著的调整情况。并且，在反复震荡的过程中，股指终于明确地跌破了3∶1的角度线，这样，下跌趋势也就再一次被确认。

　　考虑到前期股指首次跌破了1∶1的角度线，说明空头市场在那一刻已经到来了。不管股指的反弹高度如何的大，处于1∶1的角度线以下的股指，运行趋势都是看跌的。投资者可以在主要下跌趋势空仓的情况下，注意期间不同角度线的股指反弹机会，做些短线还是可以的。

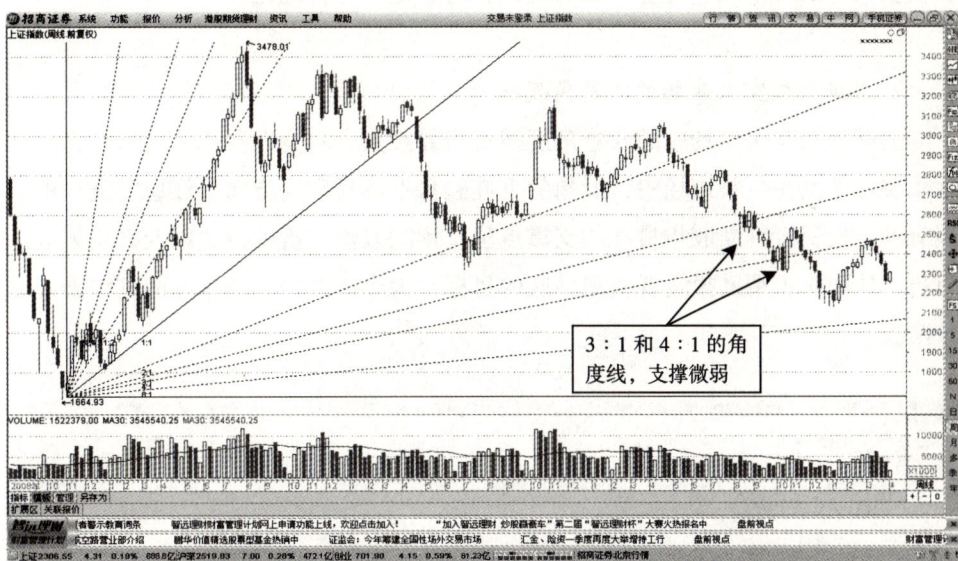

图6-29　上证指数——3∶1、4∶1的角度线处遇到支撑

　　如图6-29所示，上证指数的周K线当中，股指的下挫趋势还将延续下来，图中股价虽然在江恩的3∶1和4∶1的角度线上出现了明显的反弹，但反弹的力度要小得多了。这表明，前期判断2∶1的支撑较好，而后江恩角度线的支撑效果逐步下降，这种判断还是比较准确的。股指在3∶1和4∶1的角度线上的微弱反弹情况，就很能说明问题。

小提示

　　判断股指相对于江恩角度线的运行趋势，投资者可以从股指在角度线上的运行情况来判断。多头市场当中，股指的运行趋势虽然应该持续维持在1∶1的角度线以上，但终究会跌破该角度线进入空头市场。这个时候，投资者不能够对股指今后的走向抱有幻想了。在股指企稳之前，必须总体空仓才能够真正避免损失。期间的股指反弹的过程中只能够做些短线，获得些微薄的利润。判断股指最终受到支撑的位置，通常会在8∶1的角度线以上。因为，8∶1的角度线是对1∶1的角度线的最小划分角度，对股指的支撑是不言而喻的。股指在回落至8∶1角度线的时候出现反转，也是意料当中。倘若从股指的角度来看，真的成功跌破了 8：1 的角度线的话，那将是一件非常遗憾的事情。因为这个时候，必然是股指崩盘式下跌的情况才会有如此的跌幅，通常是不会出现这种走向的。

2. 上证指数空头市场的江恩角度线

上证指数空头市场中的江恩角度线对指导投资者减仓以及相应的调仓操作非常重要。尤其在空头市场中，股指的下挫趋势不容易转变方向。江恩角度线的出现有助于投资者判断股指最终的支撑点位，预测股价的折返位置以及真正触底的时机。从而真正帮助投资者实现抄底的目标，为今后获得更加丰厚的利润做好充分准备。

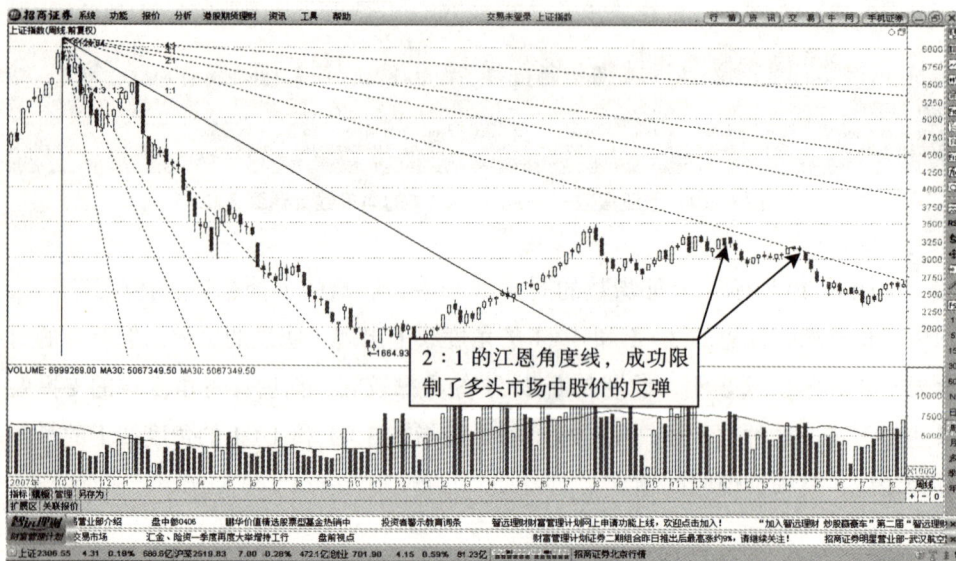

图 6-30　上证指数——2：1 的角度线回落被预测到

如图 6-30 所示，上证指数的月 K 线当中，判断空头市场结束的位置，恰好为前期股指见顶阶段绘出来的江恩角度线的 2：1 的分割线处。就是这个位置，从 1664 点反弹的多头行情进入了尾声。这表明，2：1 的江恩角度线对股价的压制作用是显而易见的。毕竟，股指自从进入到空头市场后，始终维持在 1：2 的角度线附近运行。真正从底部的最低点 1664.93 点反弹的时候，股指已经在 1：2 与 2：1 的角度线之间疯狂反弹，出现 2：1 的角度线附近的回调情况，其实也在意料当中。

小提示

空头市场中确定的江恩角度线，不仅能够在空头市场中发挥压制作用，还会在今后的多头趋势中起着作用。多头趋势当中，股指的运行趋势，重要的顶部点位，必然与前期空头市场中确认的江恩角度线有着密切的关联。果真出现了江恩角度线附近的折返信号的话，成为看空的位置，也在意料当中。

3. 个股多头市场的江恩角度线

个股的运行趋势通常与指数走势有很强的相似性。不过，很多弱势股票或者强势股的走向却有很大的不同之处。投资者在判断个股的运行过程中将要出现的折返点位，可以使用江恩角度线来判断。从江恩角度线来看，股价的多头行情虽然强劲，中短期的调整却会不停地出现。即便从短线调整的减仓操作来看，投资者提前预测股价将会出现的折返点位，以及相应的减仓操作的机会也是非常重要的。

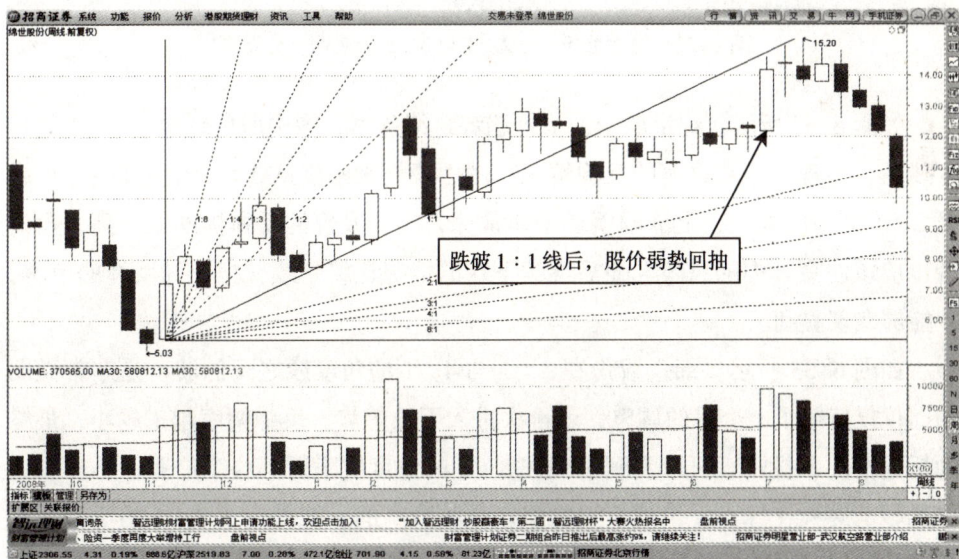

图6-31　绵世股份——1∶1的角度线成为多空分界线

如图6-31所示，绵世股份的周K线中，股价自从见底回升后，就出现了非常明确的上攻。图中江恩角度线的出现，对该股的运行趋势起到了相应的束缚作用。股指维持在 1∶1 的角度线上一段时间以后，成功跌破了该角度线。但是跌破之后的折返情况，还是如期而至。股价在 1∶1 的角度线以下调整之后，成功回抽到了 1∶1 的角度线，并且再次出现回落的情况。

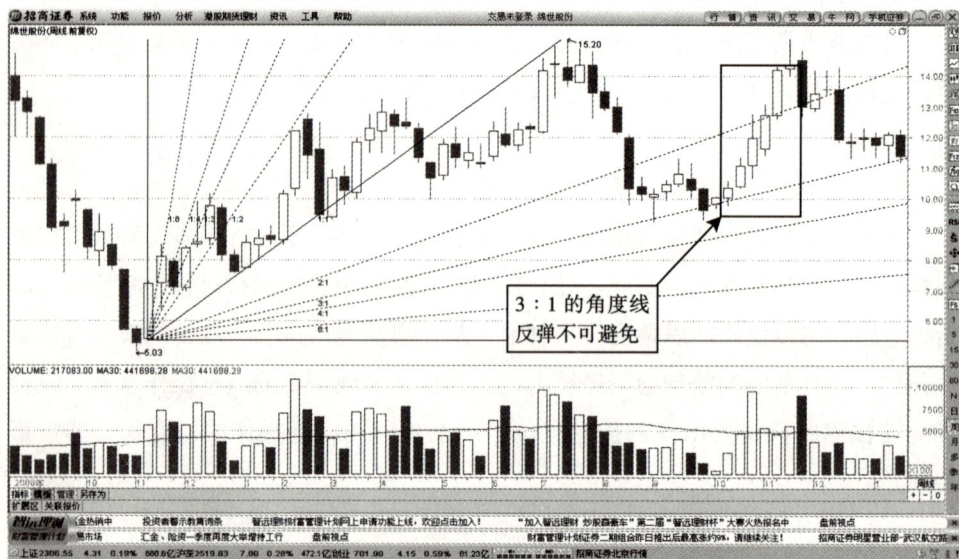

图6-32　绵世股份——2∶1与3∶1的波动十分重要

如图 6-32 所示，绵世股份的下挫趋势继续延续，图中股价跌破了 2∶1 的角度线后，出现了非常显著的反弹情况。图中股指大幅度从 3∶1 的角度线上反弹至 2∶1 的角度线上，上涨幅度还是非常惊人的。股价的反弹幅度虽然高，投资者也应该注意其中的风险。今后继续下跌的情况还将延续，把握好反弹的节奏，才能够实现赢利。

如图 6-33 所示，绵世股份在 3∶1 与 4∶1 的角度线之间的波动是非常微弱的。仅仅持续了十个月的调整，就再次进入下跌趋势。反弹幅度越来越小，最终的折返情况，投资者可以看到出现在 8∶1 的角度线附近。这个位置，是多头趋势调整的终极支撑点，出现折返的概率是相当高的。把握住了 8∶1 的反弹，投资者就有望获得较高的回报。

如图 6-34 所示，绵世股份的震荡上行的情况是比较明确的，股指在 8∶1 的角度线上持续攀升，最终达到了图中的高位。8∶1 的角度线作为江恩角度线中最后的一个分割线，支撑该股出现了持续三次的反弹。每一次反弹后，股价的上

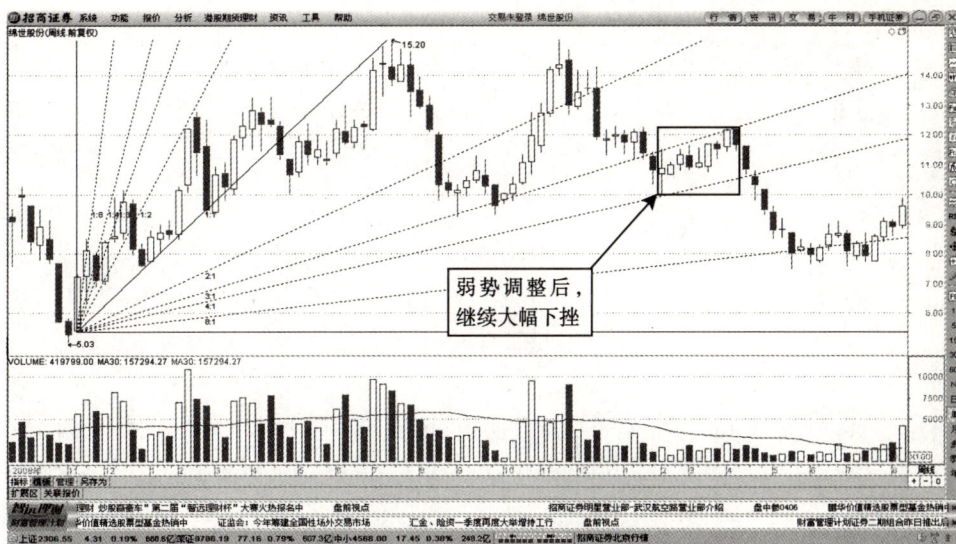

图6-33 绵世股份——3∶1与4∶1的波动非常微弱

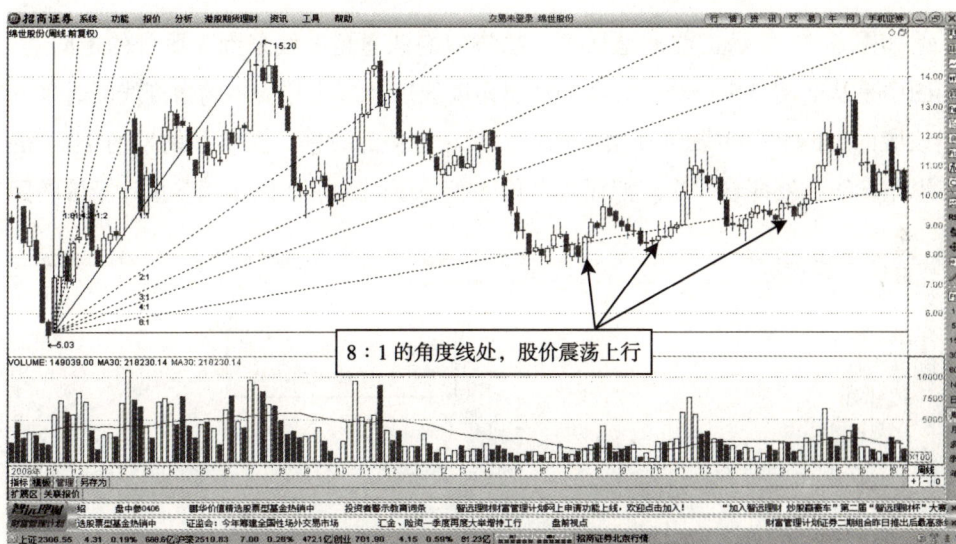

图6-34 绵世股份——8∶1的角度线支撑较大

涨幅度都是比较高的。前期的判断还是比较准确的，8∶1的角度线成为该股非常重要的支撑线。股价虽然不一定维持在该支撑线上，但是轻易跌破也是有难度的。因此，投资者能够在这个阶段持续获得高额的回报。

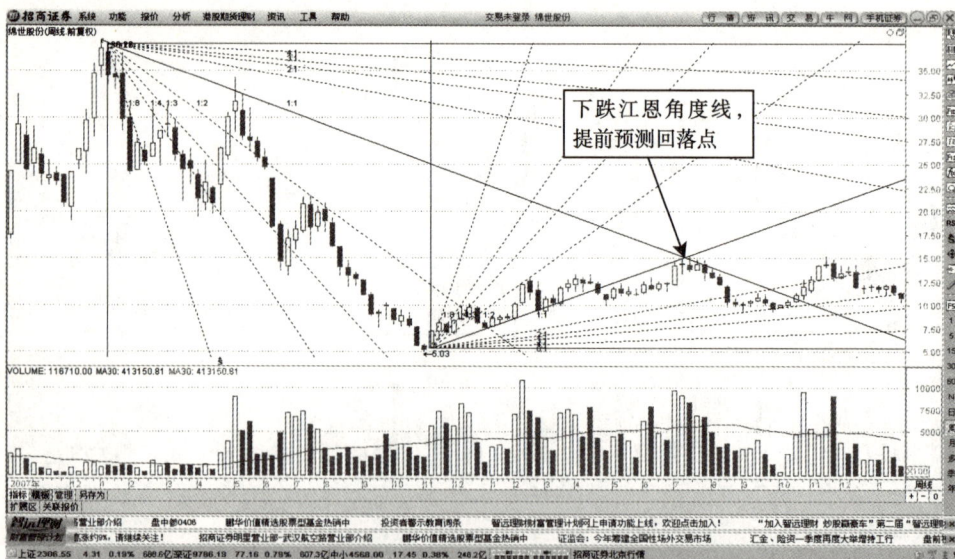

图6-35 绵世股份——江恩角度线成功预测回落点

如图6-35所示，前期是从多头趋势中的江恩角度线来判断股价的走向的，而图中是从前期空头市场中确认的江恩角度线以及多头趋势中的角度线同时来判断该股的走向。图中股价开始出现见顶回落走势的时候，其实是前期的1：1的江恩角度线在发挥着作用。把握好该角度线的压制效果，提前一步预计股价的回

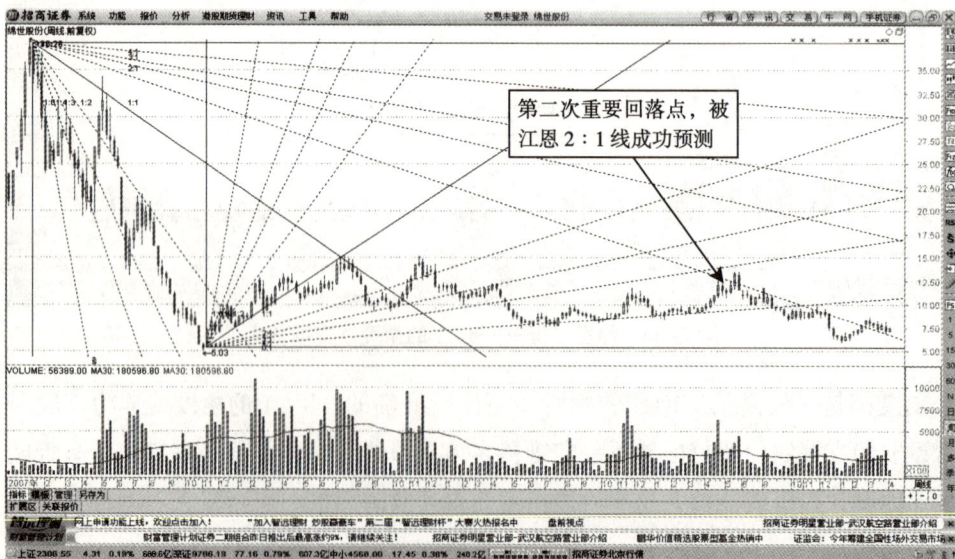

图6-36 绵世股份——江恩角度线再次预测回调点

落点，可能性还是有的。可见，江恩角度线一经确认，便可以在很长的时间里束缚股价的走向。投资者操作的过程中，应该从长远的眼光来看待该角度线的实战意义，必将增加投资者的投资收益。

如图 6-36 所示，绵世股份的第二次重要的折返走势同样出现在了前期空头市场中确认的角度线上。图中股指回落的位置正是前期 2∶1 的江恩角度线，对该股的压制效果也是非常强的。总的来看，前期江恩的 1∶1 和 2∶1 的角度线都在实战中起到了压制股价反弹的效果。考虑到这一点，提前预测多头市场的折返点位是很容易办到的。

小提示

判断股价的基本走势，或者判断股价会出现阻力的位置，投资者可以从不同趋势中确认的江恩角度线中看到。毕竟，主要的空头市场中确认的江恩角度线，不仅可以在空头市场发挥作用，股价真正反弹之时，它的作用效果也是不容忽视的。而多头市场本身不可能一步到位地超越前期空头市场的顶部，这样，在多头市场运行的过程中，前期空头市场中的江恩角度线当然会压制股价反弹了。由多头市场与空头市场共同确认的压力和支撑位来判断股价的走向是不错的。

4. 个股空头市场的江恩角度线

个股在空头市场中运行的过程中，股价下挫过程中出现的折返点位其实能够提前表现在江恩角度线中。从前期个股最近的历史性高位和低点画出来的江恩角度线，线与线之间的交叉位置体现了相应的支撑和压力的密集分布，对投资者的买卖操作的指引作用非常强。实战当中，投资者可以在股价处于跌势的过程中，寻找江恩角度线提供的支撑点来做短线操作，获利的实战意义较强。

如图 6-37 所示，中电广通处于空头市场中，短线顶部出现的位置都恰好处于江恩角度线附近。并且，1∶1 的江恩角度线对该股的压制效果是非常好的。股价可以持续盘旋在该角度线上，企稳在该角度线并且反转的走势是不可能短时间内出现的。后市看跌的过程中，新的支撑位还需时间来检验。通常，空头市场中的反弹是很难出现的。这时需要耐心等待，否则容易在空头市场中做短线时遭受损失。

如图 6-38 所示，中电广通的下跌走向显然是在 1∶1 的江恩角度线以下。股指在长达一年多的时间里都未曾突破该下跌趋势线，表明了压力是非常显著的。

操作上，应该尽量轻仓才能够避免损失扩大。

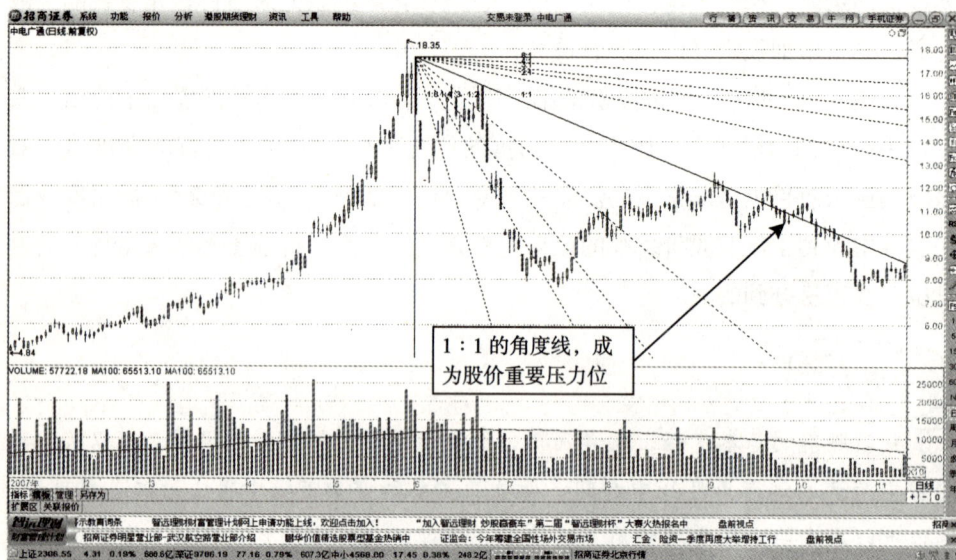

图6-37　中电广通——江恩1∶1线的压制作用好

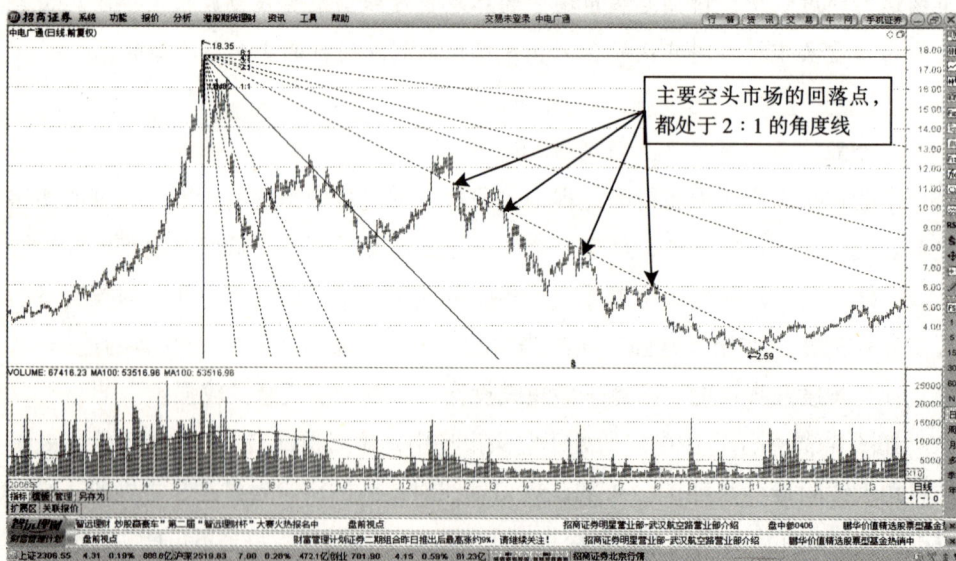

图6-38　中电广通——江恩1∶1线为空头市场压力来源

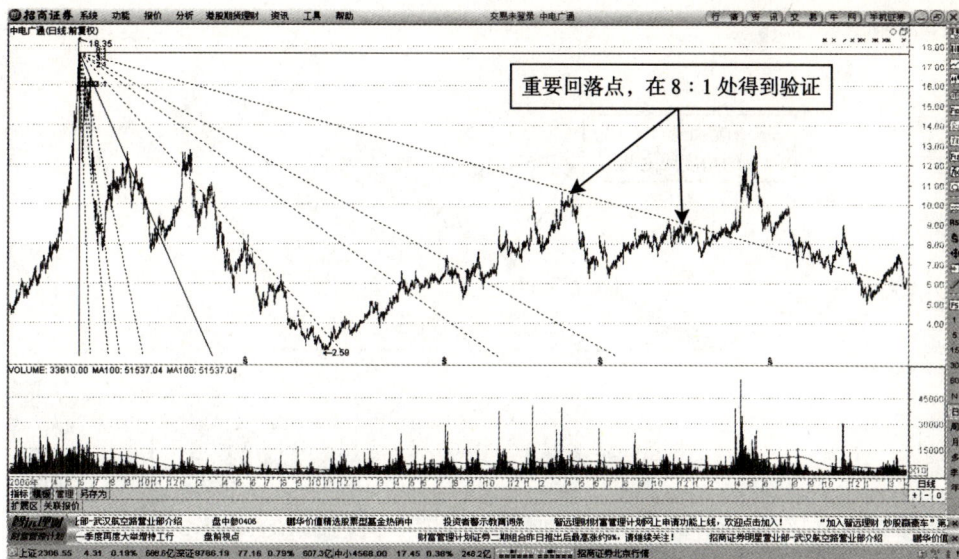

图6-39 中电广通——8：1线在多头市场仍然起作用

如图6-39所示，中电广通的日K线中，该股多头趋势的回落点位正是前期空头市场确立的江恩的8：1的角度线。8：1的角度线是非常难以逾越的点位。股价的涨幅再大，也不可能轻易间突破。这样看来，操作上在股价反弹至8：1的角度线的时候做空，是比较理想的操作方法。这样一来，投资者便能够轻松减少损失了。

5. 不同个股之间的江恩角度线对比

不同个股之间，江恩角度线是有可比性的。尤其投资者在选择个股来作为买卖对象的时候，从江恩角度线中提供的信息，就能够发现强势个股的操作机会，从而成功挑选合适的股票来持有。特别的情况下，股价将要发生反转的时候，对比不同股票的江恩角度线，投资者可以发现相应的支撑效果是不一样的。某一只股票可能已经跌破了江恩角度线，而另外一只股票可能不是这样，这样操作机会的不同就出现了。虽然不同之处很小，但实战当中可能就是牛股与熊股之分了。

如图6-40所示，广汇股份的多头趋势中，股价的基本趋势延续了1：1的角度线和1：2的角度线之间的部分运行。如此看来，1：1的角度线还是比较好的支撑线，能够支撑股价维持强势运行的情况。并且，在图中的1：1的角度线处，股价受到比较强的压力，股价自然维持在两条角度线之间运行。

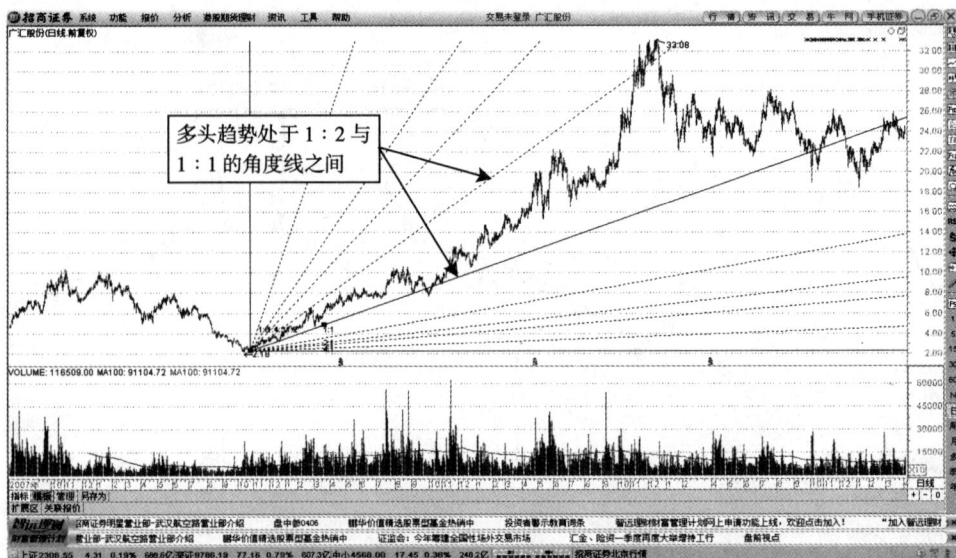

图 6-40　广汇股份——1：1 的江恩角度线支撑良好

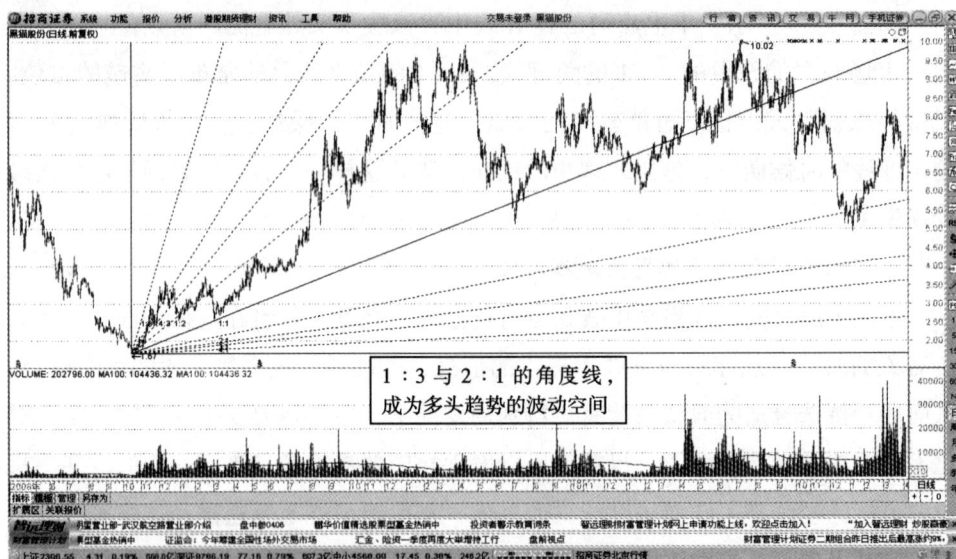

图 6-41　黑猫股份——1：3、2：1 的江恩角度线之间运行

　　如图 6-41 所示，黑猫股份的日 K 线中，该股的运行趋势基本上处于江恩角度线的 1：3 和 2：1 的角度线之间。相比前面所示的广汇股份的运行趋势，该股的运行的空间还是比较大的。说明了一个问题，黑猫股份的运行趋势虽然处于多头市场，但股价波动的空头是不够稳定的。也就是说，多头趋势不够强势，造成

了股价波动空间较大，并不是持续的拉升走势。广汇股份的运行趋势还是比较强劲的，能够维持在 1∶1 的角度线上。

小提示

　江恩角度线的做法相同，不同股票的 1∶1 的角度线是不同的。1∶1 的角度线的坡度决定着股价的运行趋势强弱。并且，两种股票的运行趋势虽然可以大体上延续多头趋势，运行的强弱状况却是不相同的。通过不同的角度线之间波动，可以看出来股价的走向。

经 验 总 结

　　江恩角度线的预测作用是很难用一句话说清楚的，实战当中，一组多头市场和空头市场中同时形成的江恩角度线，对股价运行趋势的判断是非常有帮助的。压力位置、阻力位置已经比较明确地反映在江恩角度线上了。投资者只要提前绘出江恩角度线，相应的折返点便可以预测出来。并且，比较有效的长期趋势中形成的江恩角度线，也会在很长的时间里起作用。

第七章　江恩十二条选股规则

江恩理论当中，其重要的操作原则是投资者必然需要懂得的地方。实战中，对这些基本的操作原则充分理解的话，投资者便可以正确使用江恩理论，从而获得相当好的回报。江恩的十二条选股原则其实是涵盖了该理论的方方面面的内容，能够帮助投资者比较准确地把握股价的重要操作机会，从而获得回报。本章从实战和内容主旨两个方面来帮助投资者发现选择过程中的理想操作机会，从而获得较高的回报。阅读本章的时候，投资者重点应该理解每一条选择原则的主旨，并且结合实例来指导实战中的买卖活动。

第一条　上证指数趋势向上时选股

江恩理论当中，关于趋势的说明其实是很多的。比如时间法则、循环周期理论，都是与趋势相关的理论。理解这方面理论后，投资者对股指的运行趋势应该有深刻的理解了。实战操作中，比较好的操作机会都是在上证指数处于多头趋势的时候出现的。可以想象的是，如果股指运行趋势是横向运行的，或者是处于空头下跌趋势当中，个股中出现牛股的概率是相当小的。

判断指数运行趋势的时候，投资者可以从量能上来看，当然也可以从股指处于多头趋势的时间来判断。当股指处于多头趋势的时候，有些非常重要的特征。实战当中，判断股指运行趋势的时候，这些明显的特征能够帮助投资者把握真正的大趋势，获得个股强势运行中的利润。

1. 量能维持在 100 日等量线以上

量能是维持股价多头趋势中运行的必要条件，如果成交量不能够维持在放大状态，股指是不可能长时间走强的。而量能达到了100日的等量线以上，就是股价维持在放大状态的明证。从历史上股指的运行趋势里可以看出，维持在100日等量线以上的时候，股指处于多头趋势的概率是非常高的。可以说，判断指数运行趋势的重要前提，是量能维持在100日等量线以上。

2. 股价维持在100日均线以上

量能上判断股价的强势特征，当然是一个方面了。而从股指上来判断指数的运行趋势，是投资者更应该关注的一个方面。毕竟，不管在什么时候，如果仅有量能维持在100日的等量线以上的话，股价要想真正走强，还是得看股指所处的位置。股指如果真正维持在100日的等量线以上的话，将是投资者参与股票操作的机会了。100日的均线，其实是股指长达一年内点位的平均值。假如股指真是如此，那投资者也就没什么可担心的了。

判断股指处于多头市场的条件，投资者已经知道了。但是，股指的运行趋势并不是在空头与多头市场之间不停地转换，很多时候，股指的运行趋势是不明朗的。也就是说，横向运行的调整情况会持续出现，判断能否做多，还需要股指所处的调整趋势比较强才行。弱势中的调整，创造条件的可能性是较小的。

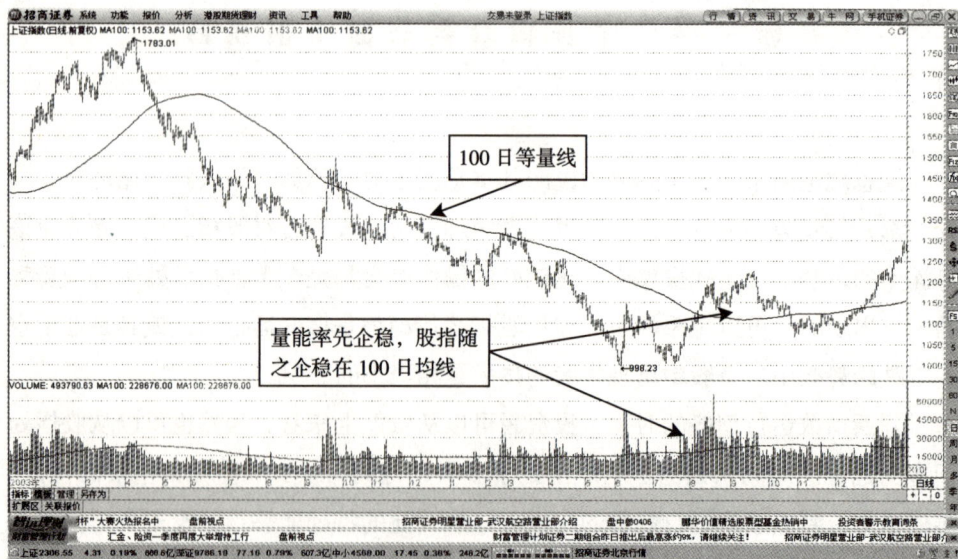

图7-1 上证指数——2005年6月前后走势

如图7-1所示，上证指数的日K线当中，股指从空头市场中企稳回升的过程中，明显出现了放量的情况。并且，股价在图中首先放量至 100 日的等量线以上。而量能维持一段时间放大后，股价成功站稳在了 100 日均线上，表明趋势真正出现了反转。多头趋势正是在股指稳定在 100 日的等量线后开始了。

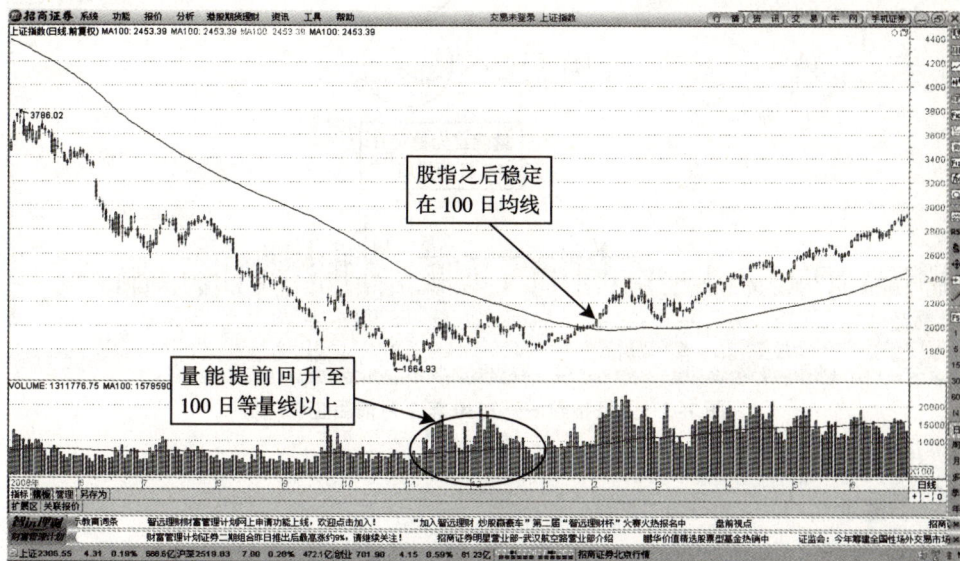

图 7-2　上证指数——2008 年底企稳走势

　　如图 7-2 所示，上证指数在 2008 年底的时候出现了非常明显的放量。不同于前期的持续缩量下跌的情况，自从放量以后，股指在两个多月后成功站稳在了 100 日均线以上。后市股指显然开始了持续回升的趋势，投资者趁股指稳定在 100 日均线的机会买入个股，必然是不错的做法。

　　如图 7-3 所示，上证指数的日 K 线当中，从成交量上来看的话，持续三个月的放量至 100 日的等量线以上，成为股价短线飙升的机会。虽然股指也在反弹，但是反弹的力度还是不够的。但是，股指稳定在 100 日均线以上后，突然出现的大幅度飙升显然是受到了 100 日均线的支撑。而股指稳定在 100 日均线以上的时候，投资者应该追涨买入个股。股指既然能够快速飙升，那么个股上涨的幅度将会更加惊人。

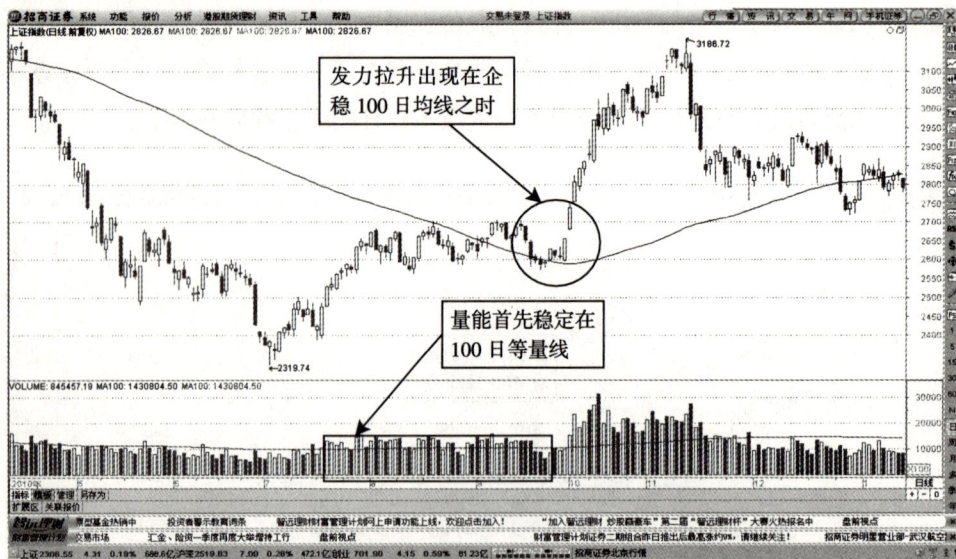

图 7-3　上证指数——2010 年 7 月前后企稳走势

小提示

　　上证指数的走向在很大程度上影响了个股的走势。投资者如果能够在指数走强的时候追涨个股，必然获得高额回报。股指稳定在多头趋势的时候，个股必然也会出现对应的走势。成交量的放大以及股指稳定在 100 日均线的时候，是趋势看涨的重要信号，当然也是建仓个股的好机会了。

第二条　选择单底、双底或三底完成时

　　投资者要想做多获利，应该明确趋势是向上的，这一点是非常重要的前提。而趋势向上的过程中，股价通常会在这之前出现比较明显的底部特征。明显的底部信号通常会有单底形态、双底形态和三底部形态。其中，单底部形态通常是反转比较凌厉的一种走势。股价在单底部出现之后，持续反弹的惯性是非常强的。而双底和三底形态就是比较复杂的探底回升的形态了。股价会在完成双底或者单底部形态后，快速企稳回升至对应的颈线以上。而就在这个时候，投资者加仓获利的机会也就真正出现了。下面就单底、双底和三底形态分别说明：

1. 单底形态

单底形态，通常会出现在个股杀跌后技术性反弹的过程中。虽然说是技术性的反弹，但是股价的放量拉升的势头是非常强的，短线涨幅也是很可观的。这个阶段，投资者应该把握住股价的单底形态的惯性拉升行情，顺势追涨便可以获得持续的利润了。

单底部形态出现之后，底部通常会出现明显的探底意义的 K 线。就是这些探底的 K 线形态成为短线股价反弹的重要起点。投资者应该清楚的是，股价在这个阶段的反弹经常是见底回升意义的 K 线形态。例如，在日 K 线中出现的探底回升的十字星、锤子线以及放量阳线等。把握住这样的 K 线形态，可以获得较高的利润。

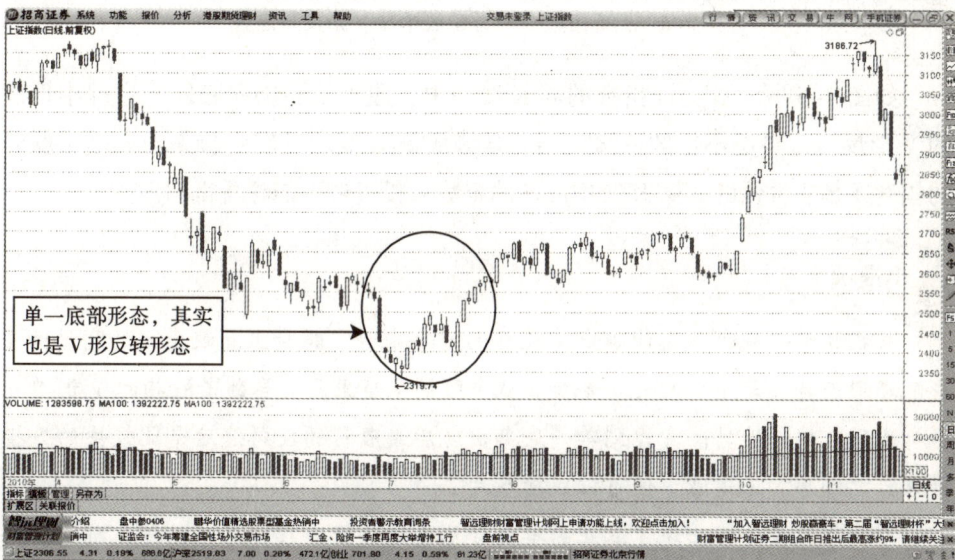

单一底部形态，其实也是 V 形反转形态

图 7-4　上证指数——V 形反弹走势

如图 7-4 所示，上证指数的日 K 线当中，股指从底部快速反弹的过程中形成了一个非常明显的 V 形底部形态。该 V 形底部形态其实也是一个单底形态。投资者在这个位置看涨是不错的。股指必将因为单底的确认而出现短线飙升的走势。把握好这段反弹的行情，投资者自然可以获得不错的利润。从后市股指的运行趋势来看，图中所示的 V 形的单一底部形态成为看涨的重要机会。

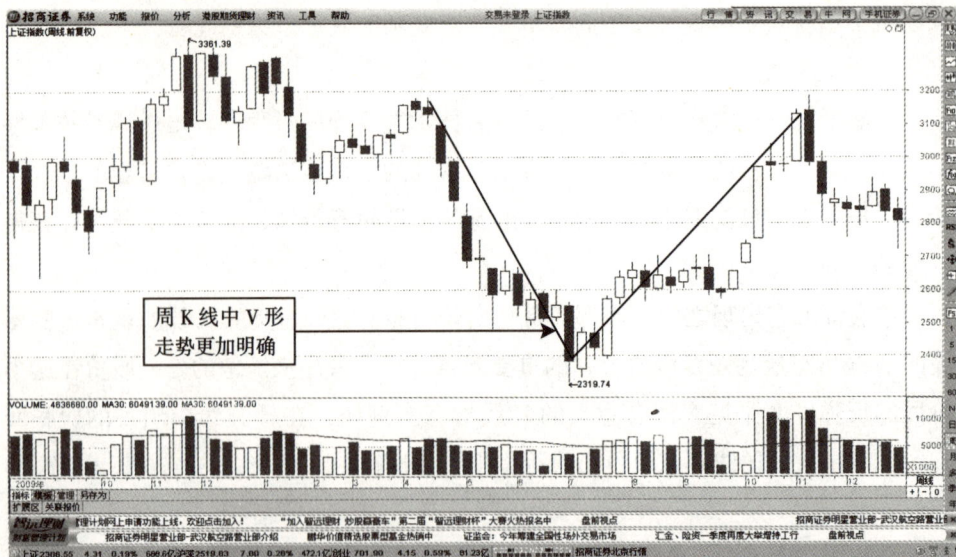

图7-5 上证指数——周K线中看V形反弹走势

如图7-5所示，上证指数的周K线当中，股价从底部探底回升过程中形成的V形反转走势是不错的追涨机会。从该股周K线的反转走势来看的话，飙升的幅度还是非常强的。周K线中反转的走势，投资者更能够看得明白。

小提示

股指的单一底部形态能够成为反转的重要走势。股指上反映出来的明显的V形底部形态其实是重要的反转走势。从个股的角度来看，会随着股指的V形单一底部出现较快的反转。考虑到单一底部出现后，股价的反弹速度是比较快的，投资者只要顺势加速追涨，便可以成功获利了。

在判断股指是否出现了真正的单底部形态的时候，投资者应该首先确认前期股价处于下跌趋势中。因为，只有在下跌趋势中出现的折返，才具有相应反转意义。尤其对于单一底部形态的走势，V形反转就出现在这个时刻。投资者明确了股价的杀跌、探底以及反转向上的走势，才能够更好地获得收益。

2. 双底形态

双底形态当中，股价的反弹其实是有两个底部的。不仅在第一个底部中K线会表现出明确的底部特征，就算是在第二个底部当中，同样会出现明显的见底信号。那么真正走强的信号是什么呢？是股价短线企稳，并且放量维持在双底形态的颈线以上的时刻。这个时候，颈线已经是非常强的支撑价位了。股价要想在这个阶段跌破颈线，已经是不可能的了。那么股价维持在颈线之上后走强就已经是不二的选择了。选股原则当中，在双底形态完成后做多，获利是没有问题的。

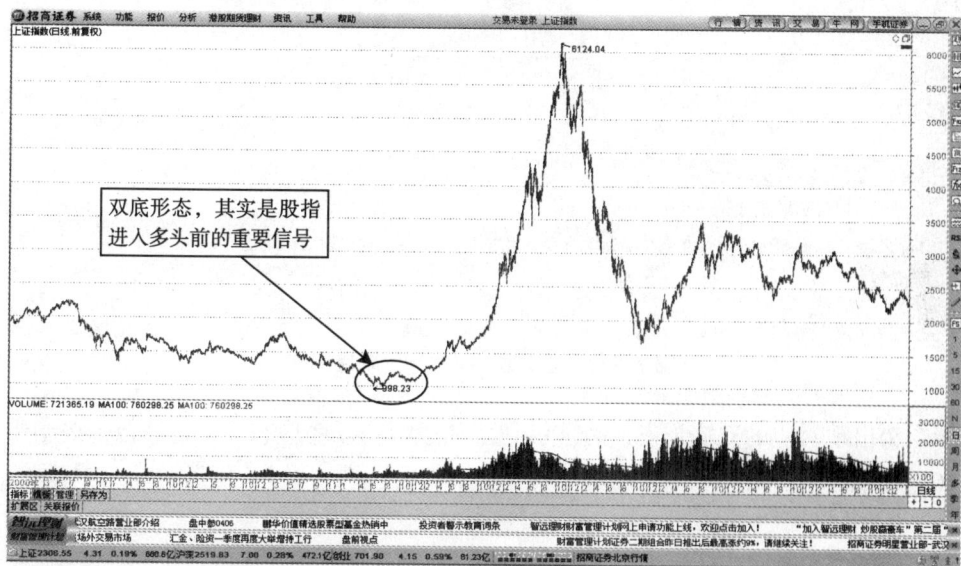

图7-6　上证指数——主要多头趋势前的双底形态

如图 7-6 所示，上证指数的日 K 线当中，股价反转的走势是起始于双底形态。图中所示的位置成为长期熊市与牛市的反转点。若能够发现该位置的双底部形态，投资者是可以在多头趋势中获得长期回报的。江恩所说的双底，显然就是这样的股指走强前的稳定形态了。

双底形态出现的概率是比较高的，判断双底形态成功与否，要看股指能否放量维持在双底形态的颈线之上。真正的双底形态出现之时，双底所处的点位一定是非常低的位置。股指在双底形成的过程中，停留的时间非常短暂。股指见底阶段的下跌空间通常只是最后一波空头的打压操作，因此，停留的时间比较短，量能也不会很高。

如图 7-7 所示，上证指数的放大的日 K 线当中，股指果然出现了明显双底形态。自从双底出现后，上涨大趋势已经非常明确了。图中股指两次企稳在双底的颈线之时，说明多头已经占据了市场的主动。个股的走势中，会跟随指数的反

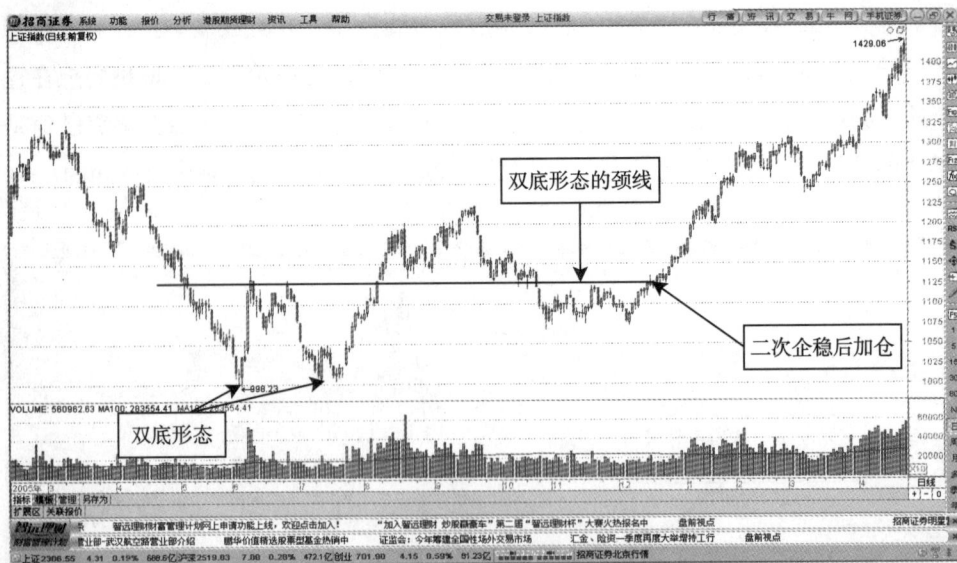

图 7-7　上证指数——放大的双底形态

转走势出现对应的双底形态。若能够把握住股指的双底形态，并且结合个股当中的加仓操作，后市的多头行情就会成功获利了。

小提示

　　股指的双底形态虽然略显复杂，但是却能够支撑股价长期走强。实战当中，双底形态是不可多得的看涨机会。比较好的状态是股指企稳在双底的颈线以上，并且量能可以维持在放大状态，那么股指的继续上涨就有动力了。反映在股指上的两次企稳的双底形态是多头不断确认强势地位的表现。空头的抛售力量已经不能够占据市场的主动权，后市股指只有上涨一条路可走了。个股与股指的运行趋势基本一致，也会在完成双底后大幅度上涨。

3. 三底形态

　　见底回升过程中形成的三底部形态，其实也是非常重要的一种股价企稳信号。在这个阶段，股价的运行趋势基本上已经明确。三个底部反弹的位置，所处的价位是相差不多的。能够三次企稳在相似的价位上，股价持续走强就不言而喻了。在三底部形态中，股价强势运行到了颈线以上，其实也是非常好的加仓机会。与双底形态相似，颈线成为多空分割点的重要参与机会。三重底部形态是比较复杂的，股价通常会在完成两个底部后再次回落的时候被投资者认为是空头市场延续的信号，不想，股价却再一次形成了一个重要的底部，并且顺势拉升了起来。

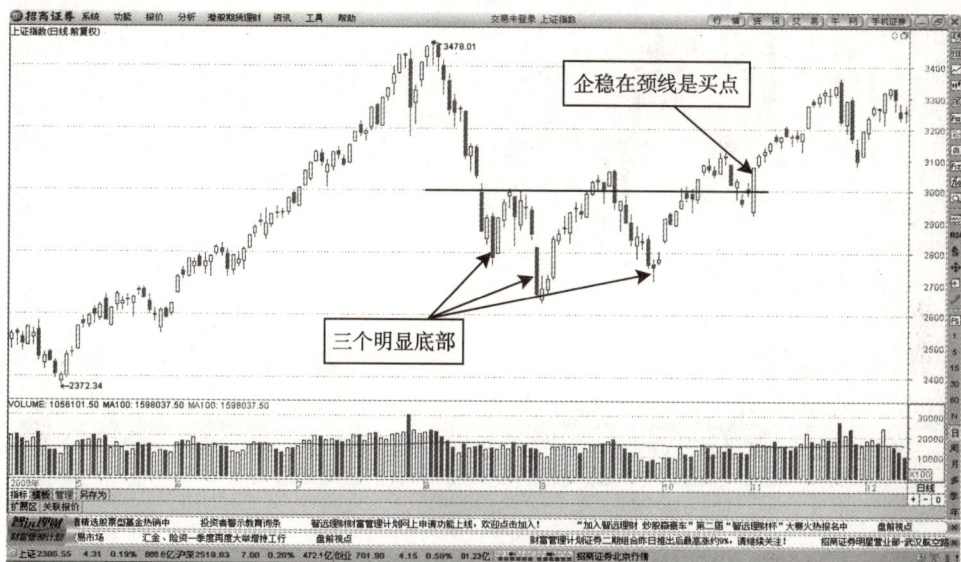

图7-8 上证指数——短线折返的三底形态

如图7-8所示，上证指数是三底部形态，其实是比较简单的探底回升的形态。该形态能够成为股指上涨的重要支撑点，不仅是因为量能的持续放大，更因为多头的频繁拉升。看似混乱的底部调整形态中，股指稳定在三底部形态后，就是理想的追涨机会了。图中股指的三底部形态虽然是在大跌之后出现的，却也是短线折返的追涨机会了。把握股指的这种三底部明显的企稳信号的话，并且在个股中不断加仓，获得短线反弹利润的概率是很高的。

（小提示）

股指短线杀跌的过程中，报复性的反弹是很容易出现的。就在股指短线反弹的时候多空双方进行了激烈的争夺。股价在短线反复震荡的过程中完成的三底部形态是后市看涨的重要信号。如果投资者可以在这个位置尽快抄底买入股票，将很容易获得较好的回报。通常来看，频繁波动中形成的三底部形态不容易成为股指长期走强的起点，却能够成为短线反弹的起始点。从个股操作上看，也可以在这个位置上把握好机会，追涨自然能够获得较好的回报。

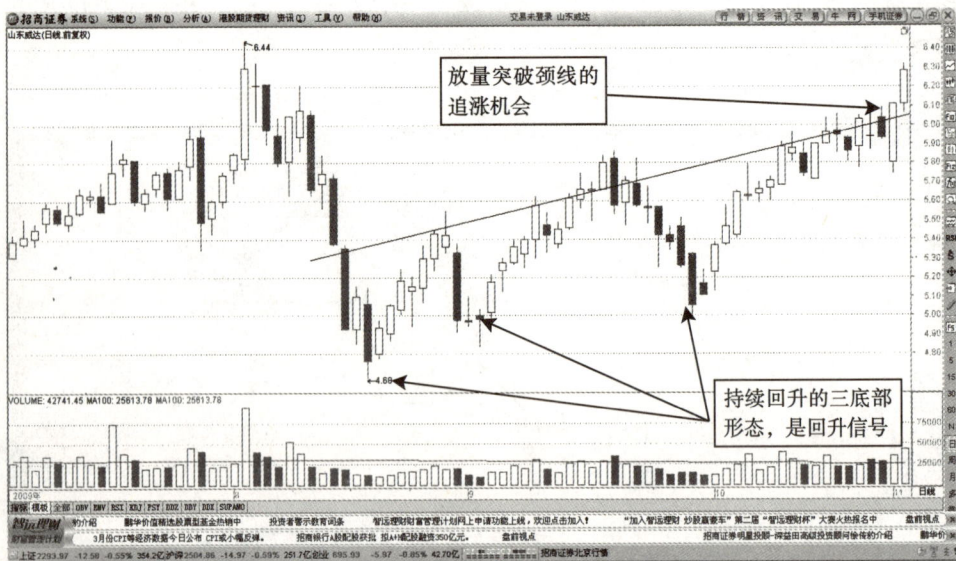

图 7-9　山东威达——倾斜向上的三底形态

如图 7-9 所示，山东威达的日 K 线当中，该股在大幅度下挫之后，形成了典型的三底形态。这个时候，正是股指企稳回升的重要机会。把握三底部形态，投资者获得利润是肯定的。该股形成的三个底部形态是持续回升的三个底部，更说明了股价的强势并未结束。而三底部形态的颈线被放量突破的时候，其实就是追涨的机会了。有了三个底部的支撑，短期看来该股下跌的可能性是非常小的，这也正是应了江恩的说法。买入股票应在三底出现之时。

如图 7-10 所示，山东威达放量拉升出来较高的涨幅，而起始点正是前期形成的三底形态。有了前期的三底部形态，股价的运行趋势基本上稳定了下来。三个底部中，主力在其中扮演了短线救市的角色。股价三次调整都被主力拉升了回来，预测到了该股之后的良好表现。恐慌性杀跌的散户，将不能获得该股再次飙升中的利润。

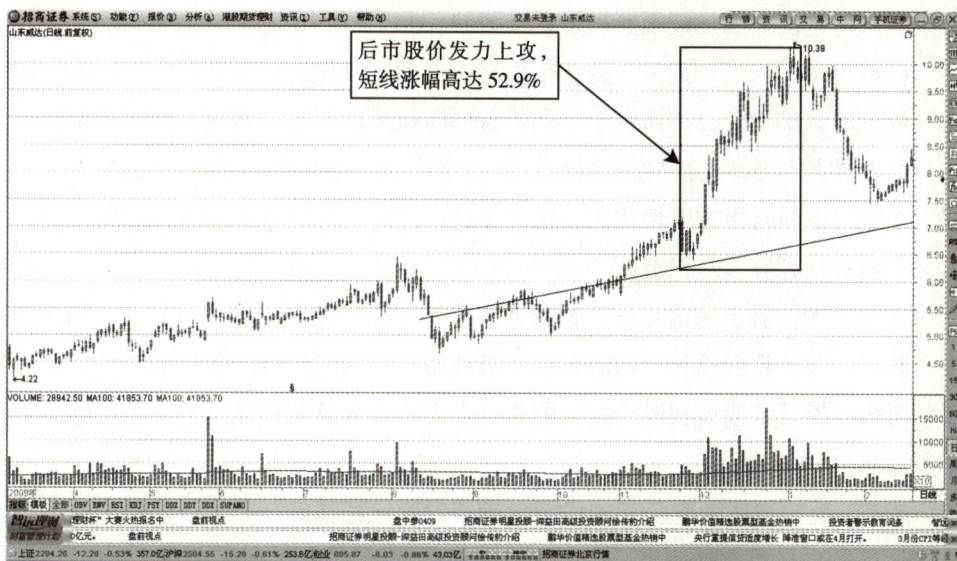

图 7-10 山东威达——企稳之后继续大涨

小提示

　　从山东威达的走势看，三底部形态也可以在底部不断抬升的情况中出现。持续抬高的三个底部，对股价的支撑作用同样是有的。并且，只要这种放量的情况延续下来的话，投资者自然可以追涨获利。江恩所说的单底、双底以及三个底部形态，其实是股指和个股见底反弹起始点的简单形式。形态不同，却都能够起到相应的支撑效果。投资者追涨，自然不会有错的了。江恩所说的底部形态，其实不在于形式本身，却在于支撑效果如何，果真存在良好的支撑效果的话，投资者追涨就不会有错了。

第三条　选择股价回调 50% 的股票

　　不管是股指的走向，还是个股的运行趋势，出现了相反的走向的时候，50% 的回调位置一定是值得关注的调仓点位。实战当中，50% 的回调位置在历史上都有明确的折返情况出现。从投资者心理承受能力的角度来看，投资者选择在 50%

的位置调整仓位，也是被很多投资者接受的。

　　既然50%的位置如此的重要，能够提供非常好的调仓机会，投资者应该密切关注股价的调整空间，在达到50%的位置的时候采取行动。特别是在多头市场当中，股指调整至50%的位置的时候，通常会出现折返情况。而也就是在这个时候，个股的走向与指数密切相关，也会在这个位置快速反弹。把握好个股的反弹机会，追涨获利应该是肯定的了。

　　在50%的位置上采取行动，投资者应该关注股价企稳的重要信号。前期大幅度杀跌后，股价超跌反弹的初期本应该出现明显的探底信号。参与50%的折返的获利时机，投资者应该在股价反弹的时候发现一些显著的探底信号，才能够再次采取行动。

　　50%折返的短线加仓获利的机会，投资者应该把握好。但是，很多个股的折返点位虽然也是在50%附近，但是还有一定的差距。就像单根K线的走势一样，可以在分时图中加速杀跌，达到几乎跌停的底部，却很快又回升起来，在日K线中形成探底回升的下影线。这样，投资者就应该有心理准备了，不要在短暂杀跌的时候因为恐慌不敢去抄底买入股票获得利润。

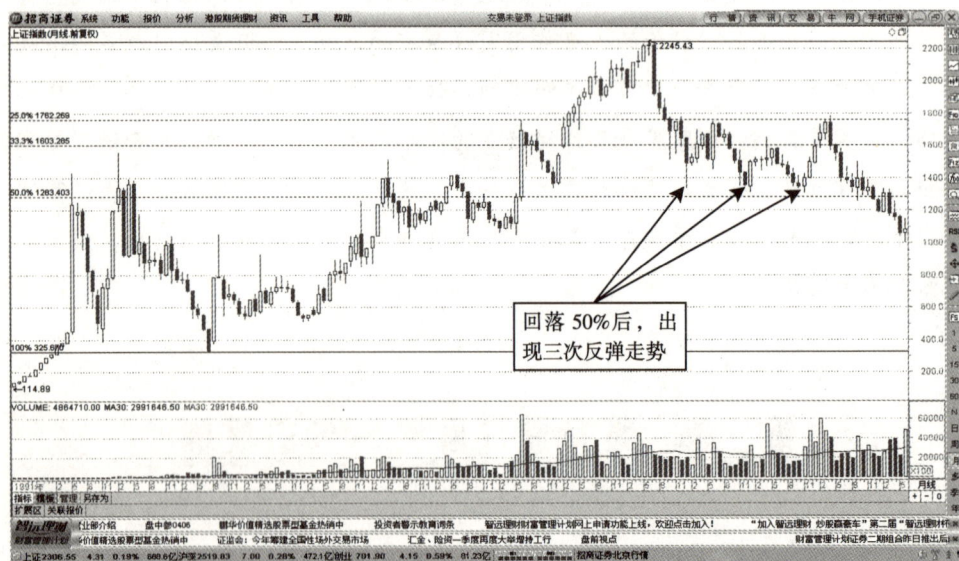

图7-11　上证指数——月K线50%的支撑明显

　　如图7-11所示，上证指数的月K线当中，股价企稳的真正走势出现在50%

的位置上。股指的空头趋势还是非常强的，但是折返走势也相当明显。图中显示，股指快速回落至前期多头市场涨幅的 50% 的时候，出现了三次明显的反弹。既然股指在月 K 线中出现了明确的折返走势，那么个股当然也会出现对应的走势了。特别值得一提的是，月 K 线当中都能够出现 50% 位置的折返，是投资者难以忽视的买点。

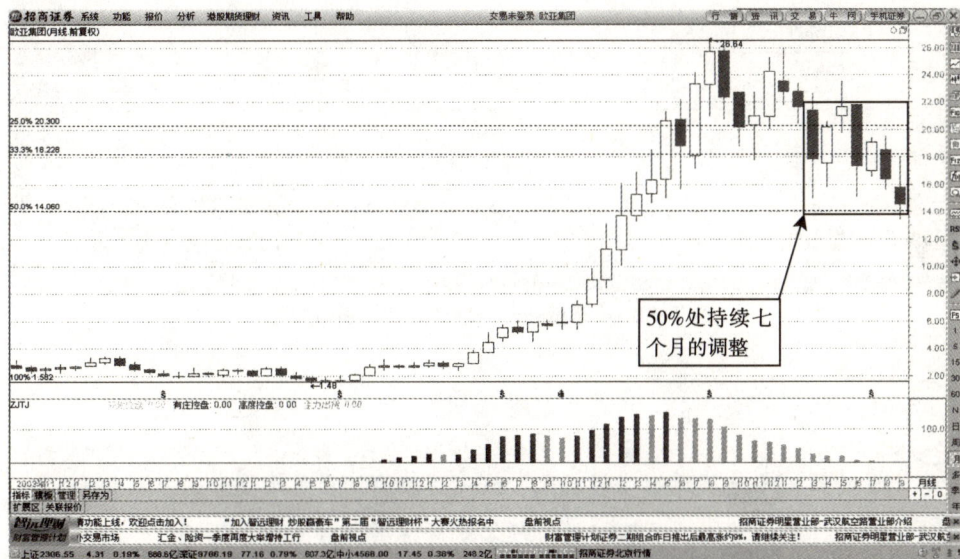

图 7-12 欧亚集团——50% 处持续七个月调整

如图 7-12 所示，欧亚集团的月 K 线当中，股价的主要多头趋势成功见顶高位的 26.64 元后，股价大幅度下挫至前期涨幅的 50% 后出现了支撑。50% 的地方，该股持续时间长达七个月的强势调整，显然表明这个位置的支撑强劲。投资者如果在股价首次跌至 50% 的时候开始抄底的话，短线获利是比较容易的。七个月当中，股价始终维持在 50% 以上，说明 50% 的价格线是非常好的追涨机会。

如图 7-13 所示，山东威达的多头趋势当中，股价反弹至前期下跌幅度的 50% 的时候，出现了非常显著的调整情况。图中股价大幅度震荡的过程中，显然是非常明显的滞涨走势。如果投资者能利用江恩的 50% 回调选股原则发现这一操作机会，就能够提前减仓，避开短线的持续调整的情况。从后市来看，该调整走势持续时间长达了 5 个月之久。这么长的时间里，投资者完全可以把资金撤出来，参与其他股票的买卖了。

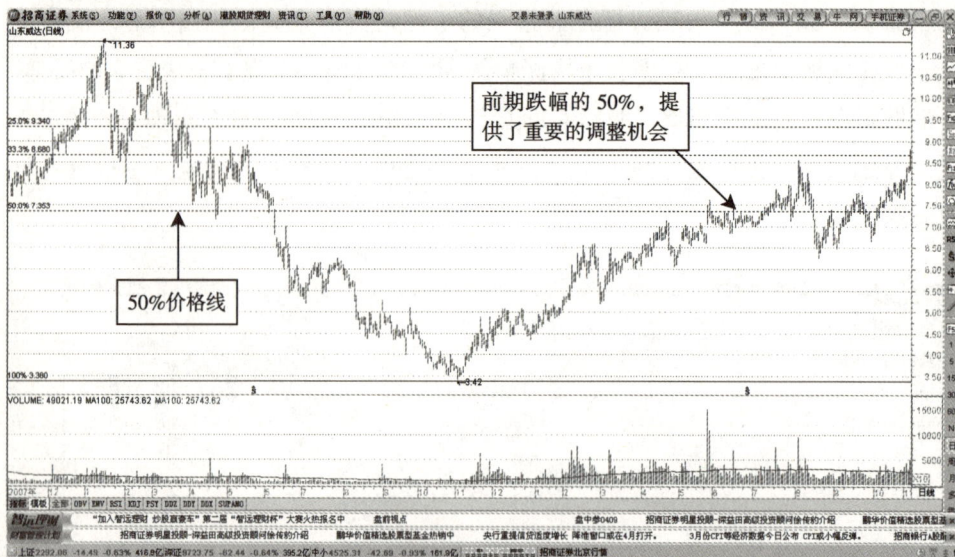

图 7-13　山东威达——50%处持续横向震荡

小提示

　　江恩的第三条选股原则告诉我们，50%的回调位置是比较好的介入机会。从操作上来看，股价首次跌至50%的时候，就应该第一时间抢夺筹码了。既然反弹的概率很大，潜在的收益很高，即便是牛市抄底也划得来。特别是从 K 线上来看，出现了比较明确的见底意义的 K 线形态后，投资者更应该在这个位置抄底了。股价在50%的位置上的反弹很可能快速地展开。没有把握买点的投资者，不快速抄底的话，必然丧失短线获利的机会。50%的折返位置，不仅能够反映在股指中，个股的走向其实也是如此。把握好买点，自然可以获利。提醒投资者一点，就是抄底的时候一定是轻仓的。并且应该在股价首次回落至50%的时候抄底，这样风险小，获利的机会也会更多。

第四条　选择调整三周后向上的股票

　　调整三周之后，投资者再根据股价的表现采取行动，是比较可靠的方法。为何在三周以后再采取行动呢？因为个股的运行趋势通常是不容易改变的。即便是股价受到了非常强的支撑，并且出现了企稳回升的信号，空头继续杀跌打压股价的现象也是很多的。三周时间的调整，其实是必不可少的。对于今后多头趋势的走向，投资者要想把握住买点，等待调整完毕还是必须的。股市当中，很长时间其实都是方向不明的调整，真正的行情在很短的时间里就能够完成。绝大多数的涨幅不会出现在80%的时间里，而是出现在20%的时间里，这一点投资者应该明确才行。

持续三周的调整走势是漫长的多头趋势里的一小部分时间而已。股价在三周内调整到位的话其实是很不容易的事情。把握好操作机会，看一下三周后股价的走势究竟如何，是江恩理论中选股的重要原则。江恩认为，三周是多头市场出现前必要的时间段。很多强势牛股飙升之前，三周的调整是绝对不够用的。大幅度飙升之前，总有长时间的强势调整，这是投资者不能够越过的鸿沟。

三周的调整走势其实是非常重要的时间段。股价真正反弹的过程中，由于前期的空头市场中套牢盘比较严重。投资者在股价短线反弹的获利阶段，必然会不顾一切地抛售手中的筹码。短线继续杀跌的投资者是造成三周调整走势的中坚力量。投资者在股价反转企稳的三周以后参与进来，就是等待这样的套牢盘和短线获利盘短线抛售股票。抛售结束的时候，股价会自然放量上攻的。这个阶段获利

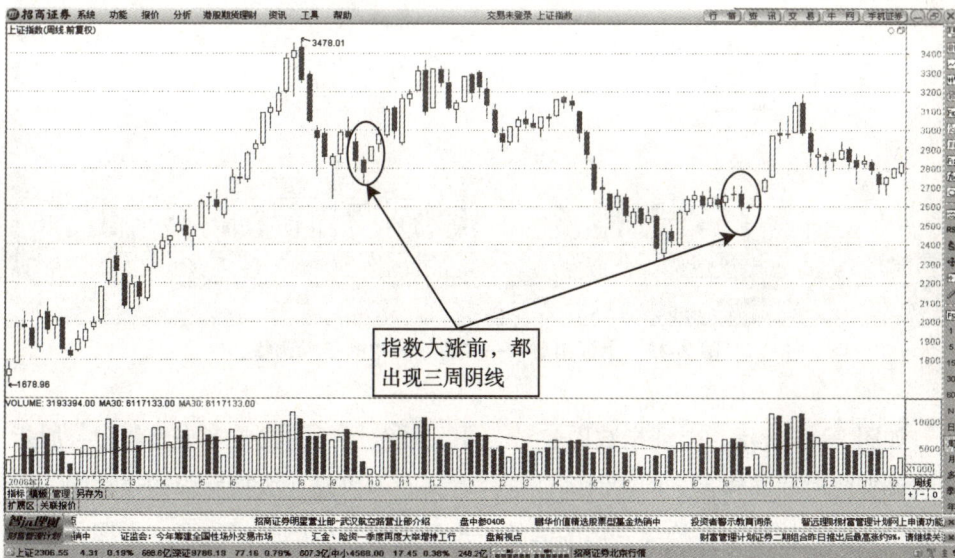

指数大涨前，都出现三周阴线

图7-14　上证指数——反弹前的三周阴线

就比较轻松了。

从多头力量的积累过程来看的话，股价在底部成功反弹之后，多头实力真正增强是需要时间的。持续三周的时间里，不仅是空头最后打压股价的过程，同时也是看多的投资者不断在短线底部买入股票后，多头力量逐步蓄积的过程。在这个过程中，投资者要想获得真正的抄底机会，其实是不难的。

如图 7-14 所示，上证指数的短线反弹的过程中，股价反弹的起点都是在持续三周的阴线调整之后出现的。频繁两次出现的明显短线的回升走势都是这种情况，说明江恩所说的调整三周买入股票是不错的。毕竟，从股指运行的角度来看，已经明显地兑现了三周调整后买入的结论。投资者在个股中继续这种操作，还是可以获利的。但有一点投资者必须清楚，三周之后股价如果出现反转，那么这就是介入的机会。没有出现反转的话，趋势可能会有新的变化，短线加仓却不一定在这个时候获利。

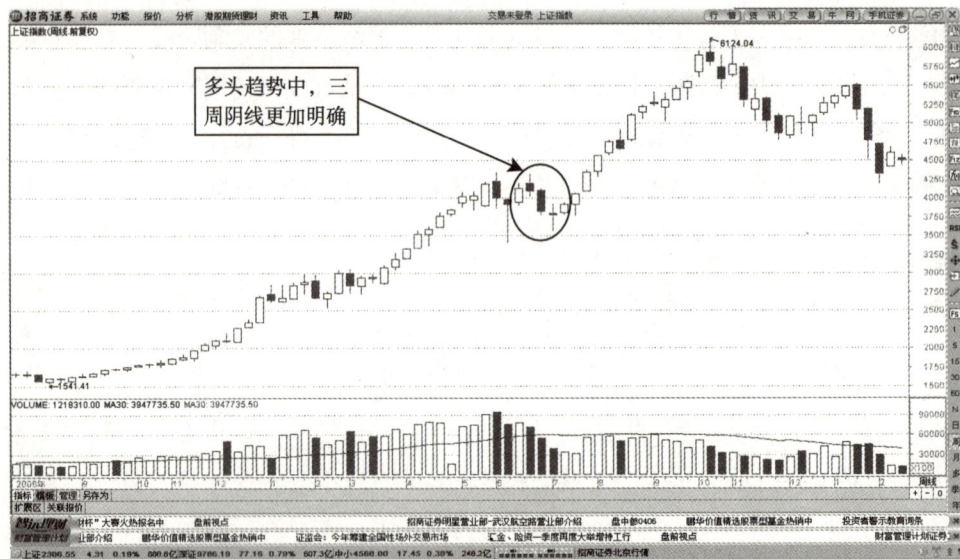

图 7-15　上证指数——多头趋势中的三周调整

如图 7-15 所示，上证指数周 K 线当中，持续运行的主要多头趋势中，股指短线调整的时间同样是三周的时间。这样看来，不仅是在股指反弹的过程中，就算是持续的行情当中，持续三周的调整，也是足够充分的时间段了。把握住这样的调整时间的操作机会，对今后投资者的获利是有很大帮助的。多头趋势当中，持续三周的调整，只是空头集中释放抛售压力的表现。股价还是会继续飙升的，重要的是投资者只有成功把握这样的短线调整后的追涨机会，才能够更好的获利。

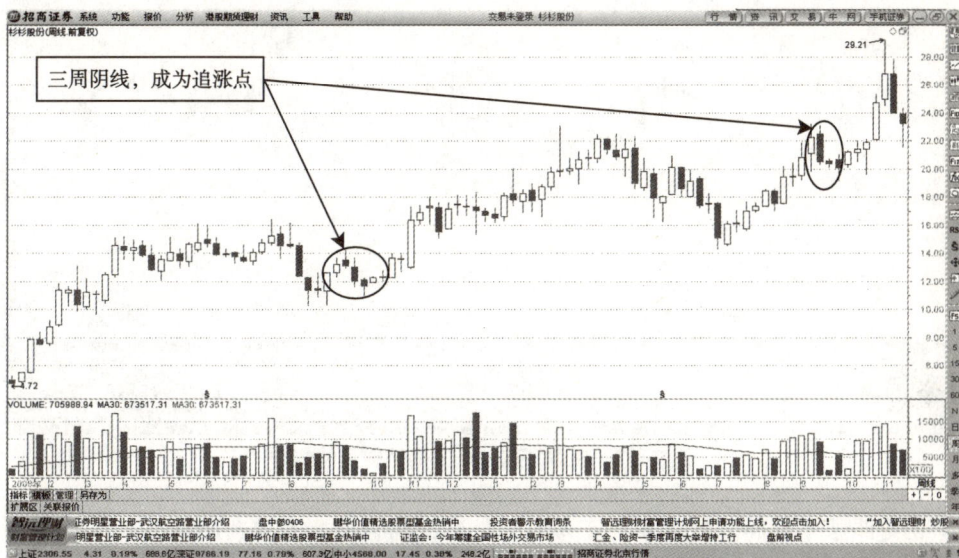

图 7-16　杉杉股份——多头趋势中的三周调整

如图 7-16 所示，杉杉股份的周 K 线当中，股价的开始飙升的起点正是在三条周 K 线的调整阴线完成之后。前期所说的股指持续三周调整后的买点已经兑现到了个股当中。杉杉股份的三周调整后拉升的情况，其实就是这种反应。把握好操作机会，投资者可以在这个阶段继续获得高额回报。

如图 7-17 所示，从皖通高速的周 K 线中的走势可以看出，该股在大幅度飙升见顶前出现了缩量调整的阴线。持续三周的阴线，跌幅并不是很大，并且量能不断萎缩。后市该三周阴线的调整机会成为投资者短线介入的良机。后市股价大幅度冲高，其实就是三阴线持续释放抛售压力后开始的。

小提示

江恩所说的调整三周后的操作机会，在空头市场当中其实也是适用的。股指所处的趋势如果是持续向下的，那么短时间出现的持续三周反弹阳线，将是投资者减仓的大好机会。下跌趋势还将延续，三周的反弹阳线是不足以改变空头趋势的。空头市场中的减仓机会虽然未说，但是投资者一定应该清楚，亏损之后的减

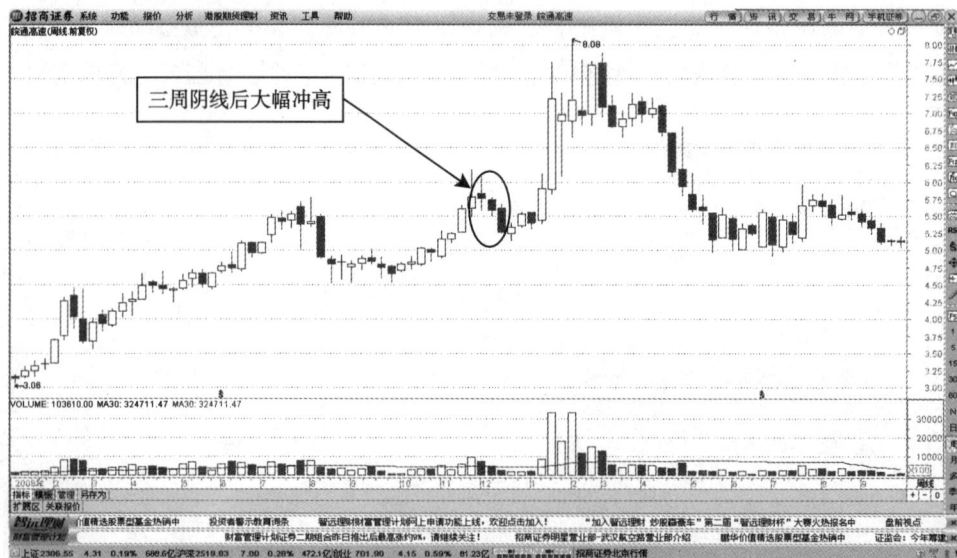

图 7-17　皖通高速——三周调整后的飙升

仓也是非常重要的。把握多头开始前的持续三周调整，是获利的机会。下跌趋势中的三周阳线的反弹，同样是减仓的机会。两者同时做到的话，投资者就比较容易获利了。

第五条　选择拉升后首次调整的股票

　　进入多头趋势之后，首次调整的过程中，必然是投资者较好的看涨机会。因为前期空头市场对投资者造成的负面影响比较大，并且套牢的投资者比较多，首次反弹后，很多的投资者还没有从空头市场的思维中解放出来。在短线高位继续抛售手中的股票，是股价在多头趋势开始的初期出现调整的根本原因。假如强势反弹的个股真的在这个阶段出现了强势的反弹情况的话，也是投资者短线获得利润的大好时机。

　　从调整幅度来看，首次回升的股票短线调整的力度可能会非常大，这也为投资者把握短线的加仓机会创造了条件。江恩理论中所说的首次拉升的调整股票中做多，是非常重要的一个原则。不仅是个股的走向，就算是指数从空头市场中走出来，出现调整也是相当正常的事情。那么，为什么指数出现首次回升后的调整，在个股当中不会大面积的出现呢？

判断主要多头趋势延续的时候，股指首次反转后的调整机会，是历史上股指反转走势经常出现的。多头趋势虽然会继续延续，首次从空头市场中反转后，股指会回落至重要的支撑位置再次寻求支撑点。一旦量能短暂萎缩后继续放大，那么股指将会再次走强。投资者再考虑加仓买入股票，获利就是必然的结果了。

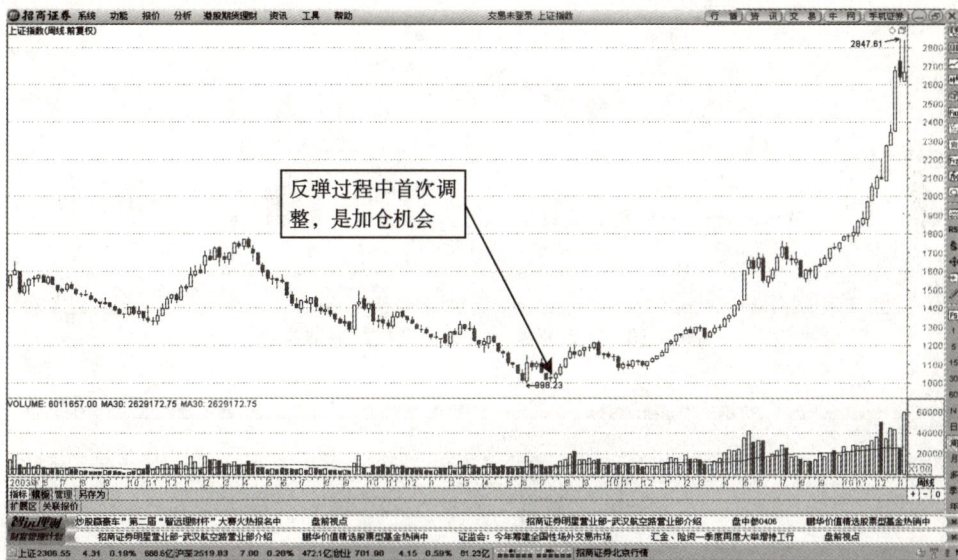

图 7-18　上证指数——初次反弹后的调整加仓机会

如图 7-18 所示，上证指数从空头市场向多头市场转换的过程中，周 K 线当中出现了明显的反弹走势。图中显示，股价首次走出空头市场的时候，短线的调整不可避免都出现了。而就是这个首次反弹的回调机会，成为今后获利的有效机会。股指不断震荡攀升，并且创造了较高的涨幅。而空头市场向着多头趋势转换过程中的调整，相对于今后多头市场的涨幅要小得多了。事实证明，在股指触底反弹过的第一次回调阶段大胆的买入是没有错的。

如图 7-19 所示，上证指数在经历了 2008 年较大的熊市行情后，股指震荡上行。图中反弹后的首次回落，表明机会已经到来。观察上证指数后市的走向，第一时间回落的点位恰好是投资者既能够确认多头趋势，又有机会底部抄底的时刻。把握住这一点的建仓时机，对今后长期赢利是有很大帮助的。股指后市虽然也曾出现调整，但是多头趋势结束之前是不会再有更低的点位出现了。

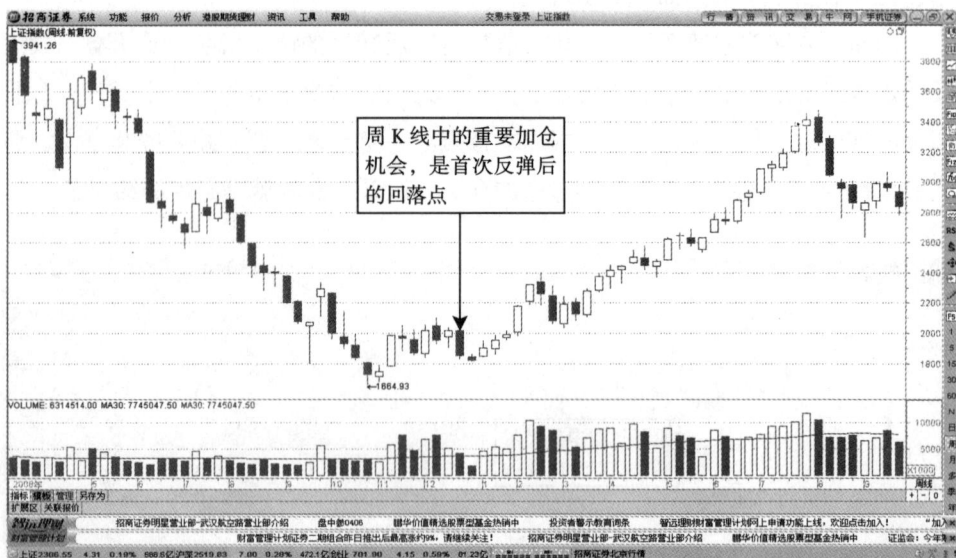

图 7-19　上证指数——首次调整的追涨机会

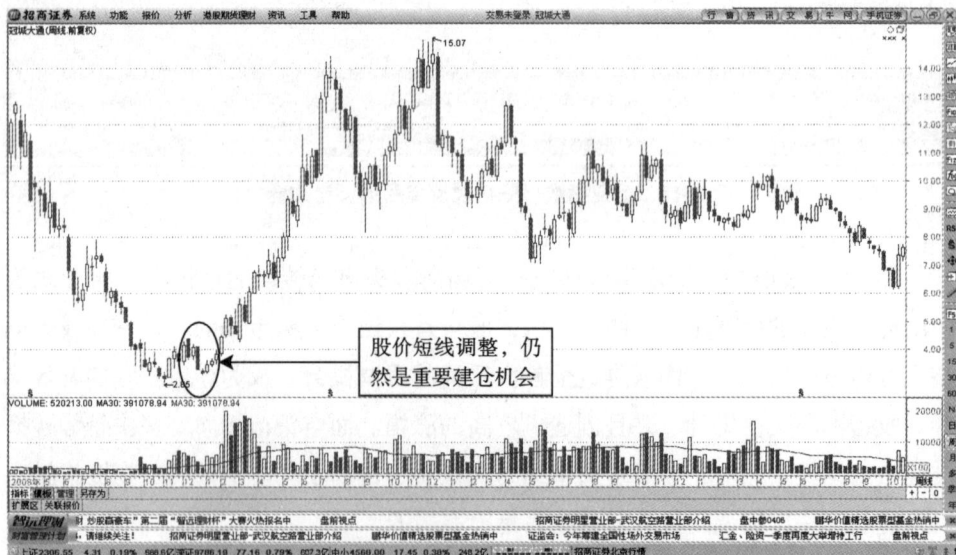

图 7-20　冠城大通——周 K 线中的调整机会

　　如图 7-20 所示，冠城大通的周 K 线中，该股的回升趋势的起始点也是在反弹后短暂回调开始的。股价从空头市场中走出来的过程是需要时间的。短暂的调整其实就是少数继续看空的投资者短线获利回吐的表现。但是，随着股指的企稳回升，短暂的调整持续时间并不会很长，股指后市继续大幅度上攻，投资者自然获得高额回报了。

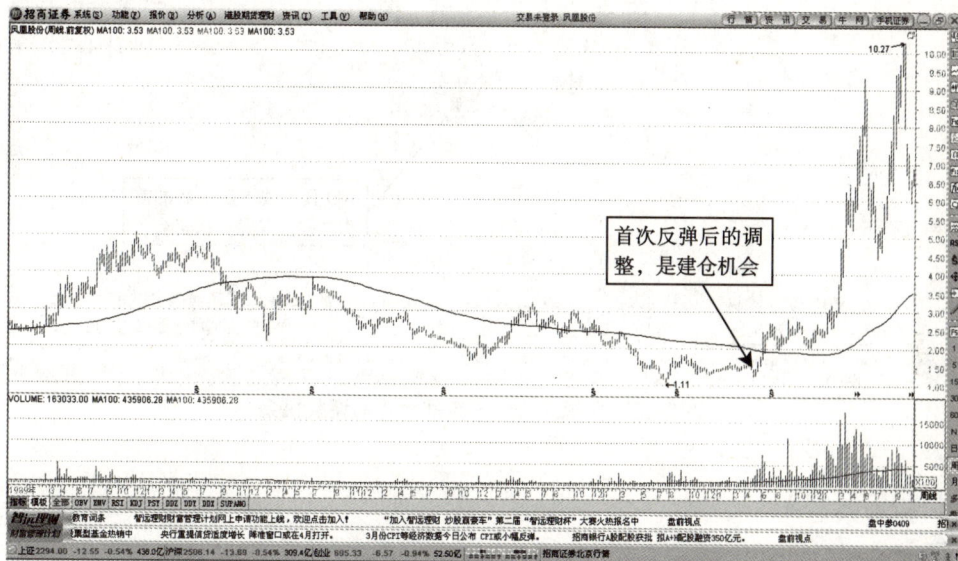

图 7-21　凤凰股份——周 K 线中首次反弹回落机会

如图 7-21 所示，凤凰股份在持续运行的熊市当中，出现折返情况并不多见。图中所示的位置上，该股首次反弹后马上出现了快速调整的情况，是投资者介入该股的机会。首次反弹后的回落点，与前期历史底部相差不多，但是，多头显然已经占据了主动权。能够把握该股的回升趋势，在图中所示的位置上加仓的话，投资者就能够获得今后的高额回报了。

如图 7-22 所示，同样是凤凰股份，图中第二次出现了探底回升的走势后，马上开始了反弹后的第一次调整。短线杀跌的力度还是非常强的，却没有改变该股继续沿着均线上行的多头趋势。可见，首次反弹后的杀跌过程中，是投资者把握好短线底部建仓时机的位置。投资者在股价首次回落的位置，甚至可以动用60%以上的仓位来追涨，获利的可能性很高。

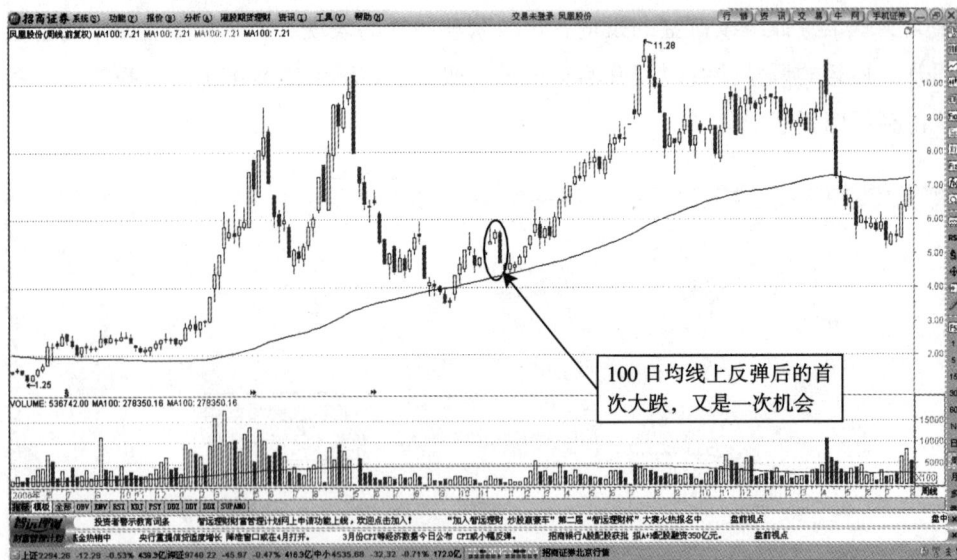

图 7-22　凤凰股份——突然大跌的调整机会

小提示

江恩所示的首次机会，其实表现在趋势转变上，就是空头市场向多头市场转变后首次回落的加仓机会，以及多头市场向空头市场转变后首次反弹的减仓机会。两种投资机会的出现，都不是偶然的现象。趋势一旦形成，是有一定的延续性的。即便是在真正的顶部或者是底部，反转之后的股指同样会出现相反方向的调整，这种妄想延续前期运行趋势的调整，只是多头或者是空头不必要的挣扎。但是持续时间较短的调整，却为投资者提供了调仓的机会。

第六条　选择调整5点或7点的股票

实战选股的时候，江恩理论所说的"5点到7点"的调整，能够提供给投资者比较好的操作机会。什么是5点到7点的调整呢？下面将分别介绍。

5点到7点的调整，是江恩理论完全基于数字方面对股指调整过程中的操作机会的准确说明。从多头趋势来看，触底回升的指数在初次调整阶段的点位应该是 5 点到 7 点的水平。并且，即便是调整过度的情况下，如果股指今后还是会延续多头趋势的话，调整点也只是在 9 点到 10 点，却不会超过这一范围。投资者可以根据股指调整完后的机会，追涨买入个股。并且，在很多极端情况下，高达 10 点到 12 点的调整，其实也是投资者追涨买入个股的操作机会。正常的多头趋势，如果真的会结束的话，应该出现高达 18 点到 21 点的调整。

股指在多头趋势中运行的时候，投资者判断股指短线的调整幅度是否会改变股市的运行趋势，就可以从调整点位上来判断了。实战当中，可以在股指出现了高达 18 点到 21 点的时候采取减仓的策略，其他时刻都可以继续持仓。

虽然 5 点和 7 点的调整容易理解，但是上证指数是几千点的幅度，出现如此小的波动空间是不可能的事情。但是，实战当中，投资者可以应用点位相当于 5 点或者 7 点的倍数，来判断股指在整个多头趋势当中调整的情况。下面以上证指数从 2008 年 11 月到 2009 年 9 月的走势来说明这种方法。

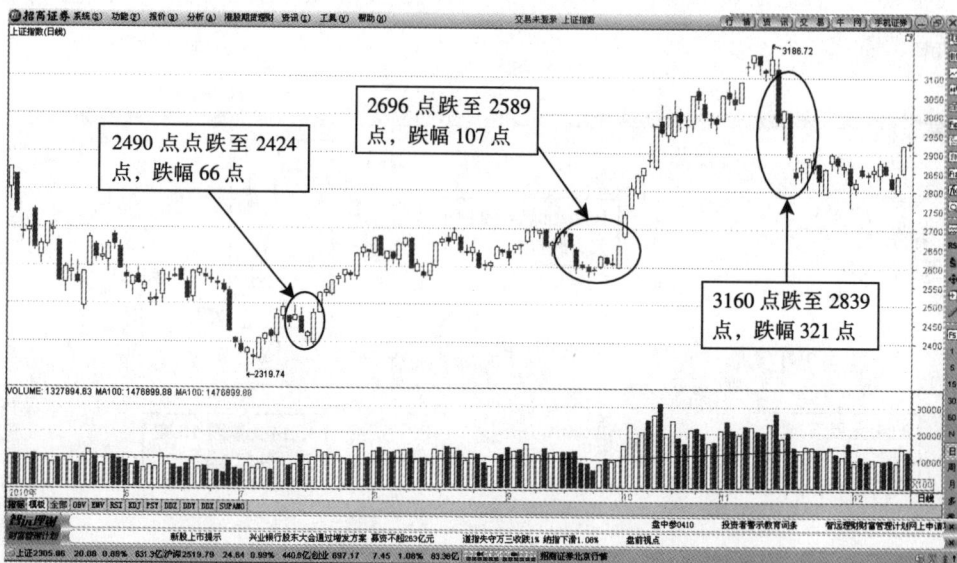

图 7-23　上证指数——多头趋势中的三次显著调整

如图 7-23 所示，上证指数的日 K 线当中，股指的多头趋势当中，指数三次显著调整下跌的幅度分别高达 66 点、107 点和 321 点。判断这三次调整是否能够改变指数的运行趋势，投资者可以利用江恩所说的 5 点到 7 点的调整来判断。虽然股指每次下跌的幅度并不是几个点，而是几十点或者几百个点。但是，投资者也可以根据股指下跌的点数当做 5 点到 7 点的倍数来看待。这样，就不难发现何时是短线调整的加仓机会，而什么时候是股指真正见顶回落的时刻了。

首次调整的时候，股指下跌了 66 点。这个时候，投资者可以将江恩所说的 5 个点看做是 50 个点。这样，66 点就可以看作是江恩所说的 6.6 个点了。而对应的股指再次调整 107 点和 321 点的时候，分别可以看作是股指调整了江恩认为的 10.6 点和 32.1 点。

股指调整 6.6 点的时候，很显然在 5 点到 7 点之间，表明股指今后还是会继续回升的。而当指数调整 10.6 个点的时候，虽然没有在 5 点到 7 点之间，却还在 10 点到 12 个点之间，多头趋势同样在延续当中。当股指调整幅度最终达到了32.1 点的时候，已经明显超越了江恩所说的 18 点到 21 点的幅度，表明多头趋势转为空头趋势，投资者应该马上做空。

实战当中，不管是针对股指的情况，还是对于指数的走势，投资者都可以将调整点变成江恩所说的 5 点到 7 点、10 点到 12 点和 18 点到 21 点之间，这样判断趋势就比较容易了。

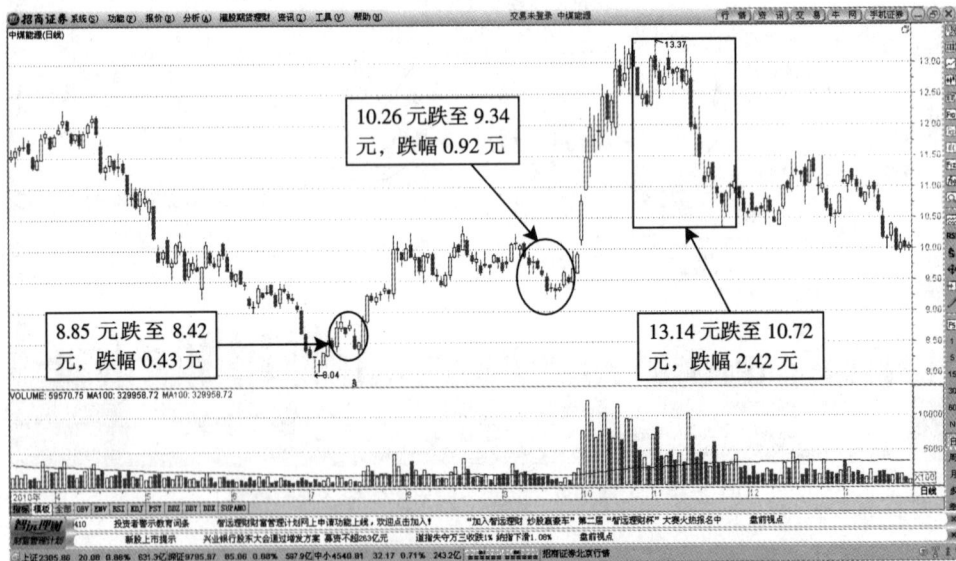

图 7-24 中煤能源——多头趋势中的三次显著调整

如图 7-24 所示，中煤能源的日 K 线当中，该股持续出现的三次调整，下跌的幅度分别为 0.43 元、0.92 元和 2.42 元。如果仅仅从跌幅来判断，股价是否已经成功跌破了多头趋势，投资者可以将该股的下跌空间调整为江恩理论中所说的 5 点到 7 点的范围内，然后再判断该股的多头趋势是否还在延续着。

前面所说的上证指数的案例中，我们将 5 点放大了 10 倍到 50 个点。对于中煤能源这只股票，可以将 5 个点缩小 10 倍，那么图中显示该股在分别下跌 0.43 元、0.92 元和 2.42 元后，应该对应着江恩所说的数字：4.3 和 9.2 和 24.2。

4.3 点在江恩所说的 5 点到 7 点之间，显然并未改变该股的多头趋势。而 9.2 点在 10 点到 12 点之间，同样没有改变股价的多头趋势。24.2 点已经明显超越了 18 到 21 点的范围，说明该股的多头趋势已经发生改变，投资者应该减仓避险。

由以上分析可以知道，股价多头趋势的真正转折点，出现在第三次跌幅达到了 2.42 元的时候。这个时候，投资者可以逐渐减少持股数量，以免利润得而复失。

小提示

实战中，江恩所说的 5 个到 7 个点的变化，不仅可以是 50 点到 70 点、0.5 个到 0.7 个点，同样可以是 500 点到 700 个点、0.05 个到 0.07 个点。究竟选择多少倍数作为判断的依据，投资者要根据股指或者个股的点位来确定了。倍数一经选定，今后针对于特定股指或者股票的调整的判断就应该相同，这样才能够得出正确的结论。实战当中，前后一致的倍数关系将是成功运用江恩 5 点到 7 点调整的重要前提，这一点投资者必须给予高度重视。

第七条　选择持续缩量见底的股票

空头市场当中，持续缩量见底的股票是投资者不断惜售的表现。或者说，主力在空头市场当中出于保存实力的考虑，并不愿意短线拉升股价，浪费手中的资金。缩量下跌的过程中主力要想减仓出货几乎是不大可能的事情。除非主力不顾价格的高低，在亏损的情况下，持续减仓。

缩量回落的过程中，把握股价的反转机会其实是不容易的。因为，没有量能的稳定，股价是不可能真正回升的。判断操作机会的时候，应该密切关注量能放大的信号，把握好放量回升的买点，才能够真正获利。

个股持续缩量下跌的过程中，在主力存在的情况下，其实是有两种情况的：第一种，主力已经被深度套牢，却不甘心在股价下跌的过程中遭受损失。缩量的过程中，主力不动神色地持有股票，等待股市反转之时大幅度拉升股价。第二种，股价缩量下跌的过程中，场外的主力不断地参与股票短线的拉升。在股价下跌的过程中，主力不断在短线底部加仓买入更多的股票。长此以往，获得比较多流通筹码的主力，在股市反转之时快速拉升股价，自然能够获利了。

第一种情况中，主力被深度套牢，股价要想出现真正的反弹，还需要等待机会才行。主力被套牢之后，无非就是割肉出货，或者是利用各种股指反弹的机会来拉升股价至高位，以减少投资损失。割肉出货的主力，当然是不大可能实现的。毕竟股价是在缩量下跌中延续，主力手中的流通筹码是非常多的，不会在缩量下跌的情况下轻易完成出货的操作。而利用每一次股指反弹的机会拉升股价，是主力的必然选择。

第二种情况中，主力在股价缩量下跌的过程中不断地暗中吸筹，增加持股数量。这个时候，一旦股指出现了企稳的走势，并且主力已经吸筹成功的话，快速拉升股价成为可能。暗中拉升股价的主力，经常表现在OBV指标上的持续回升。阳线出现的时候，股价涨幅虽然不一定很高，量能却可以维持在相对高的位置上。而表现在OBV指标上，经常是股价下跌而该指标反向回升的走势。在OBV

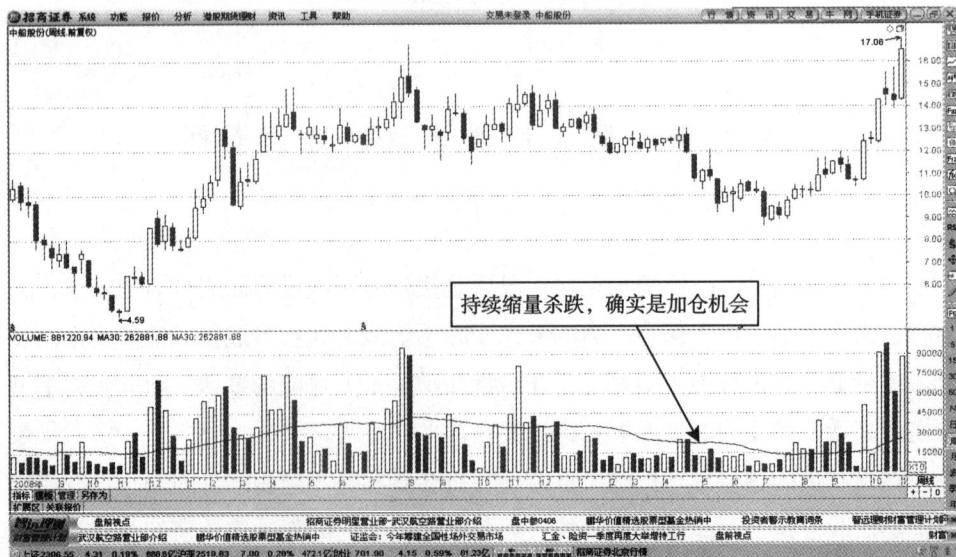

图7-25　中船股份——缩量下跌是参与机会

指标回升到一定程度后，主力收集的筹码也就足够多了，大幅度上涨成为可能。暗中收集筹码完成之后，主力拉升股价的方式经常是快速连续涨停的形式。这种强势上攻的过程中，投资者应该给予更多的关注，以便获得高额回报。

如图 7-25 所示，中船股份的周 K 线当中，股价的缩量调整的过程中，操作机会还是比较多的。虽然该股的下跌趋势比较猛，并且量能持续萎缩，但是却有明显的放量反弹和缩量下跌的特征。很显然，主力是不可能在股价下跌的过程中全部脱身的。该股在继续缩量下探底，表明很多的投资者在观望后市股价的走向。真正见底的时候，持股的投资者已经出现了很大的亏损，却还是继续看好后市该股的表现。对于这种持续缩量的股票，投资者自然不能够轻易错过了。

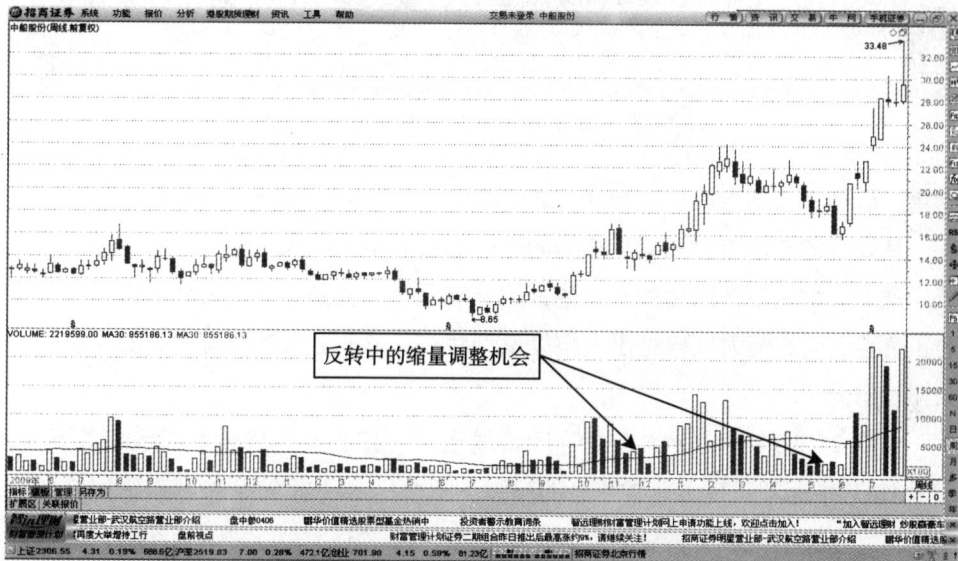

图 7-26　中船股份——多头中缩量是参与机会

如图 7-26 所示，中船股份从缩量中反转后，持续上涨的过程中也曾出现了两次非常明显的缩量回调走势。进入多头趋势的该股，短线的缩量调整只是今后更大幅度上涨的前兆。没有像样的量能，表明投资者虽然短线持股看跌，却还是长线看涨的。把握调整机会，自然能获得高额回报。

如图 7-27 所示，东方金钰的横向缩量调整，其实更是股价强势调整的表现。这个阶段，量能有所萎缩，股价的下跌空间却比较小。这表明，主力在暗中控制着股价的走向。而维持在高位，并且缩量运行的该股，筹码的亏损程度并不会很

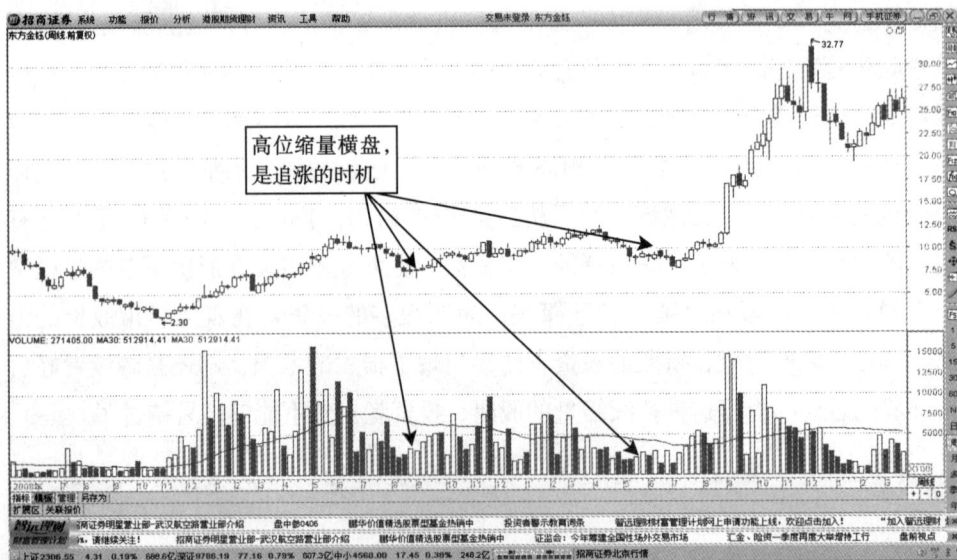

图 7-27　东方金钰——高位缩量的加仓机会

严重。后期主力逐步放量拉升该股的过程中，自然会出现较大的涨幅。

　　从该股的整体走向来看，期间的高位缩量调整中，投资者整体对该股还是比较乐观的。缩量中持股后，一旦主力拉升该股，前期处于微利或者小幅亏损状态的投资者，会在短时间内处于大幅度赢利状态。赢利之后持股待涨，股价自然开始惯性飙升了。

　　如图 7-28 所示，中体产业的日 K 线当中，该股虽然持续不断地缩量下挫，但是 OBV 指标却出现了非常明显的反弹。图中显示，当 OBV 指标持续回升至前期高位之上，并且股价调整到接近上方各条均线之时，是投资者短线参与该股的重要机会。OBV 指标与缩量下跌的股价背道而驰，说明主力暗中吸筹建仓，后市股价调整到位后必然出现大幅度上涨的情况。因为主力是不会甘于无利可图的缩量调整的，该股超跌反弹在即。

　　如图 7-29 所示，中体产业短线飙升出现了持续三个涨停板后，终于缓慢见顶回落。前期缩量下跌过程中，OBV 指标的回升与股价缓慢靠近均线的情况中，都是投资者比较好的追涨机会。

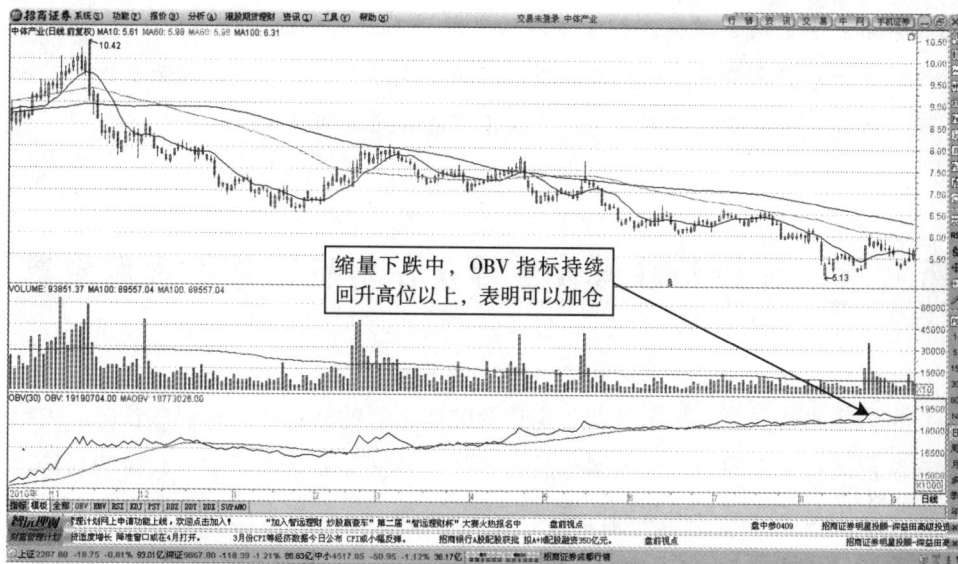

图 7-28 中体产业——缩量中的 OBV 回升

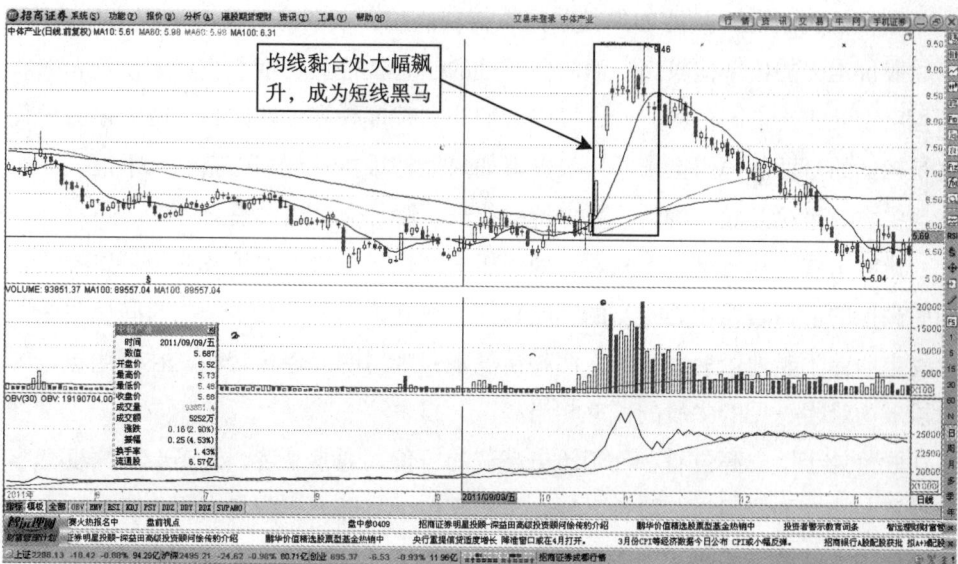

图 7-29 中体产业——短线迅速飙升

小提示

　　持续缩量见底的股票当中，也有些股票是投资者不能够碰的。这些股票的缩量下跌，持续性比价强，并且下跌的过程中调整很少出现。主力和散户对这类型的股票都没有兴趣，造成了缩量下跌的大趋势不断地延续。从技术指标、量能、股价的运行趋势看都是走坏状态的股票，投资者不宜盲目参与。因为反弹何时出现还不好说，一点量能都不存在，下跌不可能会短时间结束。

第八条　选择长时间放量横盘在历史高位附近的股票

主力实力的强弱，如果从调整走势的强弱来看的话，必然是那些长时间内维持在高位运行的个股。这些股票今后的走势，其实是非常明确的。长时间强势运行后，主力又没有减仓出货的打算，那么股价今后大幅度上涨将成为可能。

判断横盘在历史高位的股票能否成为难得一见的牛股，投资者可以从量能、股价所处的位置以及投资者的获利程度来判断。

基本的判断是，量能如果长时间维持在高位，表明主力参与的程度比较高，今后股价走强的概率比较高。而股价所处的位置在很大程度上决定了投资者的获利程度。处于历史高位的股价，投资者的获利程度较高，套牢的投资者损失的程度是较低的。而从筹码上来看，投资者如果能够维持在较高的获利水平上，那么一旦主力放量拉升股价的话，散户持股待涨，股价会自然大幅度上攻。

量能上看：从成交量上来看，处于历史高位的股价，如果成交量可以维持在历史高位的话，表明主力参与的程度较高，或者说是散户在很长的时间里关注股价的走向而不断地做短线操作。两种情况下，都说明股性比较活，在市场走强的阶段成为难得一见的牛股的概率相当高。

股价处于历史高位看：处于历史高位的股价，通常来看，是不会有深度套牢的投资者存在的。因为，股价已经在历史高位了，即便投资者有损失存在，也是在高位买入的流通筹码。而股价本身就处于历史高位附近，投资者的损失承担当然是非常低的了。主力一旦在股价高位调整结束后大力拉升股价，那么股价顺势上攻的幅度将是非常惊人的。如果没有什么损失，投资者在股价飙升阶段是不大可能大量抛售手中的股票的。股价在主力拉升的时候惯性大涨的概率很高。

筹码获利程度：投资者手中的筹码的获利程度决定了抛售压力的大小。处于历史性高位的股价，投资者的获利程度如果也是非常高的话，股价上涨的动力就有了。历史性高位中的股价，主力很可能在投资者大部分套牢的阶段放量拉升股价至涨停板。而也就是这个时候，涨停之后的股价促使众多的投资者从少量亏损状态转变为赢利状态，投资者再继续大量追涨，自然推动股价飙升了。

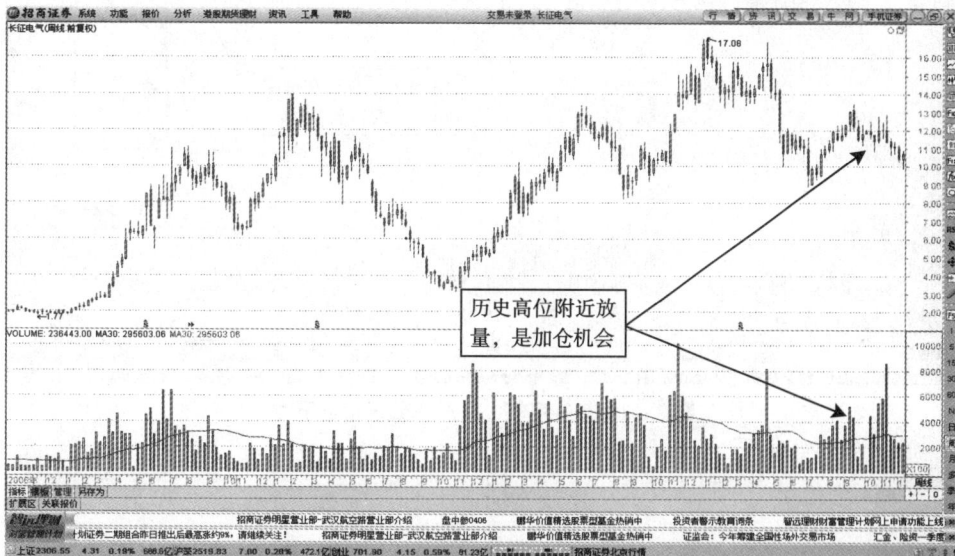

图7-30 长征电气——历史高位的放量调整

如图7-30所示，长征电气的周K线当中，股价在超越了历史高位后，出现了明显的强势调整。调整的过程中，股价其实仍然处于历史高位附近，并且成交量并未出现显著萎缩，表明主力还没有真正看空该股后期的表现。短线追涨买入该股，后期有望继续获得较好的回报。

如图7-31所示，长征电气的调整阶段，从筹码上看下方的获利盘还是比较多的。结合该股高位强势放量调整的表现，投资者短线介入该股获利可能性较大。毕竟抛售压力不是很大，股价强势维持在高位，是看涨机会。从持续调整的时间来看，已经有一年半的时间。如此长的时间里，股价却没有较大的跌幅，说明主力必然在后市操作该股继续拉升，投资者追涨便可以了。

如图7-32所示，长征电气的日K线当中，该股的回升趋势比较强劲，股价从前期高位的放量调整中企稳后，大幅度上涨到了25元附近，涨幅足足有150%，成为难得的短线牛股。

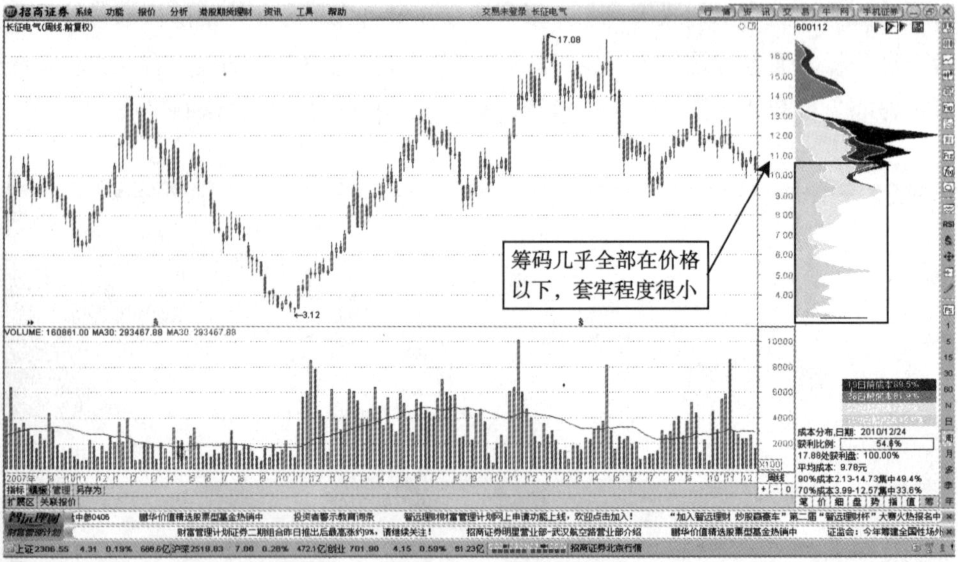
筹码几乎全部在价格以下，套牢程度很小
17.08
3.12

图 7-31　长征电气——筹码处于价位下方

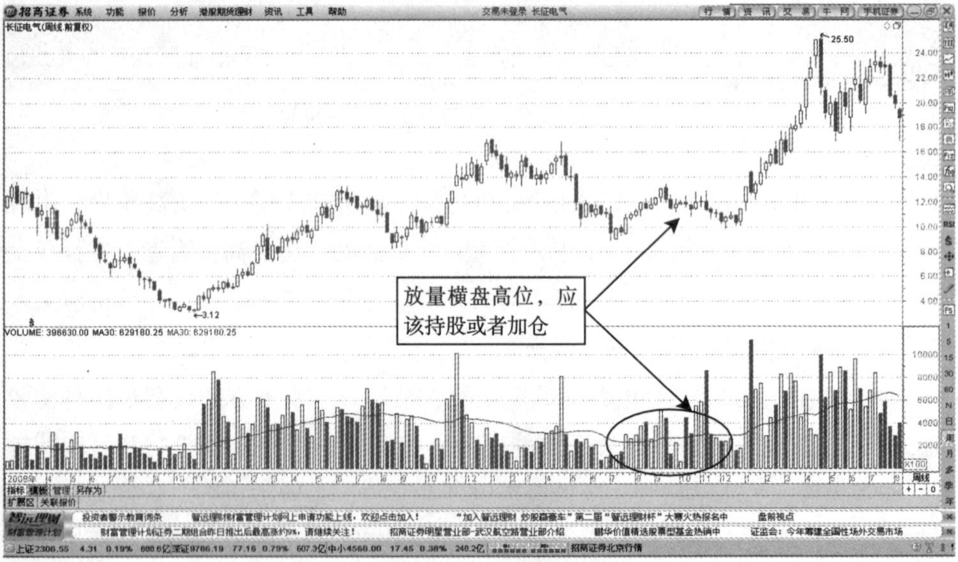
放量横盘高位，应该持股或者加仓
25.50
3.12

图 7-32　长征电气——放量拉升再次出现

小提示

经验表明，江恩所说的历史高位长时间横盘的个股，成为牛股的可能性还是非常高的。股价在短时间内可能并不会有较佳的表现，但是从长期来看，一旦股价再度放量企稳，那一定是牛股的走势。高位放量调整的过程中，投资者的损失已经非常小了。主力一旦介入，已经呈现出获利状态的散户必然继续持有手中的股票。甚至，更多的场外的投资者还会追涨，促使股价大幅度飙升。投资者利用股价强势放量调整的机会抄底，必然会在今后某一段时间内连续获利。

第九条　选择放量出现新高的股票

股价出现历史性新高的时候，同时量能也在这个阶段放大的话，表明新的主力实力还是非常强悍的。历史性高位的股价是非常不容易出现的。主力如果不是实力较强，又十分看好股价今后的表现，是不大可能花大力气来拉升股价的。既然已经放量创新高，投资者就应该把握好追涨获利的机会才行。

江恩理论中的选股原则之所以看中放量创新高的股价，与主力的实力是分不开的。实力强大的主力能够在短时间内大幅度拉升股价至历史高点，并且不惧大量抛售股票的套牢者，是有很大的自信心的。主力有这样的自信心，投资者也应该跟随主力做多才行。

不过，话又说回来，创造历史新高的个股，短线出现调整的概率也是非常高的。因为，抛售压力在历史性高位通常都是非常高的。投资者会在股价飙升阶段大幅度追涨买入股票。天量见顶的走势出现的概率很高。而天量见顶的股价是散户追涨并且套牢在顶部的表现。股价既然达到了新的历史性高位，前期天量中套牢的散户当然会不顾一切地去止盈出局了，抛售压力增加也是在情理之中。股价在达到历史新高的第一时间，短线的调整也就出现了。

如图 7-33 所示，浙江东日的日 K 线当中，该股在强势放量突破前期历史高位后，出现了显著的缩量下跌走势。图中股价冲高回落的过程中，短线企稳后仍然是投资者追涨的机会。第一次挑战前期高位并且创新高后，调整完毕后，该股还会继续走强。前期历史高位聚集的套牢盘已经在股价放量拉升的过程中得到了释放。短线追涨后套牢的投资者，有望在股价企稳回升后继续获利。

如图 7-34 所示，浙江东日的周 K 线中，股价再次放量飙升，并且成功创造了又一次历史新高。这说明，该股放量拉升果然还是在继续。前期突破历史新高的走势只不过是多头趋势的延续而已。追涨的投资者还能够进一步地获得利润。只要股价飙升的时候能够继续放量，该股创造历史新高的走势还将延续下来。

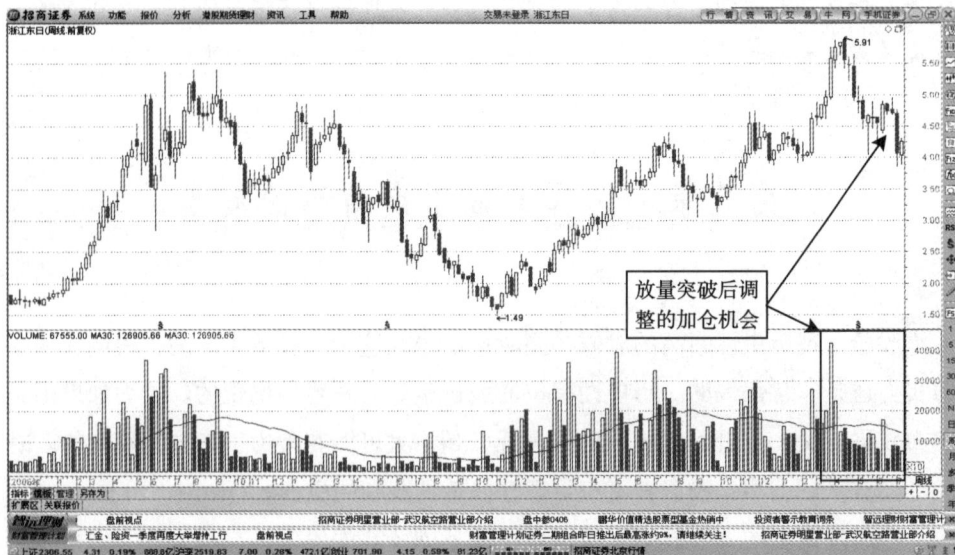

图 7-33 浙江东日——放量突破后的调整机会

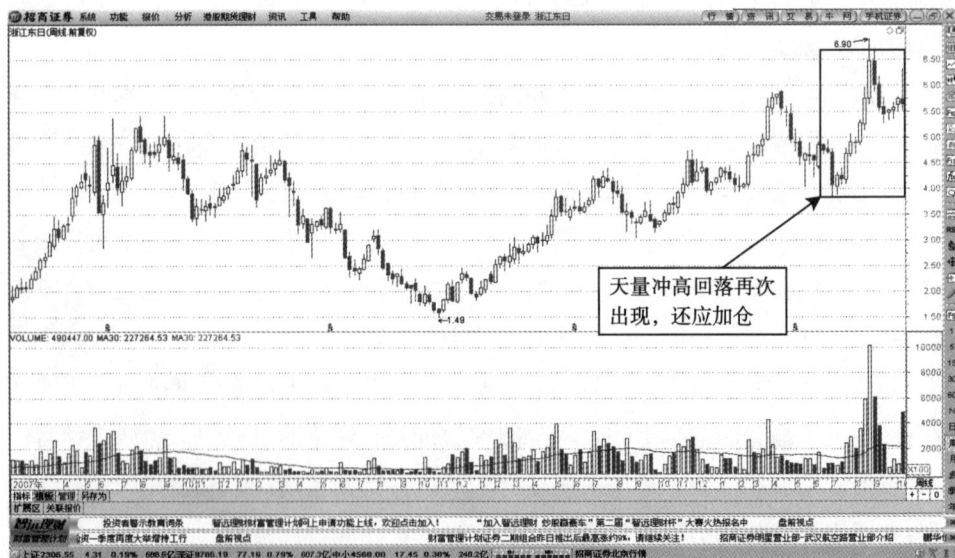

图 7-34 浙江东日——股价再次放量飙升

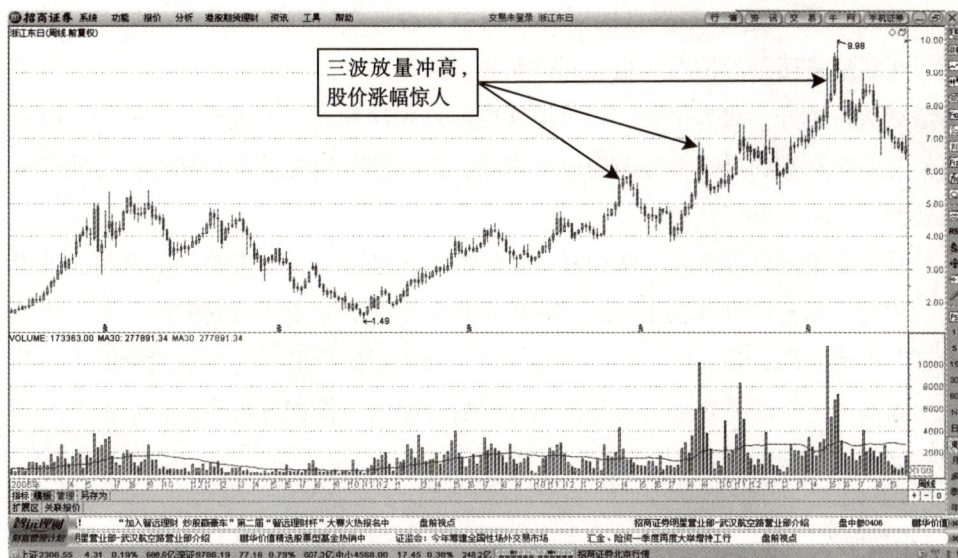

图 7-35 浙江东日——震荡上行延续

如图 7-35 所示，浙江东日的周 K 线当中继续出现了三次放量飙升的情况。前期该股首次突破了历史高位的时候，是投资者追涨的大好机会。后期股价继续震荡放量上行，为投资者进一步获利创造了条件。

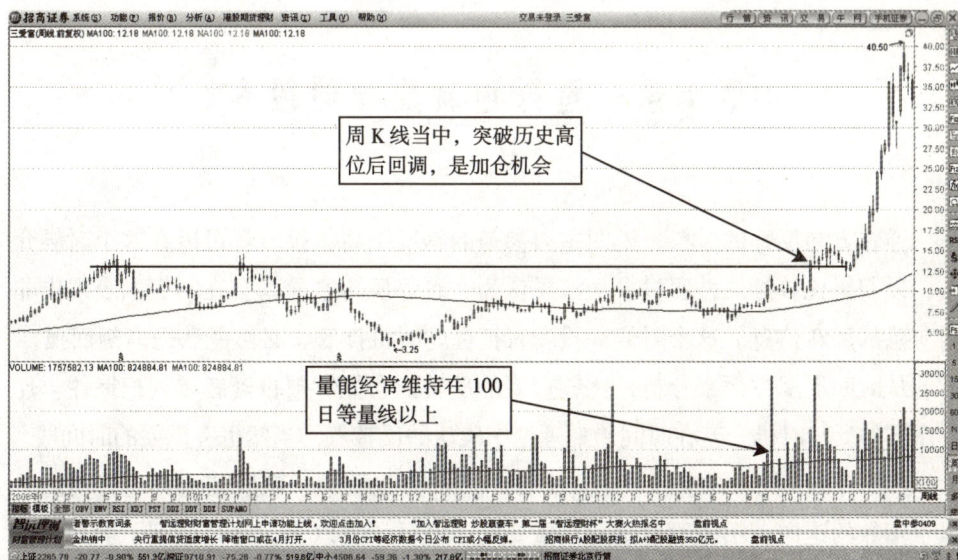

图 7-36 三爱富——周 K 线中连创新高

如图 7-36 所示，三爱富的周 K 线当中，股价在达到历史新高的过程中，出现了短线缩量回调的情况。虽然回调明显，但是调整的幅度并不是很大。随后该股继续放量拉升，成为牛股。如果能够提前发现这种加仓的机会，提前一步追涨自然是不会有错的。强势突破历史新高后，该股强势恒强。实战操作上，投资者只要及时追涨便可以获利了。

从成交量的角度来看，图中显示该股在大幅度飙升并且突破历史新高的过程中，成交量早已经维持在了 100 日的等量线以上。如果说短时间的放量是一个偶然现象的话，那么长时间放量显然是主力明目张胆的抢筹行为了。股价后市突破历史新高的走势就是在主力放量建仓完毕后开始的。把握好机会，投资者自然可以在高位追涨获利了。

小提示

创造历史新高的个股，运行趋势上延续放量拉升的势头，其实是非常正常的。历史高位对应的筹码，亏损状态一定很严重。不过，既然主力敢于拉升股价突破历史高位，就说明它有这个实力。主力不惧怕历史高位的抛售压力，股价冲高回落后，再次企稳并且继续放量拉升的时候，在多头趋势中获利将成为可能。

第十条　选择逆转反弹的股票

逆转方向反弹的股票，说明主力参与的程度很高，投资者可以在这个时候介入，以获得比较好的抄底机会。江恩认为，趋势反转之前，会在图表上表现出非常明确的反转信息。这个时候，投资者把握好时机抄底，必然能获得高额回报。

从时间周期方面来分析，比较重要的反转机会能够被投资者顺利把握住。比较重要的反转时机，有在时间周期理论中确认的反转点，当然也有重要的时间段。

如图 7-37 所示，东睦股份与上证指数的叠加图中，该股的运行趋势明显地强于指数的走向。图中股价维持在重要的 100 日均线以上，并且达到了前期高位附近，表明运行趋势还是比较强的。投资者如果想要成功获利的话，图中所示的历史高位是比较好的追涨机会。上证指数在弱势中调整，东睦股份却逆市稳定运行，表明该股很可能会有一个放量突破的冲高走势。如果真的会出现的话，投资者追涨必然获利。

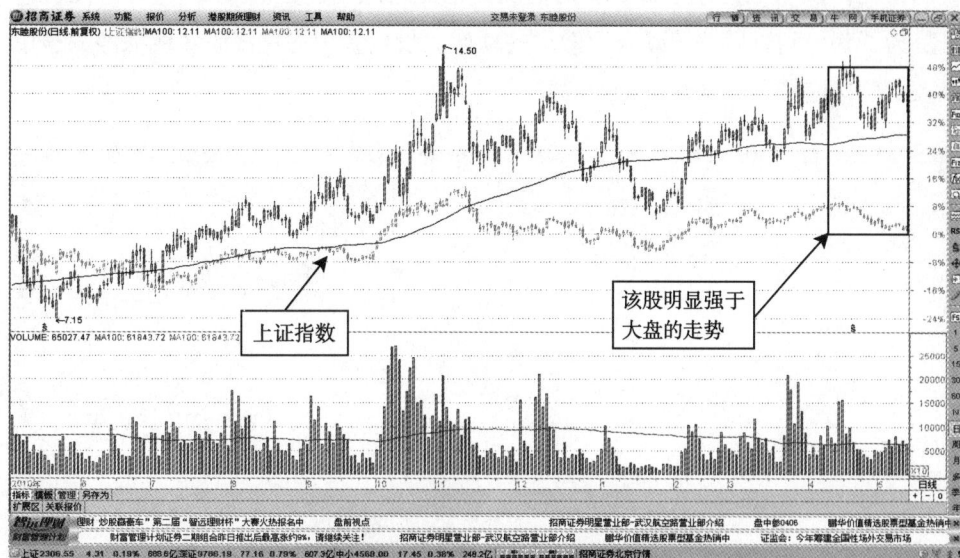

图 7-37　东睦股份——与指数强势背离

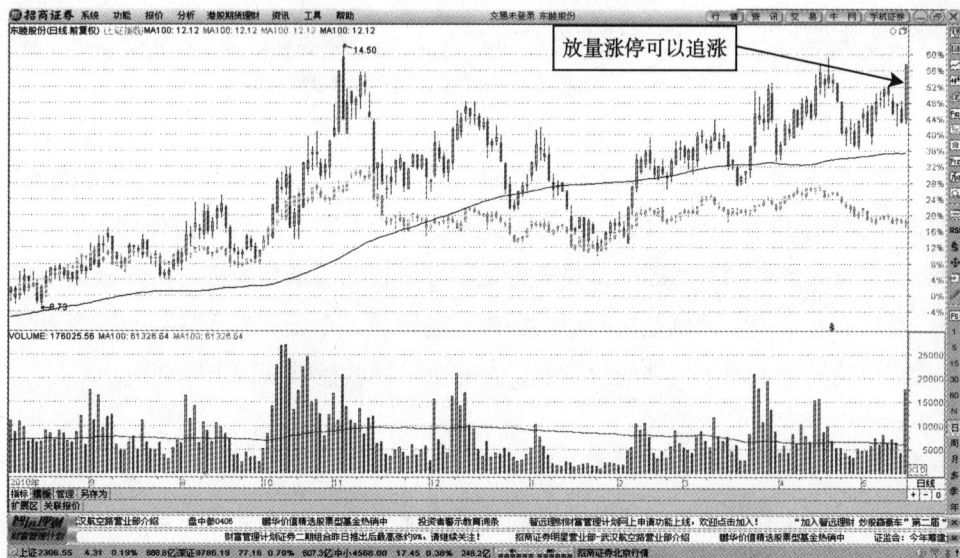

图 7-38　东睦股份——涨停板扩大背离走势

如图 7-38 所示，东睦股份飙升前的涨停板出现了。该股不仅涨停，股价还
达到了前期高位附近。股价前期两次突破都无果而终，而这次却出现了涨停板突
破的情况，说明主力在指数走弱的情况下已经按捺不住了。短线放量拉升股价，
正是为了获得利润后快速减仓而做出的动作。投资者把握住该股短线涨停的逆市
突破走势，追涨必然获得不错的收益。

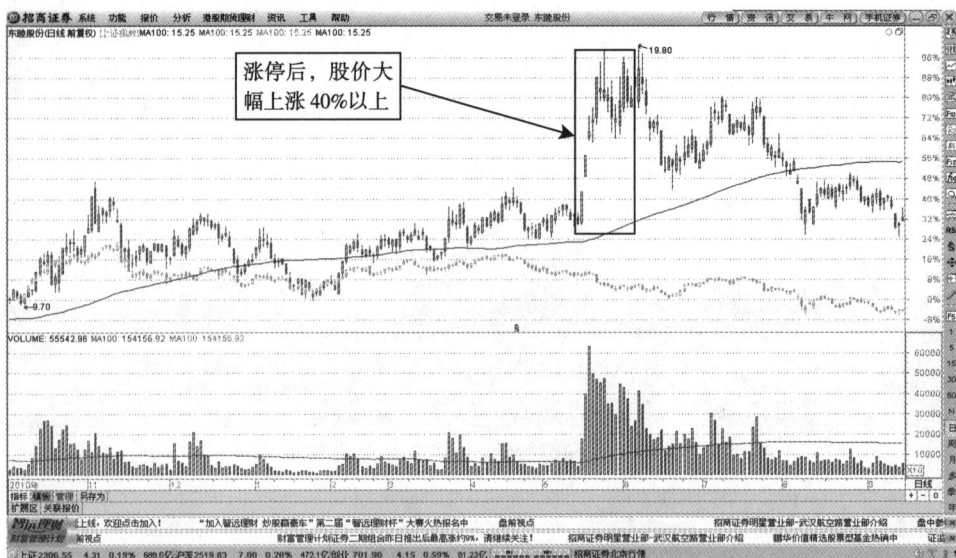

图 7-39　东睦股份——追涨必然获得丰厚利润

如图 7-39 所示，东睦股份第一个涨停板出现后，该股又出现了三个涨停板。
如果从突破时的 12.80 元算起，股价已经飙升了 48.4%，达到了高位的 19.00 元
附近。可见，逆市拉升的股价，投资者是不容忽视的。既然股价与指数的走向相
反，必然有其原因。即便是在股指弱势调整的阶段，个股有如此强势的表现也是
非常难得的事情。敢于追涨的投资者，在这个阶段就能够获得丰厚利润。

小提示

对于逆市反弹的个股，成为牛股的可能性更大。因为，股市中难得有逆市回
升的股票出现，投资者关注的个股当中，强势上涨的股票一定在关注之列。能够
在排行榜上逆市拉升的股票，投资者的追涨热情必然很高。逆市上涨的股票当
中，长期来看并不是逆市而动。只不过这类型的股票在前期的涨幅并不是很大，

蓄势充分的情况下，主力会在股指走弱的情况下拉升股价至顶部，并且利用股价放量冲高的机会达到减仓的目标。投资者顺势做短线获利后尽快止盈出局，就能够获得稳定的利润了。江恩所说的逆市拉升的股价，投资者应该予以关注。股指走弱的时候，能够获利的机会不多，这类型的股票就是其中之一。

第十一条　选择趋势明显向上的股票

投资者在准确分析股价走向的时候，选择恰当的抄底机会，其实也是非常重要的事情。趋势的运行，通常是有延续性的，多头趋势不可能短时间内结束，而主要的空头市场，下跌的幅度更是深不见底的。要想成功把握股价的入场点，投资者必须把握好趋势才行。在股价趋势明显向上的时候参与个股的抄底操作，是必然的选择。

为何要选择趋势明显向上的时候参与炒股呢？因为，股价涨跌的两个趋势中，任何一个真正的趋势，持续性都是非常强的。多头或者是空头市场的形成，一定是在漫长时间内完成的。真正的空头市场，总会存在最后的一跌。投资者在空头市场中的任何位置上买入股票，都有可能只是下跌趋势中的。空头市场中买入股票，获利的可能性是非常小的。

同样，多头趋势一旦形成，相应的真正顶部也是非常难以准确判断的。投资者要想获得真正的回报，应该把握好股价的多头行情，任何一个位置买入趋势明显向上的股价，都是有很高的获利概率的。也就是说，追涨趋势明显向上的股票，任何时间都是不晚的。只要投资者成功买入了股票，就一定能够获利。

江恩理论对于选择的操作中，买入趋势向上的股票中的做法是一种非常好的顺势而为的做法。在多头趋势中出现损失的可能性只有一个，那就是恰好买入的股票在股价的顶部。不过，多头趋势既然持续时间比较长，那么股价调整之后再次飙升的概率是非常高的。真正的顶部，在多头趋势中只有一个。投资者买入的股票在股价的顶部的概率是非常小的。把握好操作机会，便能够持续获利了。

如图 7-40 所示，芜湖港的日 K 线当中，该股的圆弧形反转形态已经非常明确地表现在了图中，投资者也许还未对今后股价的表现表示怀疑，但是股价不断延续圆弧形的反转走势，使投资者不得不考虑把握该股的获利机会。向上的趋势如此明确，并且该股的圆弧形态是在几乎长达一年的时间里出现的，说明股价上涨的趋势相当大了。没有特殊情况，股价的上涨趋势不可能发生逆转。江恩所说的趋势明显的股票，圆弧形反转的走势，就是投资者不得不考虑的一种重要形态。

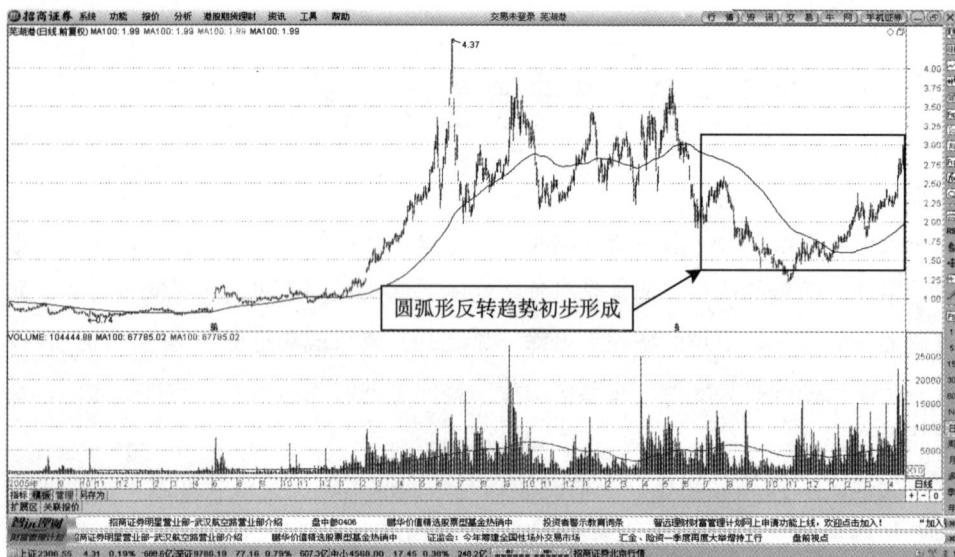

图 7-40 芜湖港——圆弧形底部明确

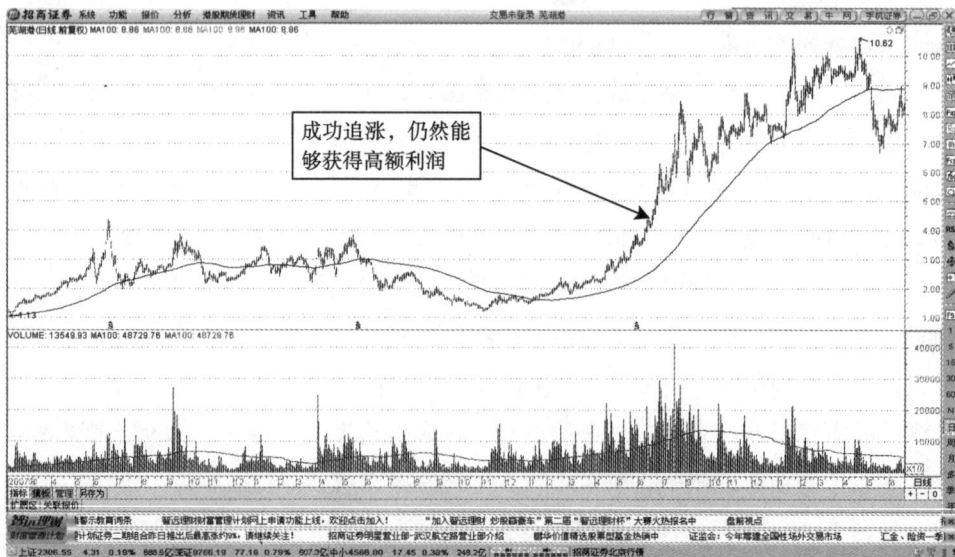

图 7-41 芜湖港——后市飙升幅度惊人

如图 7-41 所示，芜湖港的日 K 线当中，该股的飙升趋势延续得非常好。股价在后期不断震荡上行，几乎未出现任何大跌的迹象。这说明一个问题，我们所认为的圆弧形反转的底部形态是真正的长期获利的追涨机会。股价短线的涨幅虽然不一定很高，但是圆弧形反转上涨的股价连续拉升的势头非常强劲。把握住每个位置的买点，都是今后获利的前提。

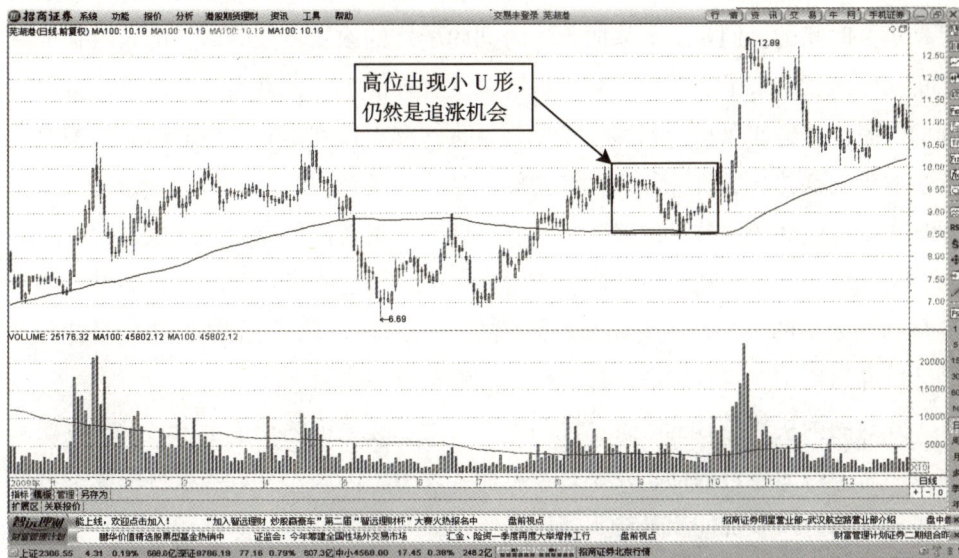

图 7-42　芜湖港——高位同样的追涨机会

如图 7-42 所示，芜湖港的日 K 线中，股价前期长期圆弧形反转至高位后，短线的走势中仍然存在圆弧形态的抄底机会。不管是长期趋势，还是短期的圆弧形态，都可以认为是江恩所说的明确的向上趋势。投资者在图中所示的圆弧形态完成之时加仓，很容易获得该股飙升中的丰厚利润。

小提示

明确的上升趋势，当然不仅仅在圆弧形态中出现。很多股票的走向，长期来看是持续向上的。短线虽然涨跌幅度不大，却能够维持在重要均线以上不断攀升的股票，成为江恩所说的持续明显向上的股票的概率很大。毕竟，趋势的延续是长期的现象。从短线的缓慢拉升到长期的飙升，甚至于到顶部的涨停板冲高，都是在不断延续多头的大趋势。投资者抓住大趋势中每一次买点，赢利都是肯定的。

第十二条　选择快速拉升的股票

投资者选择快速拉升的股票，获得利润的概率较高。调整中的股价，调整结束是需要时间的。但是，如果股价短时间内下跌的幅度较大的话，那么调整很可能短时间内就结束了。股价在超跌后大幅度反弹的走势，其实是股票以价格换时间的调整。主力在股价大幅度杀跌后，空头的抛售得到了非常好的释放。主力一旦在股价底部拉升股价，股价大涨的概率是非常高的。

投资者选择快速拉升的股价，不仅是前期调整得比较充分，更因为股价的上涨势头比较强。主力在短时间内集中操作，大量资金入市拉升股价至高位。如果不是前期套牢的主力，或者说是已经建仓完毕的话，是不可能放量拉升股价的。既然已经出现了，投资者顺势追涨必然能够获得不错的利润了。

短时间内快速拉升的股价，说明多方实力已经集中体现了出来。投资者如果在这个阶段打压股价的话，几乎是不可能实现的。因为，空头实力再强也不可能在短时间内打压股价的飙升势头。已经快速拉升的股价，其实已经表明了多头占据优势的现象。投资者顺势追涨，便是获利的根本保证。快速拉升的股价，即便是短时间内出现了见顶的信号，也不能快速跌回去。把握短线追涨的机会，便是选股的重要原则。江恩理论之所以重视该原则，就是出于趋势强势延续考虑的。

如图 7-43 所示，龙溪股份的日 K 线当中，该股在短短六天的时间里出现了非常明确的放量迹象。图中显示，成交量已经明显地超越了 100 日的等量线，表明短线主力的介入程度已经突然间放大了。股价在量能突然放大的情况下，迹象走强的概率是很高的。也就是这类型的股票，成为短线快速拉升到牛股很容易。图中股价在六天放量后，已经达到了 100 日均线以上，说明股价短线走势非常强劲。投资者追涨，是可以继续获得高额回报的。

如图 7-44 所示，龙溪股份短线加速拉升的时候，出现了两个涨停板的幅度。可见，前期该股放量突破至 100 日均线后，已经是投资者获利的机会了。股价还是快速放量冲高，是投资者短线获利的大好机会。江恩所说的快速拉升的股价，其实就是该股这样的走势。把握股价飙升的趋势，是可以继续获利的。

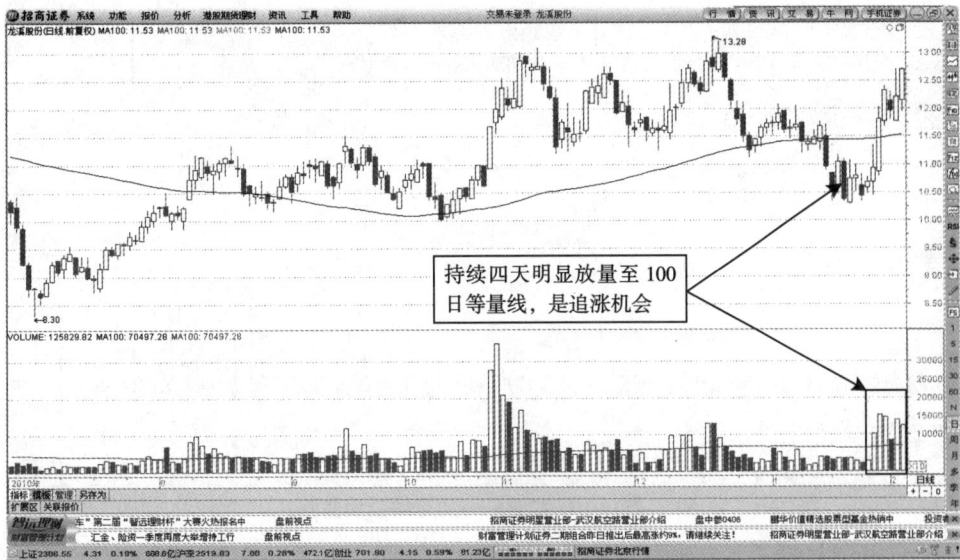

持续四天明显放量至 100
日等量线，是追涨机会

图 7-43　龙溪股份——强势反弹至 100 日均线

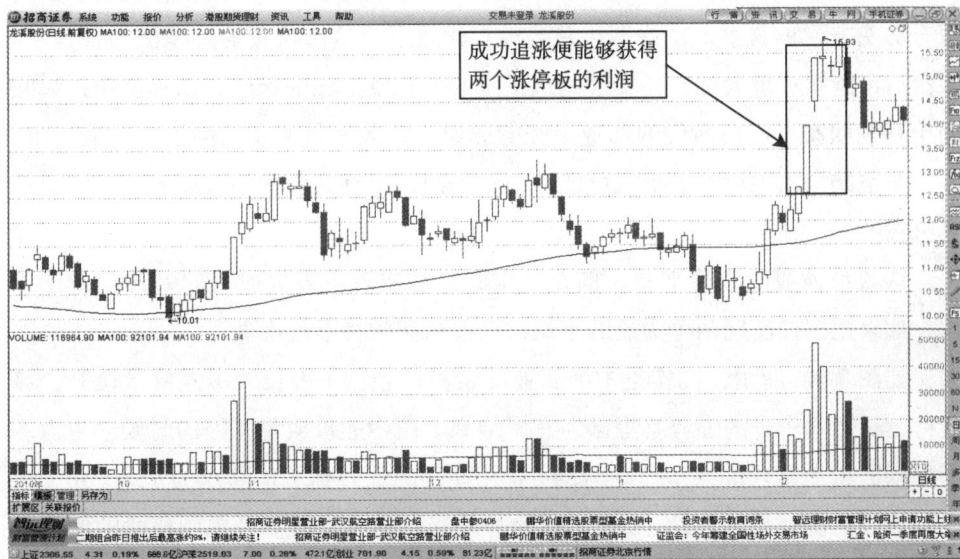

成功追涨便能够获得
两个涨停板的利润

图 7-44　龙溪股份——加速涨停马上出现

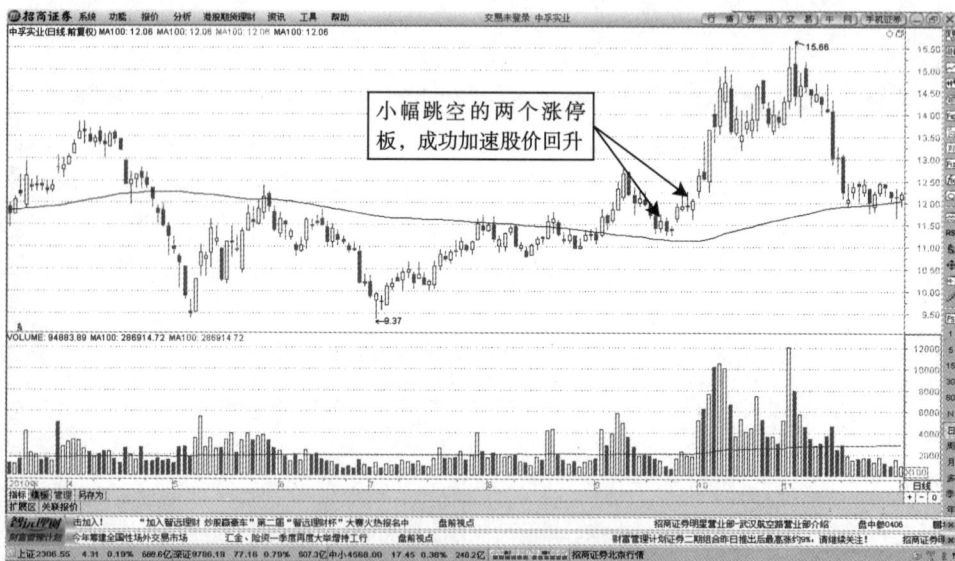

图 7-45　中孚实业——跳空缺口加速回升

如图 7-45 所示，中孚实业的日 K 线当中，股价的跳空上涨是相当明确的。图中显示，该股虽然是小阳线出现，但却是在跳空的情况下产生的，表明股价的回升势头非常的强劲。图中两个跳空缺口出现后，这个位置的支撑已经很强了。股价后市继续放量大涨，其实也是很正常的。跳空上涨的该股，投资者短线瞬间处于获利状态。江恩所说的加速上涨的股票，该股就是明显的例子。实战当中，两个跳空缺口出现后，股价很可能在第三个缺口出现之前大幅度飙升，追涨是不会有错的。

从后市该股的表现来看，前期跳空缺口的出现已经为股价的飙升创造了条件。如果把握住前期两个明显的小缺口，追涨获利将不是难事。

如图 7-46 所示，同样是中孚实业的走势，经过了漫长的缓慢放量拉升，该股持续长达八个月的强势蓄势已经有了结果。图中股价放量涨停的时候，主力不断推动股价上涨。如果从启动时的 6.0 元算起的话，到了最高点的 13.41 元的时候，该股的涨幅已经高达 123%，成为非常难得的大牛股。考虑到该股的飙升效率是非常高的，投资者一旦追涨该股，短线获得的利润都是非常惊人的。

💭 **小提示**

快速拉升的股票当中，股价走强的形式是多种多样的。跳空拉升个股，往往

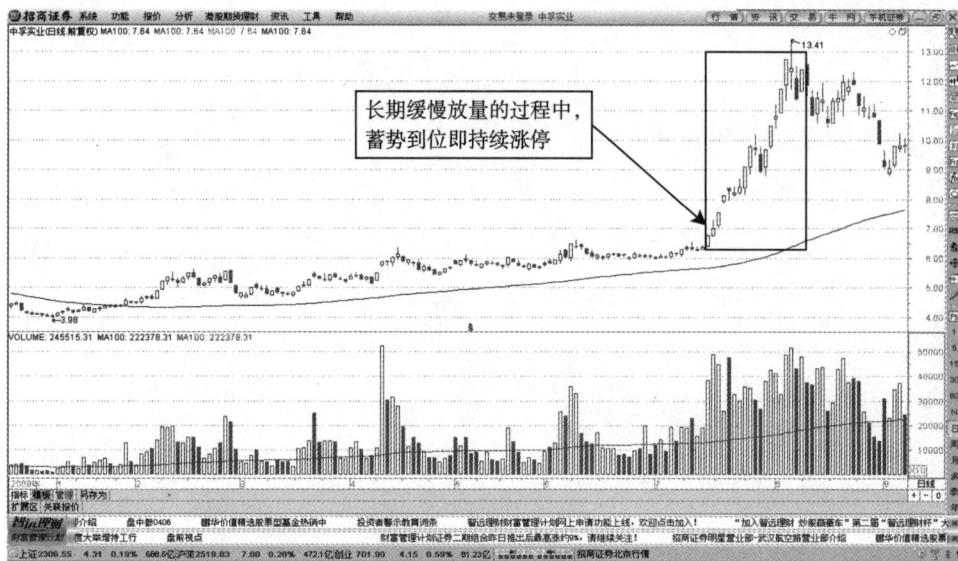

长期缓慢放量的过程中，
蓄势到位即持续涨停

图7-46　中孚实业——长期蓄势后大幅拉升

启动速度快，股价上涨势头明确。而长期蓄势完成后加速拉升股票，有加速赶顶的趋势，同样上涨的幅度是高不见顶的。投资者要做的事情，是发现这样的短线放量拉升追涨机会，或者密切关注长期蓄势回升的股票，一旦有启动的迹象，迅速加仓追涨便可以不断获得高额回报了。

经验总结

　　江恩理论中的十二条选股原则，投资者在实战运用的过程中，不一定要做到面面俱到。但是，在特定的场合中，投资者应该学会甄别不同的地方使用什么样的原则。股价的走向是千变万化的，灵活运用十二条选股原则来指导投资操作，还需要增加运用的次数，并且仔细关注股市和个股的走向才行。江恩所说的基本的十二条选股原则中，每一条都比较重要，但是运用的效果可能有一定的差别。理解股指和个股的走向，以及原则的适用范围，就能够轻松抓住买点并且获得较好的利润了。

参考文献

［1］蒋义行，陶昉拟. 江恩理论［M］. 北京：地震出版社，2012.

［2］何造中. 江恩价格与形态［M］. 北京：机械工业出版社，2007.

［3］黄柏中. 江恩理论［M］. 北京：地震出版社，2003.

［4］江恩. 股票行情的真谛［M］. 武京丽译. 天津：社会科学院出版社，2012.

［5］江恩. 江恩选股方略［M］. 田继鸣译. 北京：清华大学出版社，2011.

［6］江恩. 如何从商品期货交易中获利［M］. 李国平译. 北京：机械工业出版社，2010.

［7］江恩. 江恩投资哲学［M］. 郭亦玮，徐红译. 天津：社会科学院出版社，2012.

图书在版编目（CIP）数据

江恩理论赢利实战/黄凤祁编著. —北京：经济管理出版社，2013.4（2015.8 重印）
ISBN 978-7-5096-2433-3

Ⅰ.①江… Ⅱ.①黄… Ⅲ.①股票投资—基本知识 Ⅳ.①F830.91

中国版本图书馆 CIP 数据核字（2013）第 080472 号

组稿编辑：勇　生
责任编辑：孙　宇
责任印制：杨国强
责任校对：陈　颖

出版发行：经济管理出版社
　　　　　（北京市海淀区北蜂窝 8 号中雅大厦 A 座 11 层　100038）
网　　址：www. E-mp. com. cn
电　　话：(010) 51915602
印　　刷：三河市延风印装厂
经　　销：新华书店
开　　本：720mm×1000mm/16
印　　张：14.75
字　　数：248 千字
版　　次：2013 年 8 月第 1 版　　2015 年 8 月第 2 次印刷
书　　号：ISBN 978-7-5096-2433-3
定　　价：38.00 元